Die Insiderhandelsverbote des Wertpapierhandelsgesetzes

Europäische Hochschulschriften
Publications Universitaires Européennes
European University Studies

Reihe II
Rechtswissenschaft

Série II Series II
Droit
Law

Bd./Vol. 3413

PETER LANG
Frankfurt am Main · Berlin · Bern · Bruxelles · New York · Oxford · Wien

Frank Soesters

Die Insiderhandelsverbote des Wertpapierhandelsgesetzes

Wirtschaftsstrafrecht europäischen Ursprungs

PETER LANG
Europäischer Verlag der Wissenschaften

Die Deutsche Bibliothek - CIP-Einheitsaufnahme

Soesters, Frank:

Die Insiderhandelsverbote des Wertpapierhandelsgesetzes : Wirtschaftsstrafrecht europäischen Ursprungs / Frank Soesters. - Frankfurt am Main ; Berlin ; Bern ; Bruxelles ; New York ; Oxford ; Wien : Lang, 2002
(Europäische Hochschulschriften : Reihe 2, Rechtswissenschaft ; Bd. 3413)
Zugl.: Bayreuth, Univ., Diss., 2001
ISBN 3-631-38565-X

D 703
ISSN 0531-7312
ISBN 3-631-38565-X

www.peterlang.de

Meinen Eltern

Vorwort

Die vorliegende Arbeit wurde im Sommersemester 2001 von der Rechts- und Wirtschaftswissenschaftlichen Fakultät der Universität Bayreuth als Dissertation angenommen. Aktuelle Literatur konnte bis zum Frühjahr 2001 berücksichtigt werden.

Besonderer Dank gilt zunächst meinem verehrten akademischen Lehrer, Herrn Prof. Dr. Gerhard Dannecker, für die Anregungen und Betreuung dieser Arbeit. Sein Rat und seine engagierte Kritik haben zum Fortgang der Promotion wesentlich beigetragen. Herrn Prof. Dr. Dr. h.c. Harro Otto, in dessen Seminar ich erstmals mit dem Bereich des Wirtschaftsstrafrechts konfrontiert wurde, danke ich für die zügige Erstellung des Zweitgutachtens.

Vielfältigen Dank schulde ich meinen Eltern, ohne deren Unterstützung weder das Studium noch das Promotionsvorhaben in dieser Zeit zu bewältigen gewesen wären. Bei meiner Ehefrau Barbara bedanke ich mich von ganzem Herzen für die mehrmalige Durchsicht der Texte. Sie verstand es, mich immer wieder zu motivieren und so zum Gelingen der Arbeit erheblich beizutragen.

Bad Homburg, im Januar 2002

Frank Soesters

Inhaltsverzeichnis

Abkürzungsverzeichnis

ABl. EG	Amtsblatt der Europäischen Gemeinschaft
AG	Die Aktiengesellschaft
AktG	Aktiengesetz
Am.Eco.Rev.	American Economic Review
BAnz	Bundesanzeiger
BB	Der Betriebsberater
BGBl.	Bundesgesetzblatt
BGH(St)	Bundesgerichtshof (-sentscheidungen in Strafsachen)
BGH(Z)	Bundesgerichtshof (-sentscheidungen in Zivilsachen)
BörsG	Börsengesetz
BörsZulG	Börsenzulassungsgesetz
BR-Drucks.	Bundesratsdrucksache
BT-Drucks.	Bundestagsdrucksache
BVerfG(E)	Bundesverfassungsgericht (-sentscheidungen)
Co.Lawyer	Company Lawyer
Colum.L.Rev.	Columbia Law Review
DB	Der Betrieb
DJT	Deutscher Juristen Tag
DStR	Deutsches Strafrecht
DZWir	Deutsche Zeitschrift für Wirtschaftsrecht
EG	Europäische Gemeinschaft
EG-Vertrag	Vertrag über die Europäische Gemeinschaft
EU	Europäische Union
EuGH, Slg.	Sammlung der Entscheidungen des Europäischen Gerichtshofs
EuZW	Zeitschrift für Europäisches Wirtschaftsrecht
F. 2d	Federal Reporter, Second Series (amtliche Sammlung bundesgerichtlicher Entscheidungen in Berufungssachen)
GA	Goldhammer´s Archiv für Strafrecht
GG	Grundgesetz
GWB	Gesetz gegen Wettbewerbsbeschränkungen
HBR	Händler- und Beraterregeln
Hofstra L.Rev.	Hofstra Law Review
Hrsg.	Herausgeber
IHR	Insiderhandels-Richtlinien
JZ	Juristische Zeitschrift
J.Leg.Stud.	Journal of Legal Studies
lit.	Buchstabe
MSchrKrim	Monatsschrift für Kriminologie und Strafrechtsreform
Nachw.	Nachweise(n)
NJW	Neue Juristische Wochenschrift

NStZ	Neue Zeitschrift für Strafrecht
SA	Securities Act
SAG	Die Schweizer Aktiengesellschaft
SEA	Securities Exchange Act
SEC	Securities Exchange Commission
Sec.	Section
SJZ	Schweizer Juristen Zeitung
StGB	Strafgesetzbuch
StPO	Strafprozeßordnung
UWG	Gesetz gegen den unlauteren Wettbewerb
WarnR	Rechtsprechung des Reichsgerichts, Warneyer (Hrsg.)
wistra	Zeitschrift für Wirtschaft, Steuer, Strafrecht
WM	Wertpapiermitteilungen
WpHG	Wertpapierhandelsgesetz
ZBB	Zeitschrift für Bankrecht und Bankwirtschaft
ZEuP	Zeitschrift für Europäisches Privatrecht
ZfKW	Zeitschrift für das gesamte Kreditwesen
ZGR	Zeitschrift für Unternehmens- und Gesellschaftsrecht
ZHR	Zeitschrift für das gesamte Handels- und Wirtschaftsrecht
ZIP	Zeitschrift für Wirtschaftsrecht
ZRP	Zeitschrift für Rechtspolitik
ZStW	Zeitschrift für die gesamte Strafrechtswissenschaft

Im übrigen wird Bezug genommen auf Kirchner, Abkürzungsverzeichnis der Rechtssprache, 4. Aufl., Berlin 1993.

Einführung

Am 1. August 1994 wurde mit Inkrafttreten des Zweiten Finanzmarktförderungsgesetzes als dessen Herzstück das Wertpapierhandelsgesetz eingeführt. Neben dem Ziel, die rechtlichen Rahmenbedingungen der Finanzmärkte so zu modernisieren, daß sie international wettbewerbsfähig bleiben und ihre volkswirtschaftlichen Funktionen zu jeder Zeit erfüllen[1], dient das Zweite Finanzmarktförderungsgesetz dem Zweck, die Insider-, Transparenz- und Wertpapierdienstleistungsrichtlinie[2] zur Schaffung eines einheitlichen europäischen Kapitalmarkts in nationales Recht umzusetzen. Mit dem Wertpapierhandelsgesetz existiert erstmals in der Bundesrepublik Deutschland eine spezialgesetzliche Regulierung des Insiderhandels mit eigenen Straftatbeständen.

I. Phänomen des Insiderhandels

Das Phänomen des Insiderhandels beschreibt das Ausnutzen von Kenntnissen, die nicht allgemein bekannt sind, deren Veröffentlichung aber erhebliche Auswirkungen auf den Kurs des betreffenden Wertpapiers haben können. Hat ein Insider beispielsweise Kenntnis von vertraulichen Informationen, die mit großer Wahrscheinlichkeit die Wertpapierkurs eines börsennotierten Unternehmens positiv beeinflussen, kann er vor Bekanntwerden der Tatsachen Emissionen des Unternehmens zu einem Preis erwerben, der erheblich unter dem Wert liegt, den diese nach der Veröffentlichung der Informationen erreichen werden. Durch den späteren Verkauf der Wertpapiere ist der Insider in der Lage, einen nicht unerheblichen Gewinn zu realisieren. Ein Insider kann aber auch negative Informationen gewinnbringend umzusetzen, wenn er früher als andere Anleger

---

1 BT-Drucks. 12/6679 vom 27. Januar 1994, S. 33.

2 Richtlinie vom 13. November 1989 zur Koordinierung der Vorschriften betreffend Insider-Geschäfte (89/592/ EWG), ABl. EG Nr. L 334/30 vom 18. November 1989, S. 30.
Richtlinie vom 12. Dezember 1988 über die beim Erwerb und Veräußerung einer bedeutenden Beteiligung an einer börsennotierten Gesellschaft zu veröffentlichenden Informationen (88/627/EWG), ABl. EG Nr. L 348 vom 17. Dezember 1988, S. 62.
Richtlinie vom 10. Mai 1993 über Wertpapierdienstleistungen (93/22/EWG), ABl. EG Nr. L 141 vom 11. Juni 1993, S. 27. Die Wertpapierdienstleistungsrichtlinie wurde durch das „Gesetz zur Umsetzung von EG-Richtlinien zur Harmonisierung bank- und wertpapierrechtlicher Vorschriften", das am 1. Januar 1998 in Kraft getreten ist, weiter umgesetzt, BGBl. I vom 22. Oktober 1997, S. 2518; vgl. auch *Meixner*, NJW 1998, S. 862 ff.

von ihnen erfährt und die Emissionen des betreffenden Unternehmens noch vor Bekanntwerden der Tatsachen zu einem Kurs verkauft, den diese nach der Veröffentlichung nicht mehr haben werden. Durch einen frühzeitigen Verkauf der Wertpapiere zu einem überhöhten Kurs wälzt der Insider seinen vorhersehbaren Verlust auf einen unwissenden Dritten ab.

II. Problemstellung

Die Straftatbestände des Wertpapierhandelsgesetzes haben das seit 1970 auf der Basis freiwilliger Selbstkontrolle geregelte Verbot des Insiderhandels ersetzt, welches dem Finanzplatz Deutschland eine Art Gütesiegel verleihen sollte[3]. Die Selbstkontrolle begnügte sich mit der Aufstellung von Insiderhandels-Richtlinien[4], deren Verbindlichkeit und Wirksamkeit voraussetzte, daß sich einerseits der einzelne Insider gegenüber seiner Gesellschaft den Richtlinien unterworfen hatte und daß andererseits diese Richtlinien von dem betreffenden Spitzenverband anerkannt worden waren[5]. Die Konstruktion beruhte auf einem System privatrechtlicher Vertragsbeziehungen[6]. Unterblieb eine Anerkennung der Insiderhandels-Richtlinien durch den Insider oder seine Gesellschaft, führte dies zum Entfall jeglicher Haftung des Insiders. Selbst im Falle einer Anerkennung wurde ein nachgewiesener Verstoß nicht mit einer strafrechtlichen Verfolgung oder einem Anspruch auf Schadensersatz sanktioniert, sondern lediglich mit einer Gewinnabführung geahndet[7]. Der Anreiz zur Beachtung der Insiderhandels-Richtlinien war damit nicht sehr groß.

Seit 1. August 1994 ist es einem Primärinsider nach § 14 Abs. 1 WpHG untersagt, eine nicht öffentlich bekannte Tatsache durch Wertpapiertransaktionen zu verwerten, eine solche Information weiterzugeben oder auf deren Grundlage Wertpapiere zu empfehlen. Einem Sekundärinsider ist es nach § 14 Abs. 2 WpHG verboten, unter Ausnutzung der Kenntnis von Insidertatsachen Wertpapiere zu erwerben oder zu veräußern. Verstöße gegen diese Verbote werden nach § 38 Abs.1 WpHG mit Freiheitsstrafe bis zu fünf Jahren oder mit Geldstrafe geahndet.

---

3 *Mennicke*, Sanktionen gegen Insiderhandel, S. 185 ff.

4 Neubeschlußfassung der Insiderhandels-Richtlinien im Juni 1988 durch die Arbeitsgemeinschaft der Deutschen Wertpapierbörsen und der Spitzenverbände der deutschen Wirtschaft, BAnz 1988, S. 2883 ff.

5 *Peters*, Das deutsche Insiderstrafrecht unter Berücksichtigung strafrechtlicher Konsequenzen für Kreditinstitute und prozessualer Durchsetzung, S. 5.

6 *Claussen*, ZBB 1992, S. 75; *Dingeldey*, Insiderhandel und Strafrecht, S. 35.

7 *Claussen*, ZBB 1992, S. 75.

Personen, die über Sonderwissen verfügen, sind in allen Bereichen unseres wirtschaftlichen und sozialen Lebens anzutreffen. In einer Gesellschaft, in der das Verantwortungsprinzip gilt, trägt grundsätzlich jeder sein Informationsrisiko selbst. Im Rahmen des Betruges ist es eine Selbstverständlichkeit, daß allein das Ausnutzen eines Irrtums noch keine Strafbarkeit begründet[8]. Erst durch das Hinzukommen einer Täuschung oder eines garantenpflichtigen Nichtoffenbarens einer Information wird die Verantwortung einer dritten Person begründet. Vor diesem Hintergrund drängt sich die Frage auf, warum gerade der Insiderhandel ein strafrechtlich relevantes Verhalten darstellt. Selbst wenn man zu dem Ergebnis gelangen sollte, daß die Verwertung von Insidertatsachen moralisch verwerflich ist, reicht dies als gesetzestragende Begründung nicht aus. Die Rechtsgesellschaft will durch die Androhung und Realisierung der angedrohten Strafe eine angemessene Entwicklung des Einzelnen in der Rechtsgesellschaft wie auch die des gesamtgesellschaftlichen Sozialgefüges sicherstellen. Geschützt werden die Grundlagen der Rechtsgesellschaft, indem bestimmte elementare Güter vor bestimmten Angriffen gesichert werden, damit der Einzelne und die Rechtsgesellschaft sich in dem ihnen gewährten Raum entfalten können[9]. Die strafbewehrten Verbote des Wertpapierhandelsgesetzes müssen deshalb bestimmte Rechtsgüter schützen. Zu berücksichtigen ist weiter, daß nicht jede Beeinträchtigung eines Rechtsguts als strafwürdig angesehen werden, so daß sich auch die Frage stellt, warum der Gesetzgeber gerade den Insiderhandel als ein strafwürdiges und strafbedürftiges Verhalten eingestuft hat.

Der nationale Gesetzgeber hat sich bei der Tatbestandsbildung zahlreicher unbestimmter Rechtsbegriffe bedient, so daß eine Auslegung für den Rechtsanwender unumgänglich ist. Das Wertpapierhandelsgesetz weist als Wirtschaftsstrafrechts mit europäischem Hintergrund eine besondere Charakteristik auf, die bei der Auslegung zu berücksichtigen ist. Es stellt sich immer wieder die Frage, ob einzelne Tatbestandsmerkmale an zivil- und öffentlichrechtlich normierte Sachverhalte anknüpfen oder unabhängig von diesen Normierungen unmittelbar auf jene Gegebenheit zurückgreifen, die unter Umständen nur in einem begrenzten Bereich normiert sind. Die wirtschaftliche Betrachtungsweise eröffnet die Möglichkeit, einen von der zivil- und öffentlichrechtlichen Normierung unabhängigen Begriffsinhalt zu begründen[10]. Gerade im Bereich des Wirtschaftsstrafrechts wird in bezug auf die Ermittlung des Norminhalts häufig diese Betrachtungsweise verwendet[11]. Für die Auslegung der Rechtsbegriffe des Wertpapierhandelsgesetzes ist damit zu klären, ob eine

---

[8] *Geerds*, Wirtschaftsstrafrecht und Vermögensschutz, S. 271.
[9] *Otto*, Allgemeine Strafrechtslehre, § 1 1.
[10] *Otto*, Jura 1989, S. 329.
[11] *Tiedemann*, in: Krekeler/Tiedemann/Ulsenheimer/Weinmann (Hrsg.), S. 1 mit weit. Nachw.

prinzipielle Lösung von zivil- oder öffentlichrechtlich normierten Begriffen möglich ist.

Der europäische Ursprung des Wertpapierhandelsgesetzes wirft eine weitere Problematik auf: Die Insiderhandelsverbote des § 14 WpHG dienen der Umsetzung der Insiderrichtlinie. Eine unmittelbare Anwendbarkeit der Bestimmungen scheidet zwar aus, da eine EG-Richtlinie lediglich für die Mitgliedstaaten, an die sie gerichtet wurde, verbindlich ist. Die Insiderrichtlinie hat dennoch Auswirkungen auf das nationale Insiderrecht, da alle Rechtssätze des Umsetzungsgesetzes richtlinienkonform auszulegen sind. In diesem Zusammenhang stellt sich die Frage nach dem Stellenwert der richtlinienkonformen Auslegung im Verhältnis zu den übrigen Interpretationsmethoden.

Diese Aspekte sind in der Literatur zum Wertpapierhandelsgesetz bisher vernachlässigt worden. Die Untersuchungen zu Insiderrecht beziehen sich entweder nur auf die Auslegung einzelner Tatbestandsmerkmale der Insiderhandelsverbote[12] oder auf die Sanktionsvorschrift des Art. 13 der Insiderrichtlinie[13]. Weitere Schwerpunkte bilden rechtsvergleichende Arbeiten - insbesondere unter Berücksichtigung des US-amerikanischen Rechts[14] - und die richtlinienkonforme Auslegungsmethode[15]. Eine Auslegung der Insiderhandelsverbote unter Berücksichtigung aller Besonderheiten, die das Wertpapierhandelsgesetz als Wirtschaftsstrafrecht mit gemeinschaftsrechtlichem Hintergrund mit sich bringt, ist daher geboten.

III. Gang der Untersuchung

Die ökonomischen Auswirkungen des Insiderhandels sollen im *ersten Kapitel* erörtert werden. Derartige Erkenntnisse sind nicht nur für Wirtschaftswissenschaftler interessant, sondern können auch Anhaltspunkte für eine rechtliche Beurteilung der Insiderhandelsverbote geben. Jede strafrechtliche Sanktion setzt ein Verhalten voraus, das sozialethisch mißbilligt wird, weil es geeignet ist, die sozialen Beziehungen innerhalb der Rechtsgesellschaft erheblich zu gefährden oder zu schädigen. Das Ausnutzen vertraulicher Informationen

---

[12] Vgl. *Pananis*, Insidertatsache und Primärinsider, S. 52 ff.; *Tippach*, Insider-Handelsverbot und die besonderen Rechtspflichten der Banken, S. 68 ff.

[13] Vgl. *Mennicke*, Sanktionen gegen Insiderhandel, S. 118 ff.

[14] Vgl. *Meller*, Der Insidertatbestand des US-amerikanischen und deutschen Rechts, S. 26 ff.

[15] Vgl. *Dickersbach*, Das neue Insiderrecht der Bundesrepublik Deutschland vor dem Hintergrund des Europäischen Gemeinschaftsrechts, S. 10 ff.

durch Wertpapiertransaktionen könnte somit aus ökonomischer Sicht ein sozialschädliches Verhalten darstellen.

Das *zweite Kapitel* beschäftigt sich mit dem durch die Insiderhandelsverbote des § 14 WpHG geschützten Rechtsgut. Bei der Bestimmung des geschützten Rechtsguts ist zu beachten, daß die Verstöße gegen die Insiderhandelsverbote zum Bereich der Wirtschaftsdelikte zählen. Diese Delikte werden durch Verhaltensweisen bestimmt, die das Vertrauen in die geltende Wirtschaftsordnung insgesamt oder in einzelne ihrer Institute verletzen und damit den Bestand und die Arbeitsweise dieser Wirtschaftsordnung gefährden[16]. Das Kennzeichen des Wirtschaftsstrafrechts ist damit in der Verletzung von überindividuellen Rechtsgütern des Wirtschaftslebens zu sehen[17]. In der Literatur zum Insiderrecht wird sowohl der Schutz des Kapitalmarkts als auch der Schutz des unwissenden Anlegerpublikums als Rechtsgut der Insiderhandelsverbote angesehen.

Auf die Strafwürdigkeit und Strafbedürftigkeit des Insiderhandels wird im *dritten Kapitel* eingegangen werden. Im Rahmen der Strafwürdigkeit soll der Versuch unternommen werden, den der US-amerikanischen Insiderregulierung zugrunde liegenden Theorien bedeutsame Aspekte für das Beurteilungsverfahren zu entnehmen. Bei der Strafbedürftigkeit sollen insbesondere die neueren Entwicklungen des Zivilrechts im Rahmen einer möglichen zivilrechtlichen Regulierung berücksichtigt werden.

Auf den europäischen Hintergrund des Wertpapierhandelsgesetzes soll im *vierten Kapitel* näher eingegangen werden, indem die Ziele und Vorgaben der Insiderrichtlinie herausgearbeitet werden. Diese Erkenntnisse sind vor allem für eine richtlinienkonforme Auslegung von Bedeutung.

Bevor mit der Auslegung der einzelnen Tatbestandsmerkmale begonnen werden kann, ist im *fünften Kapitel* noch das Verhältnis der einzelnen Interpretationsmethoden zueinander zu klären. Dazu soll zunächst auf die klassischen Methoden der grammatischen, der systematischen, der historischen und der teleologischen Auslegung eingegangen werden. Im Anschluß an diese Darstellung sind die Besonderheiten bei der Auslegung des nationalen Insiderrechts zu berücksichtigen. Die so erarbeiteten Grundsätze sollen die Voraussetzungen für eine Auslegung der Insiderhandelsverbote in den nachfolgenden Kapitel schaffen.

---

[16] *Otto*, ZStW 96 (1984), S. 342.

[17] *Otto*, ZStW 96 (1984), S. 342; *Worms*, Anlegerschutz durch Strafrecht, S. 277.

Das *sechste Kapitel* beschäftigt sich mit den Legaldefinitionen der Insiderpapiere. Das Wertpapierhandelsgesetz grenzt anhand dieser Begriffe den sachlichen Anwendungsbereich der Insiderhandelsverbote ein. Gerade die gegenwärtige Umstellung von Präsenz- auf Computerbörsen wirft für den Anwendungsbereich der insiderrechtlichen Verbote einige Fragen auf. Erwähnt werden in diesem Zusammenhang auch die Anlagen des „grauen Kapitalmarkts".

Der personelle Anwendungsbereich des Insiderrechts wird im *siebten Kapitel* behandelt. Das Wertpapierhandelsgesetz erfaßt in § 13 Abs. 1 drei Personenkreise, die allgemein als „Primärinsider" bezeichnet werden. Im Rahmen der gesellschafts- und kapitalbezogenen Primärinsider ist die Auslegung des Tatbestandsmerkmals „verbundenes Unternehmen" in der Literatur umstritten. Gleiches gilt für das Tatbestandsmerkmal „bestimmungsgemäß" im Rahmen der Definition des berufsbezogenen Primärinsiders und die damit erfolgte Grenzverschiebung zum Sekundärinsider des § 14 Abs. 2 WpHG.

Auf die Insidertatsache des § 13 Abs. 1 WpHG als zentrales Element einer Insiderregulierung wird im *achten Kapitel* eingegangen. Die Qualifizierung von Plänen und Vorhaben als Tatsachen ist in der einschlägigen Literatur sehr umstritten. Diese Auseinandersetzung hat sich durch die erste gerichtliche Entscheidung[18] zum Wertpapierhandelsgesetz noch verschärft. Von entscheidender Bedeutung für die Anwendbarkeit der Insiderhandelsverbote ist zudem die Auslegung des Rechtsbegriffs der „Eignung zur erheblichen Kursbeeinflussung" als weiteres Merkmal des § 13 Abs. 1 WpHG.

Ein Primärinsider unterliegt sowohl einem Verwertungs- als auch einem Weitergabe- und einem Empfehlungsverbot. Das Verwertungsverbot des § 14 Abs. 1 Nr. 1 WpHG, das im *neunten Kapitel* behandelt wird, ist als der Grundtatbestand des Insiderrechts anzusehen[19]. Das Ausnutzen einer Insidertatsache durch den Erwerb oder die Veräußerung von Wertpapieren macht den eigentlichen Unrechtskern des Insiderhandels aus. In einer derartigen Wertpapiertransaktion liegt die Umsetzung des Wissensvorsprungs und damit die Nutzung der Superioritätsstellung, die auf dem Innehaben einer privilegierten Informationsmacht beruht[20]. Diese Nutzung der Superioritätsstellung ist ein Akt, der den Insiderhandel als einen nicht den Kriterien des Leistungswettbewerbs entsprechenden Vorgang charakterisiert.

---

[18] Hess. VHG, AG 1998, S. 436.
[19] BR-Drucks. 793/93 vom 5. November 1993, S. 175.
[20] *Mennicke*, Sanktionen gegen Insiderhandel, S. 608; *Volk*, ZHR 142 (1978), S. 8 ff.

Das Ausnutzen der Kenntnis von einer Insidertatsache ist das entscheidende subjektive Tatbestandsmerkmal des Verwertungsverbots. Es stellt sich die Frage, wie dieses Merkmal auszulegen ist, wenn man amtlichen Kursmaklern die Ausübung ihrer Tätigkeit weiterhin gestatten will. Darüber hinaus ist die strafrechtliche Verantwortung eines Wertpapierhändlers bei der Ausführung, Weitergabe und Ablehnung von Kundenaufträgen in der Literatur umstritten. Ein Teil der Literatur sieht gerade in der Durchführung von Kundenaufträgen durch einen Wertpapierhändler ein berufstypisches Verhalten, das den Tatbestand der Beihilfe zum Insidervergehen des Kunden nicht zu erfüllen vermag[21].

Im Gegensatz zum Verwertungsverbot stellt das Weitergabeverbot des § 14 Abs. 1 Nr. 2 WpHG einen Vorfeldtatbestand dar, der nicht die Verwertung der Insiderinformation als solche, sondern eine spezielle Vorbereitungshandlung zur Durchführung einer unzulässigen Wertpapiertransaktion untersagt. Mit der Einführung des Weitergabeverbots, auf das im *zehnten Kapitel* eingegangen wird, will der Gesetzgeber verhindern, daß weitere Personen Kenntnis von kursrelevanten Insiderinformationen haben[22]. Betriebliche Abläufe können jedoch die unternehmensinterne Weitergabe von nicht öffentlich bekannten Tatsachen erfordern. Aufgrund dieser Notwendigkeit soll der Versuch einer Grenzziehung zwischen einer befugten und einer unbefugten Weitergabe von Insidertatsachen unternommen werden.

Das Empfehlungsverbot des § 14 Abs. 1 Nr. 3 WpHG, das im *elften Kapitel* behandelt wird, stellt ebenfalls einen Vorfeldtatbestand dar. Mit diesem Verbot soll eine Umgehung des Verwertungsverbots in der Weise verhindert werden, daß der Insider sich eines Dritten bedient, indem er ihm den Erwerb oder die Veräußerung empfiehlt[23]. Im Bereich der Anlageberatung führt das Empfehlungsverbot zu einem Interessenkonflikt, wenn ein Primärinsider aufgrund eines schuldrechtlichen Vertrags verpflichtet ist, eine auf Insiderinformationen beruhende Empfehlung abzugeben.

Schließlich beschäftigt sich das *zwölfte Kapitel* mit dem Verwertungsverbot für Sekundärinsider des § 14 Abs. 2 WpHG. Einem Sekundärinsider wurde durch das Wertpapierhandelsgesetz lediglich das Verbot auferlegt, unter Ausnutzung seiner Kenntnis von einer Insidertatsache Insiderpapiere zu erwerben oder zu veräußern, nicht jedoch eine solche Information weiterzugeben oder aufgrund dieser eine Empfehlung abzugeben. Ein Sekundärinsider unterliegt daher keinem Weitergabe- und Empfehlungsverbot. Die Anwendung der Teilnahmeregelungen

---

[21] Vgl. nur *Caspari*, ZGR 1994; S. 543; *Hopt*, ZGR 1991, S. 46.
[22] *Assmann*, AG 1997. S. 55.
[23] BT-Drucks. 12/6679 vom 27. Januar 1994, S. 47 f.

des Strafgesetzbuchs könnte aber zu einer Strafbarkeitsausweitung führen, die dem erklärten Willen des Gesetzgebers widerspricht.

Erstes Kapitel

Wirtschaftliche Auswirkungen des Insiderhandels

Seit Inkrafttreten des Wertpapierhandelsgesetzes wird die Verwertung von Sonderwissen an der Börse strafrechtlich sanktioniert, obwohl in fast allen Bereichen unseres wirtschaftlichen und sozialen Lebens Personen anzutreffen sind, die über Sonderwissen verfügen und die den Informationsvorsprung gegenüber Dritten straffrei ausnutzen dürfen[24]. Der Einsatz des Strafrechts setzt aber ein Verhalten voraus, das sozialethisch mißbilligt wird, weil es geeignet ist, die sozialen Beziehungen innerhalb der Rechtsgesellschaft erheblich zu gefährden oder zu schädigen[25]. Im ersten Kapitel soll das Augenmerk deshalb auf die wirtschaftlichen Auswirkungen des Insiderhandels gerichtet werden.

I. Literaturmeinungen

Ausgangspunkt für eine ökonomische Bewertung des Insiderhandels ist die Tatsache, daß in der wirtschaftswissenschaftlichen Literatur eine andere Einschätzung vorherrscht als in der rechtswissenschaftlichen Literatur: Im Bereich der Gesetzgebung läßt sich auf internationaler Ebene eine zunehmende Verschärfung bei der Behandlung von Insidergeschäften beobachten, während sich in der wirtschaftswissenschaftlichen Diskussion eine entgegengesetzte Bewegung angedeutet hat[26]. Der Grund ist darin zu sehen, daß beide Seiten verschiedene Ansatzpunkte bei der Beurteilung der Frage nach dem Regelungsgrund und der Regelungsabsicht eines Insiderhandelsverbots gewählt haben. Während auf wirtschaftswissenschaftlicher Seite in erster Linie der Leistungsanreiz[27] und die Allokationseffizienz der Kapitalmärkte[28] im Vordergrund stehen, sind es auf juristischer Seite vor allem normative Wertungen wie der Gedanke der „Fairness“ und der „Sauberkeit der Wertpapiermärkte“[29].

---

[24] Zu denken ist hier an ein Gemeinderatsmitglied, das frühzeitig in die Bauleitplanung Einsicht nehmen kann, oder an Politiker, die Änderungen in der Wirtschaftspolitik früher als die Allgemeinheit erfahren.

[25] *Otto*, in: Festschrift für Schröder, S. 54 ff.

[26] *Engel*, Zur Problematik eines gesetzlichen Verbots von Insider-Geschäften, S. 389; *Hopt*, in: Baetge (Hrsg.), S. 3 ff.

[27] *Manne*, Insider Trading and the Stock Market, S. 110 ff.

[28] *Schörner*, Gesetzliches Insiderhandelsverbot - Eine ordnungspolitische Analyse, S. 247; *Seeger*, Insiderhandel am Deutschen Aktienmarkt, S. 14.

[29] *Hopt*, ZGR 1991, S. 55; *Mennicke*, Sanktionen gegen Insiderhandel, S. 58; *Strebel*, Insidervergehen und Banken, S. 10.

1. Leistungsanreiz für das Management

Manne[30] hat sich bereits im Jahre 1966 gegen eine Regulierung des Insiderhandels durch rechtliche Normen ausgesprochen, weil er derartige Transaktionen als wirtschaftlich sinnvoll ansieht. Er hält das Handeln von Insidern im Interesse einer funktionierenden kapitalistischen Wirtschaftsordnung für unbedingt notwendig. Die Erlaubnis des Insiderhandels und die damit verbundene Möglichkeit zur Einkommensverbesserung sei am besten geeignet, einen elementaren Leistungsanreiz für eine unternehmerisch denkende und handelnde Führungsschicht zu schaffen.

Bei seiner Argumentation geht *Manne* von einer Untersuchung *Schumpeters*[31] aus, nach der für den wirtschaftlichen Fortschritt Pionierleistungen unentbehrlich seien, die von einem kreativen Unternehmertum erbracht werden. Allein dieser Unternehmer sei in der derzeitigen Entwicklungsstufe des Kapitalismus, die durch die Existenz von eigentümerlosen Unternehmen gekennzeichnet sei, in der Lage, das Wirtschaftssystem vor dem Untergang zu bewahren. Voraussetzung sei allerdings, daß diese Führungsschicht motiviert werde, Leistungen zu erbringen, was durch die Möglichkeit des Pioniergewinns zu erfolgen habe. Dieser Pioniergewinn sei nur dadurch zu realisieren, daß es der unternehmerischen Führungsschicht erlaubt sei, durch Insidergeschäfte ihre Leistungen auszunutzen. Die normale Entlohnung durch Gehalt und Tantiemen sieht Manne hingegen nicht als ausreichend an, einen Anreiz zu schaffen sowie die unternehmerische Leistung zu belohnen[32].

2. Antezipierung der späteren Kursentwicklung

Von wirtschaftswissenschaftlicher Seite werden darüber hinaus weitere Argumente für die These hervorgebracht, daß Insiderhandel ökonomisch sinnvoll sei. Eines davon ist das von *Schörner*[33] vertretene Argument der optimalen Kapital-allokation der Finanzmärkte. Insidergeschäfte führten demnach zu einer rationalen, renditeorientierten Kapitalanlage, da sie über die Antezipierung der späteren Kursentwicklung zur Bildung eines korrekten Börsenpreises beitragen würden.

---

[30] *Manne*, Insider Trading and the Stock Market, S. 110 ff.
[31] *Schumpeter*, Theorie der wirtschaftlichen Entwicklung, S. 88 ff.
[32] *Manne*, Insider Trading and the Stock Market, S. 141.
[33] *Schörner*, Gesetzliches Insiderhandelsverbot - Eine ordnungspolitische Analyse, S. 247.

Schörner[34] geht von der Vorstellung aus, daß auf einem gut funktionierenden Finanzmarkt der größte Teil des anzulegenden Kapitals zu den Unternehmen fließt, die aufgrund ihrer wirtschaftlichen Entwicklung die höchsten Renditen erwarten lassen. Diese Renditen bestünden nicht nur in Dividenden, sondern auch in dem die wirtschaftliche Lage wiedergebenden Wertzuwachs der Beteiligung, der im Börsenkurs der betreffenden Aktie zum Ausdruck kommt. Insidergeschäfte seien nun in der Lage, den Börsenkurs an neue Informationen vor deren Veröffentlichung anzupassen. Diese antezipierte Anpassung erfolge einerseits durch das einzelne Insidergeschäft, welches sich im Kurs niederschlägt. Andererseits erfolge die Antezipierung des Börsenkurses auch durch das Nachziehen weiterer Marktteilnehmer. Der Kurs des betreffenden Unternehmens spiegele dann den tatsächlichen Wert der Beteiligung wieder. Dies führe dazu, daß die Anleger auf richtige Preissignale reagieren könnten, um ihr Kapital an die ökonomisch sinnvollste Stelle zu lenken.

3. Kurstabilisierung

Im Zusammenhang mit der optimalen Allokationseffizienz der Kapitalmärkte wird in der wirtschaftswissenschaftlichen Literatur[35] mit dem Effekt der Kursstabilisierung durch Insiderhandel ein zusätzliches Argument angeführt, welches nicht klar von dem Konzept der Bildung des richtigen Kurspreises getrennt werden kann. Auch dieser behauptete Effekt soll die These unterstützen, daß Insidergeschäfte ökonomisch sinnvoll seien.

Nach Ansicht *Wus*[36] fördert der Insiderhandel die Stabilisierung der Börsenkurse und trägt damit auch zu einer optimalen Allokationseffizienz der Kapitalmärkte bei. Insidergeschäften wird eine kursstabilisierende Wirkung zugesprochen. Das diesen Geschäften innewohnende Element der Spekulation sei ein Faktor, der dazu beitrage, die Kursentwicklung zu glätten und unerwünschte starke Kursausschläge abzumildern. Der Börsenkurs des betreffenden Emittenten reagiere weniger hektisch auf die Veröffentlichung von Nachrichten. Diese Kursstabilisierung wiederum habe die Optimierung der Allokation von Investitionskapital zur Folge und erhöhe die Attraktivität der Anlage in Beteiligungspapieren auch für diejenigen Anleger, die risikoreiche Geschäfte meideten.

---

34 *Schörner*, Gesetzliches Insiderhandelsverbot - Eine ordnungspolitische Analyse, S. 247.

35 *Wu*, Colum.L.Rev. 68 (1968), S. 265 ff.

36 *Wu*, Colum.L.Rev. 68 (1968), S. 265 ff.

4. Schädigung der Allokationsfunktion der Finanzmärkte

In der wirtschaftswissenschaftlichen Literatur wird aber nicht nur die These aufgestellt, Insiderhandel sei ökonomisch sinnvoll. Vielmehr wird auch die Gegenthese vertreten, daß Insidergeschäfte die Allokationsfunktion des Kapitalmarkts schädigten[37]. Insidertransaktionen könnten die Verhaltensweisen der übrigen Marktteilnehmer ändern, wenn sie glaubten, daß gerade bei den von ihnen in Betracht gezogenen Anlagen der Insiderhandel eine Rolle spiele. Die Investoren seien in diesen Fällen nur dann zum Aktienkauf bereit, wenn der Preis pro Aktie herabgesetzt oder aber eine erhöhte Dividende gezahlt werde. Die Anleger diskontierten dadurch den Verlust, den sie aufgrund des Insiderhandels erwarteten. Diese „Risikoprämie“ führe zu sinkenden Kursen auf dem Sekundärmarkt[38]. Auf Dauer bliebe der geforderte Zuschlag auch nicht ohne Auswirkungen auf den Primärmarkt, weil für neu emittierte Beteiligungs- und Schuldtitel niedrigere Erlöse erzielt würden. Dieser geringere Erlös führe zu Finanzierungslücken bei Inves-titionsvorhaben. Aufgrund der Unterversorgung solventer Unternehmen könne der Kapitalmarkt seine Allokationsfunktion nicht erfüllen. Der Insiderhandel schade daher einer allokativen Markteffizienz.

II. Stellungnahme

Aus ökonomischer Sicht werden der Leistungsanreiz für das unternehmerische Management und eine optimale Kapitalallokation als Argumente für die Insidergeschäfte angeführt. Ein Verbot des Insiderhandels wird hingegen mit der Schädigung der Allokationseffizienz der Kapitalmärkte begründet.

1. Fehlender Zusammenhang zwischen Leistung und Insidergewinnen

Die fehlende Leistungsbezogenheit einer Entlohnung durch Insidergewinne wird schon im Falle kurssenkender Ereignisse deutlich. Dürfte das unternehmerische Management Kenntnisse von derartigen Umständen durch den Verkauf von Aktien ausnutzen, würde nicht eine eigene, für das Unternehmen positive Leistung entlohnt, sondern vielmehr das eigene Versagen[39].

---

[37] *Ott/Schäfer*, ZBB 1991, S. 229 f.
[38] *Demsetz*, Am.Eco.Rev. 1986, S. 316.
[39] *Mennicke*, Sanktionen gegen Insiderhandel, S. 65.

Selbst bei Außerachtlassung dieses Aspekts könnten Gewinne aus Insidergeschäften nur dann als eine Form der Leistungsentlohnung angesehen werden, wenn ein innerer Zusammenhang zwischen der unternehmerischen Pionierleistung und den Vermögensvorteilen aus Insidergeschäften gegeben wäre. Gerade dieser Zusammenhang zur Leistung des Insiders fehlt aber, da es sich um unverdiente Vorteile handelt, die nur bei einem durch seine Tätigkeit oder Beziehungen privilegierten Personenkreis anfallen[40]. Nicht nur diejenigen Personen können sich durch Insidergeschäfte Vorteile verschaffen, die für eine positive Unternehmensentwicklung verantwortlich sind, sondern auch diejenigen, die über eine günstige Gesellschaftsentwicklung rechtzeitig informiert wurden. Beide Personenkreise sind aber keineswegs identisch, weil in einem großen Unternehmen relevante Informationen auch von Personen zur Kenntnis genommen werden können, der nichts mit der unternehmerischen Leistung zu tun haben[41]. Um sicherzustellen, daß nur das unternehmerische Management Gewinne aus Insidergeschäften erzielt, müßte für eine umfassende Überwachung gesorgt werden. Vor jeder betriebsinternen Weitergabe müßte die Information auf ihre Eignung zur Verwertung am Wertpapiermarkt hin überprüft werden. Die Kosten für eine derartige Überwachung würden die Ersparnisse für die Gehaltsanpassungen jedoch aufzehren.

Der fehlende Leistungsbezug wird des weiteren bei der Tatsache offenbar, daß eine bestimmte Kursentwicklung von zahlreichen Faktoren abhängt und damit oft schwer prognostizierbar ist. Einerseits müssen sich positive Faktoren nicht notwendigerweise in steigenden Kursen niederschlagen. Andererseits können unternehmensexterne Ereignisse die Kursentwicklung beeinflussen, die nicht mit der Leistung des Managements in Zusammenhang stehen. Aufgrund dieser fehlenden Antezipierbarkeit von Insidergewinnen ist das unternehmerische Management durch eine Beteiligung am Gewinn oder am Umsatz eher zu motivieren als durch die Zulassung des Ausnutzens von Insiderinformationen[42]. Aus ökonomischer Sicht stellt der Insiderhandel somit keinen Leistungsanreiz für das Management dar. Gewinne aus derartigen Geschäften sind vielmehr mit dem Leistungsprinzip einer Wettbewerbsgesellschaft und dem Ziel der Leistungsgerechtigkeit nicht vereinbar[43].

---

[40] *Mennicke*, Sanktionen gegen Insiderhandel, S. 64.

[41] *Hopt/Will*, Europäisches Insiderrecht, S. 41.

[42] Vgl. *Dingeldey*, Insiderhandel und Strafrecht, S. 62; *Fellmann*, Rechtliche Erfassung von Insidertransaktionen in der Schweiz, S. 76 f.; *Hopt/Will*, Europäisches Insiderrecht, S. 40 f.

[43] *Mennicke*, Sanktionen gegen Insiderhandel, S. 66.

2. Kein regelmäßiger Nachzieheffekt

Die These, der Insiderhandel sei ökonomisch sinnvoll, weil er zur Bildung des richtigen Börsenkurses führe, wird von ihrem Hauptvertreter *Wu* selbst relativiert, wenn er zugibt, daß hierfür der empirische Nachweis fehle[44]. Die Möglichkeit, daß Insidertransaktionen im Einzelfall in der Lage sind, Börsenkurse zu antezipieren, kann zwar nicht ausgeschlossen werden[45], entscheidend ist aber, ob diese Kursanpassungen regelmäßig stattfinden. Unumgänglich für Kursanpassungen durch Insidergeschäfte ist das Vorhandensein eines Nachzieheffekts anderer Börsenteilnehmer[46]. Dieser Nachzieheffekt kann an der Börse zwar beobachtet werden, jedoch ist er nicht stark und schnell genug, um den Kurs einer Emission anzupassen[47]. Seine Stärke hängt vor allem davon ab, in welchem Ausmaß Anleger in der Lage sind, aufgrund von Kursentwicklungen zu erkennen, daß Insider am Markt tätig sind und nicht andere Faktoren für diese Entwicklungen ursächlich waren. Eine derartige Erkenntnis ist gerade auf einem anonymen Markt wie der Börse schwer zu erlangen. Der Insider ist nämlich unter Umständen darauf angewiesen, seine Informationen nicht auf einmal zu verwerten, sondern den Kauf oder Verkauf von Wertpapieren zu stückeln, um profitable Geschäfte zu tätigen. Sein Ziel ist es, den Aktienwert nicht sofort um den Informationswert zu verändern, um Zeit für großvolumige Transaktionen zu gewinnen. Dieses strategische Verhalten verhindert, daß sich die Informationen im Börsenkurs niederschlagen. Die These *Wus* beruht damit auf einer Prämisse, die lediglich wirtschaftstheoretischen Modellvorstellungen entspricht, nicht aber empirisch abgesichert ist[48].

3. Fehlende Kursanpassung

Das Argument, der Insiderhandel führe zu einer Kursstabilisierung und trage deshalb zur Förderung einer optimalen Kapitalallokation bei, setzt ebenfalls voraus, daß die ausgleichende Wirkung über eine Anpassung der Kurse an die zukünftigen Preise, d.h. über eine Antezipierung der späteren Kursentwicklung

---

[44] *Wu*, Colum.L.Rev. 68 (1968), S. 269.

[45] Vgl. *Fellmann*, Rechtliche Erfassung von Insidertransaktionen in der Schweiz, S. 81; *Schmidt*, in: Hopt/Wymeersch (Hrsg.), S. 34; *Wojtek*, Insider Trading im deutschen und amerikanischen Recht, S. 19.

[46] *Mennicke*, Sanktionen gegen Insiderhandel, S. 71.

[47] *Hopt*, ZGR 1991, S. 25.

[48] Vgl. *Mennicke*, Sanktionen gegen Insiderhandel, S. 71.

erfolgt[49]. Gerade dies widerspricht naturgemäß der Durchführung profitablen Insiderhandels. Insidergeschäfte sind nur dann erfolgreich, wenn die Vorwegnahme einer späteren Kursentwicklung bis zum Abschluß der Transaktionen möglichst verhindert wird. Aus diesem Grunde besteht vielmehr die Gefahr, daß die Insider Informationen möglichst lange zurückhalten. Besonders deutlich wird dies im Falle der Erwartung zukünftiger tieferer Kurse. Die Insider werden hier versuchen, den Kurs des Insiderpapiers so lange wie möglich auf einem hohen Preisniveau zu halten, um die Verluste auf unwissende Anleger abzuwälzen[50].

Des weiteren darf die Gefahr von Überreaktionen des Wertpapiermarkts nicht vernachlässigt werden, die im Rahmen des Mitläuferverhaltens von Amateurspekulanten gegeben ist und eine kontraproduktive Auswirkung auf die erwünschte Kursstabilisierung hat[51]. Beide Thesen über den ökonomischen Nutzen beruhen damit auf der falschen der Prämisse der Antezipierung der späteren Kursentwicklung.

4. Insiderregulierung als Wettbewerbsparameter

Schließlich stellt sich die Frage, ob die Transaktionen von Insidern einen wirtschaftlichen Schaden verursachen. Der Argumentation, der Insiderhandel schädige die Allokationsfunktion des Kapitalmarkts, ist zunächst folgendes entgegenzuhalten: Die Allokationseffizienz des Kapitalmarkts basiert auf der Annahme, daß die Marktteilnehmer Kenntnisse über ihre sämtlichen Handlungsalternativen haben und daß ihr Handeln rational erfolgt[52]. Tatsächlich verfügen die Anleger jedoch über unterschiedliche Informationen, die sie zudem in unterschiedlicher Weise interpretieren. Der Marktprozeß als wettbewerbliches Phänomen resultiert aus dem Handeln von Akteuren mit unterschiedlichen Informationsausstattungen, die diese Informationsasymmetrien gerade ausnutzen[53]. Im Verlauf des Marktgeschehens bleibt diese Asymmetrie bestehen, weil sich sowohl aus dem Handeln der Anleger als auch aus der Veränderung der Umwelt stets neue entscheidungsrelevante Tatsachen ergeben. Die Informationsasymmetrie stellt ein konstituierendes Merkmal des Marktprozesses

---

[49] *Mennicke*, Sanktionen gegen Insiderhandel, S. 75.

[50] *Fellmann*, Rechtliche Erfassung von Insidertransaktionen in der Schweiz, S. 43.

[51] Vgl. *Fellmann*, Rechtliche Erfassung von Insidertransaktionen in der Schweiz, S. 43; *Hopt/Will*, Europäisches Insiderrecht, S. 44; *Renner*, Der Schutz des Kapitalanlegers gegen die Ausnutzung von Informationsvorteilen im Aktienhandel, S. 40.

[52] *Daumann*, WiSt 1994, S. 576.

[53] *v. Hayek*, in: ders. (Hrsg.), S. 103 ff.

dar[54]. Eine Markteffizienz im Sinne objektiv rationaler Entscheidungen der Marktteilnehmer unter vollkommener Kenntnis ihrer Handlungsalternativen tritt somit im Marktprozeß nicht ein, da zu keinem Zeitpunkt bei allen Anlegern das objektiv gleiche kapitalmarktrelevante Wissen vorliegen kann. Die Dynamik des Marktprozesses scheint daher zunächst die These, daß der Insiderhandel zur einer Schädigung der Allokationsfunktion des Kapitalmarkts führt, zu widerlegen.

Aus ökonomischer Sicht ist das Phänomen des Marktprozesses nur vordergründig in der Lage, eine Schädigung der Allokationseffizienz des Kapitalmarkts zu verneinen. Die zunehmende Öffnung der Finanzmärkte und die damit verbundene Zunahme des Wettbewerbs erlauben es nicht, die nationalen Kapitalmärkte isoliert zu betrachten[55]. Die Freiheit des Kapitalverkehrs und die hohe Kapitalmobilität sowie die modernen Kommunikationstechniken lassen die internationalen Finanzplätze immer enger zusammenrücken. Neben der Einbindung in den weltweiten Wettbewerb führt in Europa das Ziel eines gemeinsamen Europäischen Binnenmarkts zu einer zusätzlichen Wettbewerbsintensivierung. Die staatlichen Rahmenbedingungen auf dem jeweiligen Finanzmarkt werden mehr und mehr zu wichtigen Wettbewerbsparametern[56]. Zu diesen Rahmenbedingungen gehört auch das Vorhandensein einer strafbewehrten Insiderregulierung. Die Unterbindung von Insidergeschäften stellt einen nicht unerheblichen Marktvorteil im internationalen Wettbewerb der Finanzmärkte dar. Nur wenn es gelingt, die Wettbewerbsfähigkeit des Finanzplatzes Deutschland zu erhalten, wird dieser auch zukünftig in der Lage sein, den Finanzbedarf der Emittenten zu decken. Aus ökonomischer Sicht führen Insidergeschäfte zu einem Wettbewerbsnachteil. Ein Finanzplatz, der international nicht wettbewerbsfähig ist, kann den Finanzierungsbedürfnissen der Emittenten auf Dauer nicht gerecht werden, was letztendlich eine finanzielle Unterversorgung der Unternehmen zur Folge hat. Insidergeschäfte schädigen damit die optimale Allokationseffizienz des Kapitalmarkts.

III. Ergebnis

Als Ergebnis bleibt festzuhalten, daß Insidergeschäfte keine ökonomisch positiven Effekte nach sich ziehen. Gewinne aus derartigen Transaktionen sind nicht geeignet, einen Leistungsanreiz für das unternehmerische Management zu schaffen. Zudem fördert der Insiderhandel auch nicht die Allokationseffizienz der

---

[54] *v. Hayek*, in: ders. (Hrsg.), S. 249 ff.
[55] BT-Drucks. 12/6679 vom 27. Januar 1994, S. 33.
[56] BT-Drucks. 12/6679 vom 27. Januar 1994, S. 33.

Kapitalmärkte, weder durch die Bildung eines richtigen Börsenpreises noch durch eine Kursstabilisierung.

Aus ökonomischer Sicht ist vielmehr davon auszugehen, daß der Insiderhandel die Effizienz der Kapitalmärkte schädigt, da ein Finanzplatz, der keine gesetzliche Insiderregulierung aufweist, international nicht wettbewerbsfähig ist. In diesem wirtschaftlichen Nachteil liegt das sozialschädliche Verhalten des Insiderhandels.

Zweites Kapitel

Rechtsgut der Insiderhandelsverbote

Seit der umfassenden Reform des Strafrechts in den Jahren 1969 und 1973 besteht weitgehende Einigkeit darüber, daß neben bestehenden Moralorstellungen auch immer ein zu schützendes Rechtsgut als Grundlage jeder Strafrechtsnorm erforderlich ist[57]. Die Feststellung der Sozialschädlichkeit des Insiderhandels reicht als gesetzestragende Begründung nicht aus. Das Strafrecht kann nicht überall dort eingreifen, wo ein sozialschädliches Verhalten auftritt, sondern muß sich auf den Schutz der Grundwerte der Sozialordnung bechränken[58]. Diese Schutzfunktion realisiert die Strafrechtsordnung, indem elementare Güter durch die Begründung von Verboten und Geboten vor Angriffen gesichert werden[59]. Erst durch die Aufnahme in den Schutzbereich der Rechtsordnung werden diese Werte zu Rechtsgütern[60]. Aufgrund seiner Funktion als Ausgangspunkt und Leitgedanke einer jeden Tatbestandsbildung kommt dem Rechtsgut auch eine besondere Bedeutung bei der Auslegung strafrechtlicher Normen zu. Im folgenden Kapitel soll daher der Frage nachgegangen werden, welches Rechtsgut durch die Insiderhandelsverbote des § 14 WpHG geschützt wird.

I. Definition

Erst Anfang des 19. Jahrhunderts hat der Rechtsgutsbegriff Eingang in die Rechtslehre gefunden. Unter dem Einfluß der Lehre vom Gesellschaftsvertrag wurde eine Straftat als die Verletzung subjektiver Rechte angesehen. *Feuerbach*[61] sah sich deswegen genötigt, bei jeder Strafvorschrift ein subjektives Recht des einzelnen oder des Staates als Schutzobjekt nachzuweisen. Hab und Gut des Rechtssubjekts sollten durch das Strafrecht geschützt werden.

Birnbaum[62], der Begründer der neueren Lehre erblickte im Rechtsgut gerade kein Recht, sondern ein von der Staatsgewalt gewährleistetes materielles Gut, das dem

---

[57] *Roxin*, Strafrecht Allgemeiner Teil, § 2 I. Rdnr. 3.
[58] BVerfGE 45, 253.
[59] *Otto*, Allgemeine Strafrechtslehre, § 1 II .1.
[60] *Jescheck/Weigend*, Lehrbuch des Strafrechts, § 1 III. 1.
[61] vgl. *Feuerbach*, Revision, S. 65.
[62] vgl. *Birnbaum*, Neues Archiv des Criminalrechts 15 (1834), S. 179.

einzelnen oder der Gesamtheit zustehen konnte und im natürlichen Sinne als verletzbar angesehen wurde. Das Rechtsgut umfaßte danach alles, was in den Augen des Gesetzgebers als Bedingung eines gesunden Lebens der Rechtsgemeinschaft für diese von Wert sei.

Heute werden Rechtsgüter definiert als Lebensgüter, Sozialwerte und rechtlich anerkannte Interessen des einzelnen oder der Allgemeinheit[63], als Lebensinteressen der Gemeinschaft, denen das Strafrecht seinen Schutz gewährt[64], als ein rechtlich geschützter abstrakter Wert der Sozialordnung, an dessen Erhaltung die Gemeinschaft ein Interesse hat und der entweder dem einzelnen oder der Gesamtheit als Träger zugeordnet werden kann[65]. Teilweise wird der Begriff des Rechtsguts auf alle Gegenstände, die der Schutzzweck der Norm einschließt, bezogen[66] oder es wird betont, daß es sich bei dem Begriff um Beziehungen von Menschen zu Lebensinteressen handelt[67]. Schließlich wird im Rechtsgut auch der Achtungsanspruch, der von den Gütern des Gemeinschaftslebens gegenüber jedermann ausgeht, gesehen[68].

Ausgehend von den durch die Aufklärung geprägten Lehren des beginnenden 19. Jahrhunderts ist der Rechtsgutsbegriff vom Schutz des subjektiven Rechts her zu definieren. Die Güter des Rechtssubjekts sind durch das Strafrecht zu schützen. Von einem Gut kann dort gesprochen werden, wo das Rechtssubjekt Verfügungsmacht über ein Objekt innehat. Das Rechtssubjekt ist jedoch nicht nur in dem, was es hat, schutzwürdig, sondern auch in der Entfaltung von Möglichkeiten in seiner Entwicklung zum mündigen Rechtsgenossen[69]. Der status negativus ist durch den status positivus zu ergänzen. Die Entfaltung der Persönlichkeit setzt neben dem ungestörten Genuß bestimmter Güter das Hineinwachsen in das Bewußtsein menschlicher Würde, die Achtung vor dem Mitmenschen und die Identifizierung mit bestimmten Werten voraus. Der strafrechtliche Schutz der Möglichkeit, in diese Werte hineinzuwachsen, ist demnach eine weitere legitime Aufgabe des Rechtsgüterschutzes[70].

Mit der Anerkennung des Postulats, daß es auch um den Schutz der Person geht, die sich in der Beziehung zu bestimmten Gegebenheiten entfaltet, wird die geistige Realität des Rechtsguts deutlich, die durch die Verletzung bestimmter

---

63 *Wessels*, Strafrecht Allgemeiner Teil, § 1 I. 2.
64 *Jescheck/Weigend*, Lehrbuch des Strafrechts, § 26 I. 1.
65 *Jescheck/Weigend*, Lehrbuch des Strafrechts, § 26 I. 2.
66 *Amelung*, Rechtsgüterschutz und Schutz der Gesellschaft, S. 175
67 *Tiedemann*, Tatbestandsfunktionen im Nebenstrafrecht, S. 115.
68 *Schmidthäuser*, Strafrecht Allgemeiner Teil, S. 36 f.
69 *Otto*, Allgemeine Strafrechtslehre, § 1. II. 3. b).
70 *Otto*, Allgemeine Strafrechtslehre, § 1. II. 3. b).

Güter beeinträchtigt werden kann. Das Rechtsgut selbst als ein gedankliches Gebilde wird materiell nicht beschädigt. Die Verletzung ist vielmehr die Beeinträchtigung des Rechtsguts durch die Verschlechterung der Möglichkeit der Realisierung der Rechtsgutsbeziehung. Das Rechtsgut ist daher eine bestimmte, in den einzelnen Tatbeständen näher beschriebene, reale Beziehung der Person zu konkreten von der Rechtsgemeinschaft anerkannten Werten, in der sich das Rechtssubjekt mit Billigung durch die Rechtsordnung personal entfaltet[71]. Inhaltlich bestimmt wird diese Beziehung durch die Art des jeweiligen Gutes, seine Eignung zur Befriedigung menschlicher Interessen und den Schutzumfang, den der Gesetzgeber der Entfaltung der Persönlichkeit durch diese Interessenbefriedigung gewährt.

II. Literaturmeinungen

Im Zusammenhang mit Insidergeschäften wird in der Literatur die Ansicht vertreten, daß das Ausnutzen von Insiderinformationen einen Vertrauensmißbrauch gegenüber dem Unternehmen darstelle, für welches der Insider arbeite, also Unternehmensinteressen verletze[72]. Sodann wird auf die Beeinträchtigung des Vermögens des einzelnen Anlegers sowie auf die Chancengleichheit der Marktteilnehmer abgestellt. Schließlich wird darauf hingewiesen, daß Insidertransaktionen volkswirtschaftlichen Interessen zuwiderliefen, indem durch die Verletzung des Vertrauens der Anleger die Funktionsfähigkeit des Kapitalmarkts gestört werde.

1. Vertraulichkeitssphäre des Unternehmens

Der Schutz der Vertraulichkeitssphäre des Unternehmens, auf dessen Geschäftsbereich sich die Insiderinformation bezieht, ist ein immer wieder vorgebrachtes Rechtsgut der Insiderhandelsverbote des § 14 WpHG[73]. Sachverhalte, die als Insiderinformationen in Betracht kämen, seien entweder geschäftliche Vorhaben, wichtige geschäftspolitische Entscheidungen oder Fusionen. Die Unternehmen hätten naturgemäß ein großes Interesse an der Geheimhaltung dieser Informationen. Nutze ein Insider Informationen, die er

---

[71] *Otto*, Allgemeine Strafrechtslehre, § 1. II. 3. b).
[72] *Hopt*, AG 1995, S. 355.
[73] *Brunner*, SAG 48 (1976), S. 194; *Dingeldey*, Insider-Handel und Strafrecht, S. 70 f.; *Forstmoser*, SAG 49 (1977), S. 15; *Otto*, in: Madrid-Symposium für Tiedemann, S. 450 f.

aufgrund seiner Vertrauensstellung in dem Unternehmen erlangt habe, zu privaten Geschäften an der Börse aus, um sich persönlich zu bereichern, mißbrauche er dadurch seine Vertrauensstellung[74]. Die dienstlich erlangten Kenntnisse würden zur privaten Bereicherung ausgenutzt. Der Insider komme nicht seiner Verpflichtung nach, das Interesse des Unternehmens an der Geheimhaltung der entsprechenden Information zu respektieren. Durch die Insidergeschäfte werde die Vertrauensbeziehung zwischen einem Unternehmen und demjenigen, der dort aufgrund seiner Stellung Zugang zu gesellschaftsinternen Informationen habe, verletzt[75]. Als schützenswertes Rechtsgut eines gesetzlichen Insiderhandelsverbots wird deshalb die Vertrauensbeziehung zwischen dem Unternehmen und dem Insider genannt, wobei es nicht darauf ankomme[76], ob das Geschäftsgeheimnis einem Dritten bekannt werde oder dem Unternehmen ein konkreter Vermögensschaden entstehe[77].

2. Vermögen der unwissenden Anleger

Obwohl der Insiderhandel schon lange existiert, wurde der Schutz des unwissenden Anlegerpublikums durch eine Insiderregulierung erst in neuerer Zeit näher untersucht[78]. Um dies zu verstehen, hilft ein Blick auf die Entwicklungsgeschichte der Börse. Zur Zeit der Verabschiedung des deutschen Börsengesetzes im Jahre 1896 stellte sich die Börse als Veranstaltung des wohlhabenden Bürgertums dar, so daß man aufgrund der überschaubaren Zahl und der vergleichbaren wirtschaftlichen Position der Beteiligten diesen die Selbstverwaltung überlassen und den staatlichen Einfluß generell beschränken konnte. Börsengeschäfte wurden vom Reichsgericht als Spekulationsgeschäfte bewertet und blieben daher weitgehend ungeschützt[79].

Seit einigen Jahren wird die breite Bevölkerungsschicht aufgerufen, ihr Kapital in Wertpapieren zu investieren und die vermögensbildende Funktion der Börse zu nutzen[80]. Der Gesetzgeber geht von der Vorstellung aus, daß das volkswirtschaftliche Wachstum sich im Wert der Unternehmen und folglich im

---

[74] *Mennicke*, Sanktionen gegen Insiderhandel, S. 109.
[75] *Mennicke*, Sanktionen gegen Insiderhandel, S. 110.
[76] Vgl. *Brunner*, SAG 48 (1976), S. 194; *Dingeldey*, Insider-Handel und Strafrecht, S. 70 f.; *Forstmoser*, SAG 49 (1977), S. 15.
[77] *Dingeldey*, Insider-Handel und Strafrecht, S. 70.
[78] *Otto*, in: Madrid-Symposium für Tiedemann, S. 450.
[79] RG WarnR. 1908 Nr. 146.
[80] Vgl. *Dingeldey*, Insider-Handel und Strafrecht, S. 67.

Wert der Emissionen widerspiegele[81]. An diesem Wachstum solle eine breite Bevölkerungsschicht in Form von Wertpapieren beteiligt werden. Diese Vorstellungen sind mit einer „rechtlichen Ohnmacht des Staates" und mit der Möglichkeit einer „geschäftlichen Übervorteilung" nicht vereinbar[82].

Vor dem Hintergrund dieser Entwicklungsgeschichte wird in der Literatur[83] die Ansicht vertreten, der unwissende Anleger werde durch ein gesetzliches Insiderhandelsverbot geschützt. Allein aus der Tatsache, daß bei bekannt gewordenen Insidergeschäften Gewinne bis zu 100 Millionen Dollar[84] erzielt worden seien, wird auf eine Vermögensschädigung anderer geschlossen. An der Feststellung, daß Insidertransaktionen die Uninformierten schädigten, führe kein Weg vorbei[85]. Aus den Vorteilen der Insider wird auf entsprechende Vermögensschäden bei den unwissenden Anlegern geschlossen, die Wertpapiere kaufen oder verkaufen[86]. Der Anleger habe im Fall einer kurssteigernden Information seinem Geschäftspartner das Papier unter Wert verkauft, denn zum Zeitpunkt der Transaktion bestehe schon eine Differenz zwischen dem Preis der Aktie und ihrem wahren Wert[87]. Bei Insiderinformationen über kurssenkende Ereignisse hingegen werde das Papier von dem Insider über Wert verkauft. In beiden Fällen sei eine Schädigung des unwissenden Anlegers gegeben, die in der Differenz zwischen dem tatsächlichen Kurs, zu dem das Geschäft abgeschlossen worden sei, und dem Wert liege, der den Informationsgehalt widerspiegele.

3. Chancengleichheit aller Börsenteilnehmer

Aufgrund der Tatsache, daß die Nichtveröffentlichung der entscheidenden Informationen für den unwissenden Anleger einen Nachteil darstelle, sieht ein Teil der Literatur[88] den Anleger als Opfer des Informationsgefälles an. Die

---

81 *Hopt/Will*, Europäisches Insiderrecht, S. 50; *Graf Lambsdorff*, ZGR 1981, S. 9.

82 Vgl. *Starke*, Das französische Insiderstrafrecht, S. 20.

83 *Koch*, Insiderwissen und Insiderinformationen in strafrechtlicher Sicht, S. 1; *Tiedemann*, Wirtschaftsstrafrecht und Wirtschaftskriminalität, Bd. 2, S. 141; *Waser*, Die Insiderregelung in der Bundesrepublik Deutschland - Rezeptionsmodell für die Schweiz?, S. 11; *Wojtek*, Insider Trading im deutschen und amerikanischen Recht, S. 22.

84 Vgl. die Fälle Boesky und Levine, Wirtschaftswoche 50/1986, S. 124.

85 *Hopt*, AG 1995, S. 355; *Hopt/Will*, Europäisches Insiderrecht, S. 47 f.

86 *Hopt*, ZGR 1991, S. 22; *Hopt/Will*, Europäisches Insiderrecht, S. 47; *Otto*, in: Blaurock (Hrsg.), S. 72.

87 *Hopt/Will*, Europäisches Insiderrecht, S. 47 f.

88 *Hopt*, Der Kapitalanlegerschutz im Recht der Banken, S. 334 f.; *Kübler*, AG 1977, S. 87; *Schwark*, Anlegerschutz durch Wirtschaftsrecht, S. 12.

Existenz des Informationsgefälles sei ihm weder bewußt, noch könne er dieses aus eigener Kraft abbauen[89]. Der uninformierte Anleger sei deshalb vor der Schmälerung seiner Gewinnchancen durch das die Insidertransaktion ausmachende Informationsgefälle zu schützen. Eine Regulierung von Insidergeschäften diene folglich der Chancengleichheit aller Börsenteilnehmer durch den Abbau von unfairen Informationsgefällen. Sie unterbinde die Ausnutzung eines solchen Informationsvorsprungs zur Erzielung von Sondervorteilen[90]. Diese Ansicht sieht daher die Chancengleichheit aller Börsenteilnehmer als das rechtlich geschützte Interesse der Insiderhandelsverbote an[91].

4. Funktionsfähigkeit des Kapitalmarkts

Schließlich wird in der Literatur[92] die Ansicht vertreten, die Insiderhandelsverbote dienten der Funktionsfähigkeit des Kapitalmarkts. Der Schutz des Kapitalmarkts beziehe sich auf seine Fähigkeit zur Kapitalaufnahme und Kapitallenkung[93]. Notwendige Voraussetzung zur Erfüllung dieser Funktionen sei das Vertrauen der Anleger in den Kapitalmarkt, ohne daß die Anlagebeträge zurückgezogen oder gar nicht erst zur Verfügung gestellt würden. Die Investitionsbereitschaft setze ein Vertrauen der breiten Anlegerschaft in das ordnungsgemäße Funktionieren der Börse und die Einhaltung von Marktspielregeln voraus[94]. Die Anleger seien nur dann bereit, ihr Kapital in Wertpapieren anzulegen, wenn sie davon überzeugt seien, daß sich das Börsengeschehen in korrekten Formen abspiele. Diese Überzeugung schaffe ein Gegengewicht zu der extremen Funktionalisierung und Anonymität der Börse, die diese für das Anlegerpublikum undurchschaubar machten. Insidergeschäfte gefährdeten das Vertrauen der Anleger und die Funktionsfähigkeit des Kapitalmarkts, so daß dieser als geschütztes Rechtsgut der Insiderhandelsverbote angesehen wird.

---

[89] *Hannigan*, Insider Dealing, S. 8 f.

[90] *Demsetz*, Am.Eco.Rev. 1986, S. 313; *Hopt*, Der Kapitalanlegerschutz im Recht der Banken, S. 334 f.; *Kübler*, AG 1977, S. 87, *Schwark*, Anlegerschutz durch Wirtschaftsrecht, S. 12.

[91] *Otto*, in: Madrid-Symposium für Tiedemann, S. 450.

[92] *Hopt*, AG 1995, S. 355; *Lahmann*, Verbot des Insiderhandels, S. 32; *Siebold*, Das neue Insiderrecht, S. 34.

[93] *Demsetz*, Am.Eco.Rev. 1986, S. 313.

[94] *Mennicke*, Sanktionen gegen Insiderhandel, S. 101.

III. Stellungnahme

Die Literatur zum Insiderrecht führt eine ganze Reihe von Rechtsgütern an, deren Verletzung durch die in § 14 WpHG normierten Verbote von Insidergeschäften verhindert werden soll. Eine kritische Auseinandersetzung mit den angeführten Ansichten ist deshalb geboten.

1. Hinreichender strafrechtlicher Schutz von Betriebsgeheimnissen

Der Ansicht, durch Insidergeschäfte werde die Vertraulichkeitssphäre des betreffenden Unternehmens beeinträchtigt, ist entgegenzuhalten, daß durch die bloße Verwertung die Insiderinformation einem Dritten nicht zugänglich gemacht wird und von einem Verstoß gegen das Geheimhaltungsinteresse des Unternehmens nicht gesprochen werden kann[95]. Es ist nicht ersichtlich, welche Unternehmensinteressen durch das Insidergeschäft unmittelbar verletzt werden, da das Geheimhaltungsinteresse des Unternehmens nicht betroffen ist, solange sich der Insider auf den Kauf bzw. den Verkauf von Wertpapieren beschränkt.

Bedeutsamer ist, daß es sich bei den insiderrechtlich relevanten Informationen um Betriebs- und Unternehmensgeheimnisse handelt, die bereits durch die §§ 404 AktG, 17 UWG sowie den § 203 Abs. 1 Nr. 3 i.V.m. § 204 Abs. 1 StGB geschützt werden. Die Vertraulichkeitssphäre des Emittenten scheidet als Rechtsgut des § 14 WpHG aus, wenn die Unternehmensinteressen bereits umfassend geschützt wären und damit der Erlaß weiterer Vorschriften nicht mehr zu rechtfertigen wäre[96].

a) Verletzung der Geheimhaltungspflicht, § 404 AktG

Derjenige, der von einem Geheimnis der Gesellschaft in seiner Eigenschaft als Mitglied des Vorstands oder des Aufsichtsrats oder als Prüfer erfahren hat und dieses unbefugt offenbart oder verwertet, macht sich gemäß § 404 Abs. 1, Abs. 2 S. 2 AktG wegen unbefugter Verwertung von Betriebs- oder Geschäftsgeheimnissen strafbar. Diese insidernächste Norm erfaßt aufgrund einer aus-

---

[95] *Stratenwerth*, in: Festschrift für Vischer, S. 669.

[96] Vgl. *Dingeldey*, Insider-Handel und Strafrecht, S. 71; *Otto*, in: Madrid-Symposium für Tiedemann, S. 450 f.; *Stratenwerth*, in: Festschrift für Vischer, S. 669.

drücklichen Aufzählung den bedeutendsten Kreis potentieller Insider, nämlich den sogenannten gesellschaftsbezogenen Primärinsider.

Ein hinreichend strafrechtlicher Schutz ist dann gegeben, wenn Insiderinformationen als „Geheimnisse“ i.S.d. § 404 AktG zu qualifizieren wären. Eine Insiderinformation ist nach § 13 WpHG eine „nicht öffentlich bekannte Tatsache, die sich auf einen oder mehrere Emittenten von Insiderpapieren oder auf Insiderpapiere bezieht, und die geeignet ist, im Falle ihres öffentlichen Bekanntwerdens den Kurs des Insiderpapiers erheblich zu beeinflussen“. Als Gesellschaftsgeheimnisse sind nach der in Rechtsprechung und Lehre[97] vertretenen Definition die relativ unbekannten Tatsachen gemeint, die die Gesellschaft geheimhalten will und an deren Geheimhaltung sie ein objektives Interesse hat.

Die fehlende Offenkundigkeit als erstes Begriffselement ist bei der Insiderinformation typischerweise gegeben, da diese nur einem verhältnismäßig eng begrenzten Personenkreis bekannt ist. Der Geheimhaltungswille als zweites Begriffselement bereitet für die Subsumtion ebenfalls keine Schwierigkeiten. Der Gesellschaftswille selbst geht beim Fehlen einer ausdrücklichen Erklärung angesichts der Bedeutung der in Rede stehenden Tatsachen zweifelsfrei dahin, die Zahl derjenigen, die keine Kenntnis von der Information haben, bis zur offiziellen Bekanntgabe der Nachricht möglichst klein zu halten[98]. Auch das objektive Geheimhaltungsinteresse des Unternehmens ist zu bejahen. Dieses Merkmal hat lediglich eine Korrektivfunktion und soll verhindern, daß allein der Wille des Berechtigten, - sozusagen kraft eigener Machtvollkommenheit - eine nicht offenkundige Tatsache zu einem Geheimnis und damit dessen Verrat strafbar machen kann[99]. Um diese Möglichkeit auszuschließen, ist eine weite Auslegung des Merkmals „Geheimhaltungsinteresse“ geboten. Folglich genügt irgendein rechtlich anerkanntes Interesse der Gesellschaft, die Tatsache nicht publik werden zu lassen, unabhängig davon, ob sie einen wirtschaftlichen Wert verkörpert. Jede Insiderinformation ist damit als Geschäftsgeheimnis zu qualifizieren[100].

§ 404 AktG erfaßt mit seinen Tathandlungen sowohl ein unbefugtes Offenbaren als auch ein unbefugtes Verwerten des Gesellschaftsgeheimnisses. Unter

---

97 Vgl. *Dingeldey*, Insider-Handel und Strafrecht, S. 30 ff.; *Heldmann*, ZRP 1990, S. 395; *Starke*, Das französische Insiderstrafrecht, S. 22; ; *v. Stebut*, DB 1974, S. 613 f.; *Ulsenheimer*, NJW 1997, S. 2000 ff.

98 *Ulsenheimer*, NJW 1975, S. 2001.

99 *Ulsenheimer*, NJW 1975, S. 2001.

100 *Dingeldey*, Insider-Handel und Strafrecht, S. 31; *Otto*, in: Blaurock (Hrsg.), S. 70.

„Offenbaren" wird jede Art von Bekanntgabe der Tatsache an Dritte verstanden[101]. Die Frage, ob eine Wertpapiertransaktion aufgrund von Insiderinformationen auch eine Verwertung darstellt, hängt von der Definition des Merkmals ab. Unter „Verwertung" i.S.d. § 404 Abs. 2 S. 2 AktG versteht der überwiegende Teil der Literatur[102] jede Benutzung eines Geheimnisses, gleichgültig zu welchem Zweck, also insbesondere, aber nicht unbedingt, dessen wirtschaftliche Ausschlachtung. Beide Handlungsalternativen erfassen somit alle möglichen Fallgestaltungen des Phänomens „Insiderhandel".

Die Strafbarkeit der Tathandlungen knüpft an ein unbefugtes Handeln an. Eine Befugnis kann sich grundsätzlich aus drei Gesichtspunkten ergeben: Erstens unter dem Aspekt der Einwilligung des Verletzten, zweitens bei Bestehen einer Pflichtenkollision und drittens aus Grundsätzen der Interessenabwägung. Von Interesse für die Verwertung von Insiderinformationen durch Börsentransaktionen ist aber letztlich nur die Einwilligung[103]. Eine wirksame Einwilligung des Emittenten in die Preisgabe oder Verwertung ist grundsätzlich möglich, da es sich bei den durch § 404 AktG geschützten Geschäftsgeheimnissen um ein disponibles Rechtsgut handelt[104]. In der Praxis ist eine solche Einwilligung aber unwirksam, weil ein Vorstandsbeschluß, der die Ausnutzung von Insiderinformationen für eigene Zwecke erlaubt, wegen eines Verstoßes gegen die in § 93 AktG statuierte Pflicht zur gewissenhaften Geschäftsführung gesetzwidrig ist[105]. Die Vertraulichkeitssphäre des betreffenden Unternehmens wird daher bereits durch das geltende Recht geschützt, weil sich jeder gesellschaftsbezogene Primärinsider mit der Verwertung und Weitergabe von Insiderinformationen auch einer Strafbarkeit nach § 404 Abs. 1, Abs. 2 S. 2 AktG aussetzt.

b) Verrat von Geschäftsgeheimnissen, § 17 UWG

Des weiteren sieht § 17 Abs. 1 UWG vor, daß Angestellte eines Geschäftsbetriebs mit Freiheitsstrafe bis zu drei Jahren oder mit Geldstrafe bestraft werden, wenn sie während der Dauer ihres Dienstverhältnisses ein Geschäfts- oder Betriebsgeheimnis, welches ihnen anvertraut oder zugänglich gemacht worden ist, Dritten aus Eigennutz mitteilen. Nach § 17 Abs. 2 Nr. 2 UWG trifft die gleiche Strafe diejenigen, die ein Geschäfts- oder

---

[101] *Dingeldey*, Insider-Handel und Strafrecht, S. 31.
[102] Vgl. *Starke*, Das französische Insiderstrafrecht, S. 22; *Ulsenheimer*, NJW 1975, S. 2001.
[103] *Ulsenheimer*, NJW 1975, S. 2002.
[104] Vgl. *Ulsenheimer*, NJW 1975, S. 2001.
[105] Für den Aufsichtsrat ergibt sich dasselbe aus §§ 116, 93 AktG.

Betriebsgeheimnis, das sie durch eine der in § 17 Abs. 1 UWG genannten Mitteilungen oder durch eigene oder fremde rechtswidrige Handlungen nach § 17 Abs. 2 Nr. 1 UWG erlangt haben, aus Eigennutz unbefugt verwerten.

Die Tatbestandsmerkmale „Geschäftsgeheimnis" und „unbefugte Verwertung" werden wie die entsprechenden Merkmale in § 404 AktG definiert[106]. Demnach ahndet § 17 UWG den Insiderhandel unternehmensbezogener Primärinsider. Darüber hinaus erfaßt § 17 Abs. 2 UWG auch diejenigen Personen, die sich den Geheimnisbruch von Angestellten zunutze machen, was den Kreis potentieller Täter erweitert[107]. Die Regelung des § 17 Abs. 2 UWG ist aus diesem Grunde mit dem Verbotstatbestand des § 14 Abs. 2 WpHG vergleichbar, der Wertpapiertransaktionen eines Sekundärinsiders auf der Grundlage von Insiderinformationen strafrechtlich sanktioniert. Nicht erfaßt werden von dieser Regelung lediglich die Fälle, in denen das Geschäftsgeheimnis durch den Angestellten rechtmäßig erlangt wurde oder die Weitergabe eines solchen Geheimnisses ohne Eigennutz erfolgte. Obwohl § 17 UWG im Vergleich zu den Regelungen des § 14 WpHG erhebliche Lücken aufweist, ist auch dieser Norm ein weitreichender Schutz der Vertraulichkeitssphäre des betroffenen Unternehmens vor Mißbrauch nicht gänzlich abzusprechen.

c) Verletzung von Privatgeheimnissen, §§ 203, 204 StGB

Zusätzlich zu den bereits angeführten Straftatbeständen können Rechtsanwälte, Notare, Wirtschaftsprüfer, vereidigte Buchprüfer, Steuerberater u.a., die ein ihnen anvertrautes Betriebsgeheimnis verwerten, nach § 203 Abs. 1 Nr. 3 i.V.m. § 204 Abs. 1 StGB wegen Verwertung fremder Geheimnisse mit Freiheitsstrafe bis zu einem Jahr oder mit Geldstrafe bestraft werden. Hier zeigt sich ebenfalls, daß die Betriebsgeheimnisse einer Gesellschaft einem umfassenden strafrechtlichen Schutz unterliegen. Das geltende Strafrecht erfaßt daher den gesamten Personenkreis, der aufgrund einer bestehenden Vertrauensbeziehung zum betreffenden Unternehmen dessen Vertraulichkeitssphäre verletzen kann[108].

Darüber hinaus ist die Ausgestaltung dieser Straftatbestände - mit Ausnahme des § 17 UWG - als Antragsdelikte zu berücksichtigen. Antragsberechtigt ist der durch die Geheimnisverletzung unmittelbar Geschädigte. Die Strafverfolgung

---

[106] *Baumbach/Hefermehl*, Wettbewerbsrecht, § 17 UWG Rdnr. 1 ff und 28 ff.
[107] *Otto*, in: Blaurock (Hrsg.) S. 71.
[108] *Heldmann*, ZRP 1990, S. 395; *Mennicke*, Sanktionen gegen Insiderhandel, S. 116; *Ulsenheimer*, NJW 1975, S. 2004.

kann demnach durch die Organe des betroffenen Unternehmens veranlaßt werden. Die Tatsache, daß es aber bislang in diesem Bereich keine entsprechende Judikatur gibt und lediglich in einem Fall ein Strafverfahren eingeleitet wurde[109], ist als ein Indiz dafür zu werten, daß seitens der Unternehmen kein besonderes Interesse an einer Strafverfolgung besteht[110]. Dies kann damit zusammenhängen, daß ihm Rahmen einer Strafverfolgung Unternehmensgeheimnisse in die Öffentlichkeit oder zur Konkurrenz gelangen könnten. Denkbar ist auch, daß Strafverfahren gegen Mitglieder des Vorstands - wie etwa gegen Lopèz - oder des Aufsichtsrats eingeleitet werden müßten[111]. Wenn jedoch ein derartiges Interesse seitens der in ihrer Vertraulichkeitssphäre verletzten Unternehmen nicht besteht und die vorhandenen Möglichkeiten strafrechtlicher Verfolgung nicht genutzt werden, kann der bereits gewährleistete Schutz dieser Vertraulichkeitssphäre keine weiteren gesetzlichen Vorschriften rechtfertigen[112]. Die Vertraulichkeitssphäre des Unternehmens kommt damit als Rechtsgut der Insiderhandelsverbote nicht in Betracht.

2. Keine Zurechnung des Vermögensschadens zur Insidertransaktion

Das Vermögen des unwissenden Anlegers kommt als geschütztes Rechtsgut nur dann in Frage, wenn durch die Insidertransaktion ein Vermögensschaden eingetreten ist und dieser Schaden dem Insider zugerechnet werden kann.

Die Rechtsprechung und ein Teil der Literatur[113] vertreten den wirtschaftlichen Vermögensbegriff. Vermögen sei danach die Summe aller wirtschaftlichen Güter einer Person nach Abzug der Verbindlichkeiten. Ein Vermögensschaden erfordere eine Minderung der Wertsumme. Die Wertminderung sei aus der Sicht des Betroffenen unter Berücksichtigung objektiver Maßstäbe wirtschaftlicher Vernunft und damit objektiv-individuell zu bestimmen.

---

109 Das Verfahren gegen den ehemaligen VW-Vorstand José Ignacio Lopèz de Arriortua u.a. wegen des Verrats von Betriebs- und Geschäftsgeheimnissen wurde gegen Auflagen eingestellt, vgl. FAZ vom 27. Juli 1998, S. 15.

110 Vgl. *Otto*, in: Blaurock (Hrsg.), S. 71.

111 *Dingeldey*, Insider-Handel und Strafrecht, S. 32 f.; *Heldmann*, ZRP 1990, S. 395; *Otto*, in: Blaurock (Hrsg.), S. 71; *Ulsenheimer*, NJW 1975, S. 2002 ff.

112 *Mennicke*, Sanktionen gegen Insiderhandel, S. 114.

113 Vgl. BGHSt 17, 147; *Tröndle/Fischer*, § 263 Rdnr. 27; *Wessels*, Strafrecht, § 13 II. 4. a.

Die herrschende Meinung in der Literatur[114] folgt der juristisch-wirtschaftlichen Vermögenslehre, die zwar im Ausgangspunkt mit dem wirtschaftlichen Vermögensbegriff übereinstimmt, den Bereich des geschützten Vermögens aber eingrenzt. Vermögen sei danach die Summe aller wirtschaftlichen Güter einer Person, die sie unter Billigung der Rechtsordnung innehat. In einzelnen Entscheidungen hat auch die Rechtsprechung diese Lehre anerkannt[115].

Folgt man der wirtschaftlichen oder juristisch-wirtschaftlichen Vermögenslehre, könnte argumentiert werden, daß ein Vermögensschaden des Anlegers bereits deshalb zu verneinen ist, weil ein an der Börse gehandeltes Wertpapier keinen anerkannten Marktpreis hat, sondern der Preis erst durch Angebot und Nachfrage gebildet wird. Um derartige Ergebnisse zu vermeiden, wird von den Vertretern dieser Lehren ein persönlicher Schadenseinschlag konzediert. Fehlt es nach den Anschauungen des Wirtschaftsverkehrs an einem objektiven Schaden, liegt dennoch eine Vermögensminderung vor, wenn das Opfer beispielsweise eine für seine Zwecke ungeeignete Leistung erhält[116].

Otto[117] hingegen berücksichtigt bei der Bestimmung des Vermögensbegriffs die Funktion des Strafrechts, die er in der Gewährleistung der Entwicklung der Persönlichkeit des einzelnen in der Gesellschaft sieht. Das Vermögen sei deshalb eine personal strukturierte Einheit, die die Entfaltung der Person im gegenständlichen Bereich gewährleiste. Sie konstituiere sich in den von der Rechtsordnung anerkannten Herrschaftsbeziehungen der Person zu Objekten, die von der Rechtsgesellschaft als selbständige Gegenstände des wirtschaftlichen Verkehrs anerkannt werden. Vermögen sei somit die wirtschaftliche Potenz des Rechtssubjekts, die auf der Herrschaftsgewalt über Objekte beruhe, die die Rechtsgesellschaft als selbständige Objekte des Wirtschaftsverkehrs ansehe. Ein im Zeitpunkt der Bewertung vorhandener Veräußerungswert sei unerheblich. Ein Vermögensschaden setze lediglich die Verringerung der wirtschaftlichen Potenz des Vermögensträgers voraus. Diese brauche sich nicht in einer Geldsumme auszudrücken. Es reiche aus, daß eine wirtschaftliche Disposition zur Verfügung über wirtschaftliche Mittel führt, ohne daß der vom Berechtigten gewollte wirtschaftliche Zweck erreicht werde. Das entscheidende Kriterium des Schadens sei damit die wirtschaftliche Zweckverfehlung und nicht ein irgendwie gearteter geldlicher Minderwert.

---

[114] Vgl. *Cramer*, in: Schönke/Schröder, § 263 Rdnr. 82 m. w. Nachw.; *Lackner*, § 263 Rdnr. 123.

[115] Vgl. BGHSt 20, 136; BGHSt 26, 346.

[116] Vgl. zuletzt BGH, NStZ-RR 2001, S. 41; BGHSt 16, 321; *Tröndle/Fischer*, § 263 Rdnr. 35 m. w. Nachw.

[117] *Otto*, Die einzelnen Delikte, § 38 I. 1.

Eine Auseinandersetzung mit den einzelnen Vermögenslehren ist vorliegend nicht erforderlich, da alle Ansichten zu einem einheitlichen Ergebnis gelangen. Hätte der Anleger vor dem Verkauf des Wertpapiers Kenntnis von der kurssteigernden Tatsache gehabt, hätte er das Papier nicht zu dem Preis verkauft. Es gibt zwar auch Anleger, die ihre Wertpapiere nur aus Liquiditätsgründen verkaufen oder weil sich ihre Renditevorstellungen erfüllt haben. Dies kann aber nicht darüber hinwegtäuschen, daß die große Mehrzahl der Anleger die Wertpapiere nicht verkauft hätte, wenn sie Kenntnis von weiteren Gewinnchancen gehabt hätte. Auch beim Kauf eines Insiderpapiers vor Veröffentlichung eines kurssenkenden Ereignisses hätten die Anleger sicherlich anders gehandelt, wenn sie von dieser Tatsache vorher gewußt hätten. Ausschlaggebend für den Kauf von Wertpapieren ist in den meisten Fällen die Aussicht auf eine angemessene Wertsteigerung des Papiers. In beiden Fällen konnten die Anleger nicht mehr die Gewinnchance realisieren, die sie mit ihrem Geschäft verwirklichen wollten und nach den offen ausgewiesenen Bedingungen des Kapitalmarkts auch hätten realisieren können[118]. Der Vermögensschaden des Anlegers, der in Unkenntnis der Insiderinformation eine Wertpapiertransaktion tätigt, ist damit evident.

Der Bundesgerichtshof[119] hat im Rahmen des Submissionsbetrugs zudem mehrfach festgestellt, daß der Auftraggeber durch Preisabsprachen der Anbieter einen Schaden erleide. Der Wert ausgeschriebener Bauarbeiten bestimme sich nach dem Preis, der bei Beachtung der für das Ausschreibungsverfahren geltenden Vorschriften im Wettbewerb erzielbar sei. Verhinderten die Anbieter durch Preisabsprachen und Vorspiegelung von Wettbewerb die Bildung des Wettbewerbspreises, so erleideten die Auftraggeber einen Schaden, wenn der mit dem Anbieter vereinbarte Preis höher als der erzielbare Wettbewerbspreis sei. Eine hohe Wahrscheinlichkeit spreche dafür, daß Submissionskartelle nicht gebildet würden, wenn sie ihren Kartellmitgliedern keine höheren als die sonst erzielbaren Marktpreise brächten. Erklärtes Ziel von Kartellvereinigungen sei es, durch die Absprache einen den Marktpreis übersteigenden Preis zu erlangen. Auch beim Insiderhandel hat die Mißachtung der geltenden Vorschriften Auswirkungen auf den Preis des Insiderpapiers. Die vorherige Veröffentlichung der Insidertatsache hätte zweifelsohne zu einem anderen Marktpreis des Wertpapiers geführt, unabhängig davon, ob es sich um eine kurssenkende oder kurssteigernde Information gehandelt hat.

Der Vermögensschaden des Anlegers müßte dem Insider aber zuzurechnen sein. Ein Erfolg ist einer Person nach dem Prinzip der Risikoerhöhung dann als ihr Werk zuzurechnen, wenn diese Person durch ihr Verhalten die Pflicht, eine

---

[118] Vgl. *Hopt/Will*, Europäisches Insiderrecht, S. 46.
[119] Vgl. nur BGH, wistra 1994, S. 346 m.w.N.

Rechtsgutsbeeinträchtigung zu vermeiden, dadurch verletzt hat, daß sie eine über das erlaubte Risiko hinausgehende Gefahr für das geschützte Rechtsgut begründet oder erhöht, die sich in der Verletzung des Rechtsguts realisiert hat[120]. Auf den ersten Blick erscheint die Argumentation schlüssig, daß ohne den Verkauf des überteuerten Wertpapiers seitens des Insiders der Anleger keinen Vermögensschaden erlitten hätte. Ein Schaden wäre dem Anleger auch im umgekehrten Fall erspart geblieben, da er dem Insider sein Wertpapier dann nicht unter Wert verkauft hätte. In beiden Fällen wäre ohne die Handlung des Insiders kein Vermögensschaden eingetreten.

Eine derartige Betrachtungsweise vermag der Problematik aber nicht gerecht zu werden. Aufgrund der Anonymität der Börse, bei der sich die Partner einer Transaktion nicht gegenüberstehen, ist ein persönlicher Kontakt zwischen Verkäufer und Käufer ausgeschlossen. Der Anleger hat seine Transaktionsentscheidung vielmehr aufgrund der ihm zugänglichen Informationen getroffen. Das Verkaufs- oder Kaufangebot des Insiders war für diese Entscheidung unerheblich[121]. Der Anleger hätte die Transaktion auch getätigt, wenn kein Insider am Markt vorhanden gewesen wäre. Er hätte an dem fraglichen Börsentag ohne das Auftreten des Insiders keinen anderen Preis für das Wertpapier gezahlt oder erhalten. Der Insider hat damit die Gefahr für das Vermögen des Anlegers nicht erhöht.

Bei einer pflichtgemäßen Aufdeckung der Insiderinformation durch den *Emittenten*, hätte der Anleger diese Tatsache jedoch in seine Entscheidung einfließen lassen können und unter Umständen von einer Transaktion abgesehen. Die Gefahr für das Vermögen des Anlager hat sich allein dadurch erhöht, daß der Emittent die Insiderinformation entgegen § 15 WpHG nicht veröffentlicht hat. Diese Gefahr hat sich dann im Vermögensschaden realisiert. Der Schaden ist somit nicht dem Insider, sondern allein dem Emittenten zuzurechnen. Das Vermögen der Anleger scheidet daher als Rechtsgut der Insiderhandelsverbote aus.

---

[120] *Otto*, Allgemeine Strafrechtslehre, § 6 II. 4.

[121] Vgl. *Dingeldey*, Insider-Handel und Strafrecht, S. 68; *Heldmann*, SJZ 1992, S. 312; *v. Stebut*, DB 1974, S. 618; *Stratenwerth*, in: Festschrift für Vischer, S. 670; *Tippach*, Insider-Handelsverbot und die besonderen Rechtspflichten der Banken, S. 25.

3. Gewährleistung der Chancengleichheit

Die Feststellung, daß die Unkenntnis der Insiderinformation Ursache des Vermögensschadens ist, verdeutlicht, daß zwischen dem Insider und dem uninformierten Anleger ein Machtungleichgewicht besteht. Der Insider weiß aufgrund seines Spezialwissens, daß er ein viel geringeres Risiko eingeht[122]. Er ist durch sein Wissen privilegiert, und der Anleger hat keine Möglichkeit, dieses Informationsdefizit auszugleichen. Allein der Anleger trägt bei Insidergeschäften das Risiko, daß er Wertpapiere zu früh abgibt bzw. sie vor Abwärtsbewegungen nicht rechtzeitig veräußert. Die Chancengleichheit ist bei Insidertransaktionen damit nicht mehr gewahrt.

Ein Verbot von Insidergeschäften führt nun dazu, daß nur Verträge zwischen Parteien geschlossen werden, die über einen vergleichbaren Wissensstand verfügen. Die relative Chancengleichheit ist zwischen den Börsenpartnern wieder gegeben, weil beide Seiten das Risiko eingehen, die Wertpapiertransaktion im falschen Zeitpunkt durchzuführen. Das ist aber das Geschäftsrisiko eines jeden Marktteilnehmers, das er bewußt eingeht, weil er weiß, daß auch die anderen Marktteilnehmer diesem Risiko grundsätzlich ausgeliefert sind. Zwar wird es immer besser und weniger gut informierte Anleger geben. Entscheidend ist aber, daß jeder Marktteilnehmer in gleicher Weise Zugang zu relevanten Informationen hat. Welchen Nutzen der einzelne Anleger aus diesen Möglichkeiten tatsächlich zieht, ist ohne Bedeutung. Hier setzt das Prinzip der individuellen Verantwortung ein[123]. Der Aspekt der Chancengleichheit unter allen Börsenteilnehmern stellt somit ein durch ein Insiderhandelsverbot geschütztes Interesse dar[124].

4. Gefährdung der Funktionsfähigkeit des Kapitalmarkts

Es ist fraglich, ob der Aspekt der Chancengleichheit aller Börsenteilnehmer isoliert zu betrachten ist, oder erst im Zusammenhang mit der Funktionsfähigkeit des Kapitalmarkts das geschützte Rechtsgut darstellt.

---

[122] *Hopt/Will*, Europäisches Insiderrecht, S. 46; *Otto*, in: Madrid-Symposium für Tiedemann, S. 451; *Strebel*, Insidervergehen und Banken, S. 12.

[123] *Strebel*, Insidervergehen und Banken, S. 12.

[124] *Otto*, in: Blaurock (Hrsg.), S. 74.

a) Aufgaben der Börse

Ausgangspunkt für diese Untersuchung ist die Funktion des Kapitalmarkts für eine Volkswirtschaft. Als Kapitalmarkt wird im Unterschied zum kurzfristigen Geldmarkt der institutionalisierte Markt für Finanzmittel langfristiger Natur bezeichnet. Seine Aufgabe besteht darin, eine optimale Allokation des Kapitals zu gewährleisten[125]. Der Kapitalmarkt gliedert sich in einen Primärmarkt für die Erstausgabe von Wertpapieren (Emissionsmarkt) und einen Sekundärmarkt, auf dem Effekten über die Börse gehandelt werden (Effektenmarkt)[126]. Über den Emissionsmarkt werden auf effiziente Weise Mittel zur Finanzierung von Investitionen langfristig bereitgestellt. Aufgrund der Fungibilität der Wertpapiere kann der Anleger jederzeit eine Liquidierung seiner Wertpapiere über den Effektenmarkt erreichen. Eine optimale Allokation des Kapitals ist dann gewährleistet, wenn Sparkapital in Investitionskapital transformiert wird. Dies ist Aufgabe der Börse. Sie verknüpft das Interesse der Unternehmen an langfristigem Eigenkapital mit dem Interesse der Anleger an einer möglichst kurzfristigen Liquidierbarkeit ihrer möglichst sicher angelegten Ersparnisse[127].

Neben dieser Transformationsfunktion gewinnt die Börse in zunehmendem Maße Bedeutung im Rahmen staatlich gelenkter Vermögensbildung. Der Vermögenszuwachs einer Volkswirtschaft spiegelt sich langfristig im Wert ihrer Unternehmen wider[128]. Die Aktie ist am besten geeignet, eine breite Bevölkerungsschicht am Produktivvermögen und damit am Wachstum der Wirtschaft und ihrer Unternehmen zu beteiligen[129]. Die staatlich gestützte Vermögensbildung der gesamten Bevölkerung beruht aber nicht nur auf Wohlwollen, sondern vielmehr auf der Erkenntnis, daß der steigende Finanzbedarf nur durch das Öffnen der Börse gedeckt werden kann[130].

b) Vertrauen der Anleger als Funktionselement

Die optimale Verwirklichung der beiden Kapitalmarktfunktionen Transformation und Vermögensbildung setzt voraus, daß die Anleger, für die die Abläufe an der

---

125 *Daumann*, WiSt 1994, S. 575.
126 *Schierenbeck*, Bank- und Versicherungslexikon, S. 367.
127 *Dingeldey*, Insider-Handel und Strafrecht, S. 64 f.
128 *Hopt/Will*, Europäisches Insiderrecht, S. 50.
129 *Graf Lambsdorff*, ZGR 1981, S. 9.
130 *Starke*, Das französische Insiderstrafrecht, S. 29.

Börse in der Regel undurchschaubar sind, Vertrauen in die Funktionsmechanismen dieser Institution haben[131]. Nur wenn der einzelne Anleger auf die Lauterkeit der Beteiligten und auf die Sauberkeit des Gesamtgeschehens vertraut, wird er bereit sein, sein Geld an der Börse zu investieren[132]. Dies gilt im besonderen Maße für die Vermögensbildungsfunktion, die eine unerfahrene Anlegergruppe ansprechen und ihr Interesse an Wertpapieren wecken will[133]. Das Vertrauen der Anleger ist folglich die Basis aller Finanzgeschäfte.

Eine wesentliche Aufgabe des Sekundärmarkts ist der Preisfindungsprozeß. Der Preis läßt sich verstehen als Ergebnis der Verarbeitung aller durch Marktpublizität verfügbaren Informationen[134]. Die Gesamtheit der verfügbaren Informationen ist eine veränderbare Größe, die sich entsprechend den Publizitätsvorschriften ändert. Diese Gesamtheit kann mit dem Begriff der Informationsordnung umschrieben werden[135]. Der Gesetzgeber hat in § 15 WpHG festgelegt, welchem Marktteilnehmer zu welchem Zeitpunkt welche Informationen zustehen. Er hat es damit in der Hand, die für die Preisfindung jeweils vorhandenen Informationen legal zu definieren. Mit der Festlegung hat der Gesetzgeber eine rechtliche Größe geschaffen, auf die sich das Vertrauen der Anleger richtet[136]. Mag auch unter informationstheoretischem Aspekt derjenige Kurs besser sein, der mit Insiderwissen zustande kommt, so ist der rechtliche Maßstab allein der Kurs, der die informationelle Ordnung widerspiegelt. Auf diese Preisfindung richtet sich das Vertrauen der Anleger.

Des weiteren bezieht sich das Vertrauen der Anleger auch auf Chancengleichheit aller Marktteilnehmer, d.h. nicht zuletzt auf die Herstellung einer idealen Wettbewerbssituation. Gerade für die unerfahrene Anlegergruppe ist dies äußerst wichtig, weil der Aktienmarkt nicht auf dem Prinzip von vereinbarter Leistung und Gegenleistung beruht. Der Anleger erhält zwar für sein Kapital Wertpapiere zu einem bestimmten Preis, damit ist sein Interesse aber noch nicht befriedigt. Zu der vagen Aussicht der weiteren Kursentwicklung darf dann nicht auch noch zusätzlich die Unsicherheit über eine nicht ganz ideale Wettbewerbssituation kommen[137]. Die Wettbewerbssituation wird aber verfälscht, wenn Insider ihr Vorwissen am Markt ausnutzen. Viele Anleger befürchten dann zu Recht, daß die Gleichheit der Informationsmöglichkeiten nicht mehr gewährleistet ist[138], da die

---

[131] *Hopt/Will*, Europäisches Insiderrecht, S. 49 ff.
[132] *Dingeldey*, Insider-Handel und Strafrecht, S. 66.
[133] *Starke*, Das französische Insiderstrafrecht, S. 30.
[134] *Schmidt*, Aspekte positiver Theorien über Aktienkursänderungen, S. 375 f.
[135] *Tippach*, Insider-Handelsverbot und die besonderen Rechtspflichten der Banken, S. 21.
[136] *Tippach*, Insider-Handelsverbot und die besonderen Rechtspflichten der Banken, S. 22.
[137] *Starke*, Das französische Insiderstrafrecht, S. 30.
[138] *Dingeldey*, Insider-Handel und Strafrecht, S. 66.

Erlangung kursrelevanter Informationen partiell außer Kraft gesetzt ist. Die Anleger werden sich an diesem Kapitalmarkt nicht engagieren. Nur wenn die Marktteilnehmer grundsätzlich die gleichen Chancen haben und Insider keine ungerechtfertigten Sondervorteile erzielen können, wird das Vertrauen der Anleger in die Funktionsfähigkeit des Kapitalmarkts vorhanden und die Kapitalzufuhr gewährleistet sein[139].

c) Insiderregulierung als internationaler Standard

Ein weiterer Aspekt, der bereits im Rahmen der wirtschaftlichen Auswirkungen des Insiderhandels angedeutet wurde, spielt auch hier eine nicht unerhebliche Rolle. Seit den achtziger Jahren hat die internationale Verflechtung der Finanzmärkte zugenommen. Aufgrund dieses Zusammenwachsens sehen sich die einzelnen Finanzzentren einem globalen Wettbewerb ausgesetzt. Für die europäischen Finanzmärkte hat sich diese Wettbewerbssituation in den letzten Jahren noch verschärft. Die Verwirklichung des Binnenmarktes ist ein Ziel der Europäischen Union. Der Binnenmarkt soll nach den Vorstellungen des europäischen Gesetzgebers einen Raum ohne Binnengrenzen erfassen, in dem der freie Verkehr von Waren, Personen, Dienstleistungen und Kapital gewährleistet ist. Die damit verbundene zunehmende Öffnung der Kapitalmärkte führt in Europa zu einer zusätzlichen Wettbewerbsintensivierung. Gleichzeitig haben sich im Rahmen der Verflechtung der Finanzmärkte internationale Standards im Bereich der Handelsusancen und der Wertpapieraufsicht herausgebildet, an denen auf Dauer kein international ausgerichtetes Finanzzentrum vorbeikommt[140]. Moderne Kommunikationstechniken erlauben es heute, Kapital ohne größeren Aufwand von einem Finanzplatz abzuziehen, um es dann an einem anderen Finanzmarkt zu plazieren. Wenn lediglich der nationale Kapitalmarkt keine Insiderregulierung aufweisen würde, hätte dies eine finanzielle Unterversorgung des Marktes zur Folge, weil das Anlegerpublikum diesen Finanzplatz meiden würde. Eine Insiderregulierung stellt damit beim Werben der verschiedenen Finanzmärkte um die Gunst des Anlegerpublikums einen Wettbewerbsfaktor dar, an dem auf Dauer kein international ausgerichtetes Finanzzentrum vorbeikommt.

---

[139] *Dingeldey*, Insider-Handel und Strafrecht, S. 66; *Starke*, Das französische Insiderstrafrecht, S. 30. Das Vertrauen der Anleger in die Funktionsfähigkeit des Kapitalmarkts kann sowohl dadurch verletzt werden, daß ein Primär- oder ein Sekundärinsider ungerechtfertigte Vorteile aus ihrem Spezialwissen ziehen. Aus diesem Grunde ist eine Unterscheidung zwischen den Handelsverboten für Primär- und Sekundärinsider im Rahmen der Bestimmung des Rechtsguts nicht erforderlich.

[140] *Möller*, BFuP 1994, S. 99.

IV. Ergebnis

Als Ergebnis bleibt festzuhalten, daß die Funktionsfähigkeit des Kapitalmarkts im wesentlichen von dem Vertrauen der Anleger abhängt, das sich auf die Informationsordnung und die Chancengleichheit aller Marktteilnehmer bezieht. Insider, die sich mit Wertpapiertransaktionen einen Sondervorteil verschaffen, können dieses Vertrauen zerstören. Ein Verbot von Insidergeschäften stellt zudem einen Marktvorteil im internationalen Wettbewerb der Finanzzentren dar, ohne den Kapital an ausländische Märkte abwandern würde. Der Schutz der Funktionsfähigkeit des Kapitalmarkts ist damit als das Rechtsgut der Insiderhandelsverbote des § 14 WpHG anzusehen.

Eine Auseinandersetzung mit den beiden Ansichten zum Vermögensbegriff ist nicht erforderlich, da sich die dogmatischen Unterschiede bei der Frage, ob der unwissende Anleger aufgrund einer Insidertransaktion einen Vermögensschaden erleidet, nicht auswirken. Steht fest, daß der Anleger infolge der Transaktion einen zu geringen Erlös erzielt bzw. einen überhöhten Preis gezahlt hat, ist nach beiden Auffassungen ein Vermögensschaden gegeben. Entscheidend für die Annahme eines Schadens ist deshalb eine Differenz zwischen dem tatsächlichen Wert des Papiers und dem erzielten Verkaufserlös bzw. dem gezahlten Kaufpreis.

Drittes Kapitel

Strafwürdigkeit und Strafbedürftigkeit

Aus der Erkenntnis, daß der Insiderhandel den Kapitalmarkt beeinträchtigt, ergibt sich nicht ohne weiteres das Erfordernis und die Legitimation einer strafrechtlichen Sanktion. In der Realisierung der angedrohten Strafe kommt einerseits eine bewußte Mißbilligung des Täters zum Ausdruck und andererseits bedeutet die Vollstreckung der Strafe einen schweren Eingriff in die Freiheit, Persönlichkeitsentwicklung und Würde des Bestraften, so daß sie nicht schrankenlos als Mittel sozialer Kontrolle und Lenkung eingesetzt werden darf[141], sondern dem Gesetzgeber nur als ultima ratio zur Verfügung steht. Nach dem aus dem verfassungsrechtlichen Rechtstaatsprinzip und den Grundrechten abgeleiteten Verhältnismäßigkeitsgrundsatz ist jede staatliche Handlung auf deren unbedingt erforderliche Eingriffsintensität zu begrenzen[142]. Der Grundsatz der Verhältnismäßigkeit ist nur gewahrt, wenn die Strafwürdigkeit und die Strafbedürftigkeit gegeben ist.

Die Unterscheidung zwischen Strafwürdigkeit und Strafbedürftigkeit geht auf *Otto*[143] zurück. Sie erlaubt eine klare und nachvollziehbare Differenzierung zwischen der normativen und der rational abwägenden, auf Zweckmäßigkeitsgesichtspunkten abstellenden Ebene[144]. Während bei der Strafwürdigkeit schon vom Wortsinn her das Wertungselement im Vordergrund steht, überwiegt bei der Strafbedürftigkeit der Zweckmoment staatlichen Strafens. Im folgenden Kapital soll daher der Frage nachgegangen werden, ob der Insiderhandel ein strafwürdiges und strafbedürftiges Verhalten darstellt.

I. Strafwürdigkeit

Strafwürdig ist ein Verhalten, das sozialethisch zu mißbilligen ist, weil es geeignet ist, die sozialen Beziehungen innerhalb der Rechtsgesellschaft erheblich zu gefährden oder zu schädigen. Bloß lästige oder unerwünschte Verhaltensweisen erreichen diesen Grad der Sozialschädlichkeit nicht, es muß sich vielmehr

---

[141] *Otto*, Allgemeine Strafrechtslehre, § 1 II. 5.
[142] BVerfGE 55, 165.
[143] Vgl. *Otto*, in: Gedächtnisschrift für Schröder, S. 54 ff.
[144] *Mennicke*, Sanktionen gegen Insiderhandel, S. 518.

um gravierende Rechtsgutsverletzungen handeln[145]. Einen verbindlichen und allgemein akzeptierten Maßstab für die Sozialschädlichkeit liefert die Wertordnung des Grundgesetzes, die Werte wie Leben, Selbstbestimmung und Eigentum als zu schützende Werte vorgibt[146].

Für die Beurteilung der Strafwürdigkeit bestimmter wirtschaftlicher Verhaltensweisen lassen sich aus dem Grundgesetz keine verbindlichen Wertvorgaben ableiten, da es - abgesehen von der Institutsgarantie für das Eigentum - wirtschaftspolitisch neutral ist[147]. Das Grundgesetz enthält keine Aussagen über die Schutzwürdigkeit einzelner Institutionen der Wirtschaftsordnung oder bestimmter wirtschaftlicher Verhaltensweisen[148]. Ein umfassender Schutz dieser Institutionen ist in der Regel nicht angemessen. Strafwürdig sind vielmehr nur einzelne Angriffsweisen, denen ein besonderes Maß an sozialem Unwert zukommt[149]. Im einem Beurteilungsverfahren ist daher zu klären, ob dem Insiderhandel dieser soziale Unwert zukommt. Wichtige Kriterien dafür könnten sich aus einer rechtsvergleichenden Untersuchung mit den US-amerikanischen Regelungstheorien ergeben, da dieses Insiderrecht bis heute eine Vorbildfunktion inne hat.

1. Informationszugangsgleichheitstheorie

Das US-amerikanische Verbot von Insidergeschäften geht auf eine Interpretation der Sec. 10 (b) des Securities Exchange Act von 1934 zurück, die die SEC ermächtigt, Vorschriften zu erlassen, welche sie für notwendig hält, um Anleger und Börse wirkungsvoll zu schützen[150]. Als im Jahre 1942 eine Gesetzeslücke im Bereich des nicht regulierten Freiverkehrs deutlich wurde und eine Gesetzesänderung durch den Kongreß nicht zu erwarten war, machte die SEC erstmals von ihrer Normsetzungskompetenz Gebrauch[151]. Erst zwei Jahrzehnte

[145] *Otto*, in: Gedächtnisschrift für Schröder, S.54 ff.
[146] *Dingeldey*, Insider-Handel und Strafrecht, S. 129.
[147] BVerfGE 39, 47.
[148] *Otto*, MSchrKrim 1980, S. 401.
[149] *Dingeldey*, Insider-Handel und Strafrecht, S. 130.
[150] *Dingeldey*, Insider-Handel und Strafrecht, S. 83; *Lahmann*, Verbot des Insiderhandels, S. 25.
[151] Aus einer Kombination von Sec. 17 SA und Sec. 10 (b) SEA entstand die „Rule 10 (b)-5". Sie verbietet die Verwendung irreführender Aussagen sowie betrügerisches oder auf Täuschung ausgerichtetes Verhalten im Zusammenhang mit dem Erwerb oder Verkauf von Insiderpapieren; vgl. *Lahmann*, Verbot des Insiderhandels, S. 25.

später wurden in den USA Regelungstheorien entwickelt, die den Insiderhandel ursprünglich als ein aktienrechtliches Betrugs- oder Täuschungsdelikt ansahen[152]. Nach der „disclose or abstain"-Theorie, die zwischen 1968 und 1980 die vorherrschende juristische Doktrin in den USA war, muß ein Insider entweder seine Informationen preisgeben oder auf das Börsengeschäft verzichten[153]. Diese Theorie wird vielfach als „equal access"-Theorie oder Informationszugangsgleichheitstheorie bezeichnet, weil sie dem Insider die Möglichkeit einer Publizität von Informationen gibt[154]. Dem US-amerikanischen Insiderrecht wird damit teilweise die Aufgabe zugeordnet, informationelle Ungleichgewichtslagen auszugleichen. Die angedrohte Sanktion solle bewirken, daß der Insider sein Wissen aufdecke oder aber von der geplanten Transaktion absehe[155]. Erfaßt werden von dieser Theorie jede Art nichtöffentlicher Unternehmensnachrichten sowie jede Person, die in den Besitz einer solchen Nachricht gelangt. Unabhängig von der Art ihres Verhältnisses zu dem betroffenen Unternehmen ist jede Person verpflichtet, alle Insiderinformationen zu veröffentlichen oder den Handel mit relevanten Wertpapieren zu unterlassen.

Normative Grundlage dieser Theorie ist die Ansicht, daß die Information, die einem Insider zur Verfügung stehe, nicht der persönlichen Bereicherung dienen solle und daß der Handel aufgrund dieser Informationen eine „innewohnende Unfairneß"[156] beinhalte[157]. Die Theorie sieht den Geltungsgrund des Insiderrechts darin, die Fairneß des Handels zu garantieren[158]. Mittelbar wird darüber hinaus erwartet, daß eine Insiderregelung die Publizität von Informationen fördere. Die sanktionenbewehrte „disclose or abstain"-Pflicht erzeugt für den Insider einen Zwang zur Offenlegung[159]. In den USA ist die Publizität von Informationen geradezu die Grund-philosophie des Anlegerschutzes[160].

---

[152] *Kraakman*, in: Hopt/Wymeersch (Hrsg.), S. 40; *Scott*, J.Leg.Stud. 1980, S. 805 f.
[153] *Lahmann*, Verbot des Insiderhandels, S. 26.
[154] *Tippach*, Insider-Handelsverbot und die besonderen Rechtspflichten der Banken, S. 29.
[155] Vgl. *Tippach*, Insider-Handelsverbot und die besonderen Rechtspflichten der Banken, S. 29.
[156] Wörtliche Übersetzung des Begriffs „inherent unfairness".
[157] *Lahmann*, Verbot des Insiderhandels, S. 27.
[158] *Kraakman*, in: Hopt/Wymeersch (Hrsg.), S. 41.
[159] *Tippach*, Insider-Handelsverbot und die besonderen Rechtspflichten der Banken, S. 29.
[160] *Loss*, ZHR 1965, S. 208.

2. Treuepflichttheorie

Im Jahre 1980 wurde in den USA die theoretische Grundlage einer Insiderregulierung durch die „fiduciary duty"-Theorie wesentlich verändert[161]. Die Treuepflichttheorie beziehe sich in einem ersten Schritt auf eine Vertrauensbeziehung zwischen dem Insider und dem uninformierten Anleger, nicht hingegen auf eine gesellschaftsrechtliche Treuepflicht gegenüber dem eigenen Unternehmen[162]. Die Beziehung des Insiders zu seinem Unternehmen sei erst in einem zweiten Schritt von Bedeutung. Das Unternehmen müsse nämlich dem Insider als Informationsquelle dienen und zugleich die rechtliche Grundlage seiner Aufklärungspflicht gegenüber dem unwissenden Anleger darstellen[163].

Nach der Treuepflichttheorie verstößt nur derjenige gegen insiderrechtliche Vorschriften, dessen Pflicht zur Aufklärung seines börslichen Gegenübers demselben gesellschaftlichen Band entspringt, durch das ihm auch die Information zugänglich wurde[164]. Das vorwerfbare Verhalten liegt damit in der Nichterfüllung einer Offenbarungspflicht gegenüber dem unwissenden Anleger. Gleichzeitig erfolgt eine Verengung der Insiderdefinition, weil erstens der Kreis potentieller Insider auf Personen verkleinert wird, die in einem Treueverhältnis zum Emittenten der betreffenden Wertpapiere stehen, und zweitens als Quelle der Insiderinformation nur noch dieses Treueverhältnis anerkannt wird[165]. Dieser Theorie läßt sich somit entnehmen, daß nicht mehr eine ungleiche Informationsverteilung zwischen dem Insider und dem unwissenden Anleger als Grundlage eines Insiderhandelsverbots angesehen wird, sondern die betrügerische Verwendung vertraulicher Informationen.

3. Veruntreuungstheorie

Um die Reichweite einer Insiderregelung zu vergrößern, wurde der Insiderbegriff von der US-amerikanischen Rechtsprechung noch in den achtziger Jahren erneut geändert[166]. Nach der „misappropriation"- oder Veruntreuungstheorie ist der

---

[161] Die „fiduciary duty"-Theorie beruht auf einer Kehrtwende des US-amerikanischen Supreme Courts in der Entscheidung Chiarella gegen die Vereinigten Staaten, 588 F. 2d 1358 (2d Cir. 1978).

[162] Vgl. *Tippach*, Insider-Handelsverbot und die besonderen Rechtspflichten der Banken, S. 32.

[163] *Kraakman*, in: Hopt/Wymeersch (Hrsg.), S. 42.

[164] *Tippach*, Insider-Handelsverbot und die besonderen Rechtspflichten der Banken, S. 32.

[165] *Lahmann*, Verbot des Insiderhandels, S. 28.

[166] *Aldave*, Hofstra L.Rev. 1984, S. 101 ff.; *Scott*, J.Leg.Stud. 1980, S. 814 f.

Insider strafrechtlich verantwortlich, weil er auf der Grundlage von Informationen handelt, die er zuvor durch Diebstahl oder durch sonstigen Vertrauensbruch erlangt hat. Im Gegensatz zur Treuepflichttheorie kommt dabei neben dem unternehmensinternen auch der unternehmensexterne Vertrauensbruch in Betracht[167]. Die Voraussetzung für eine illegale Insideraktivität wird von der Verletzung des Treueverhältnisses zwischen dem Insider und den Aktionären des Emittenten hin zur allgemeinen Verletzung des Treueverhältnisses zwischen dem Insider und seinem Dienstherrn verschoben[168]. Die Verfügungsrechte über die Insidertatsache werden ausschließlich dem Dienstherrn des Insiders zugesprochen. Leitbild dieser Theorie ist somit der Bruch eines Treue- oder Dienstverhältnisses gegenüber dem Unternehmen oder einem Dritten mit dem Ziel der Nutzung nicht öffentlicher Informationen zum Wertpapierhandel.

Die geschilderte Entwicklung demonstriert den Wandel, den die normative Rechtfertigung eines Insiderhandelsverbots in den USA durchgemacht hat. Ausgehend von einem breiten Schutzkonzept hat sich der Betrugstatbestand als Grundlage einer Insiderregulierung etabliert. Dem Schutz individueller Vertrauensbeziehungen wird der Vorrang eingeräumt. In den Hintergrund treten die Ziele des fairen Informationszugangs und gerechter Verteilung von Unternehmensinformationen. Aufgrund der gegenwärtigen Dominanz der Veruntreuungstheorie in der US-amerikanischen Rechtsprechung und Literatur[169] läßt sich der dortigen Insiderregulierung nur das Leitbild entnehmen, Insideraktivitäten seien zu unterbinden, weil sie ein privates Vertrauensverhältnis verletzten[170].

4. Stellungnahme

a) Unredlich erlangter Vermögensvorteil

Die Wahrung der Chancengleichheit aller Marktteilnehmer, gleichsam die Kernaussage der Informationszugangsgleichheitstheorie, stellt einen wichtigen Aspekt bei der Beurteilung der Strafwürdigkeit des Insiderhandels dar[171]. Relevant kann aber nur die formelle Chancengleichheit in dem Sinne sein, daß alle an der Börse tätigen Personen prinzipiell auf alle für die Bewertung eines

---

[167] *Aldave*, Hofstra L.Rev. 1984, S. 121; *Kraakman*, in: Hopt/Wymeersch (Hrsg.), S. 44.

[168] *Lahmann*, Verbot des Insiderhandels, S. 29.

[169] SEC v. Clark, 915 F.2d 439 (9th Cir. 1990); SEC v. Cherif, 943 F.2d 692 (7th Cir. 1991).

[170] *Lahmann*, Verbot des Insiderhandels, S. 30.

[171] Vgl. auch *Petersen*, wistra 1999, S. 330.

Wertpapiers erheblichen Informationen zugreifen können, wenn sie sich darum bemühen würden. Der Begriff der Chancengleichheit darf nicht in der Art verstanden werden, daß jeder Anleger auch tatsächlich über den gleichen Wissensstand verfügen soll. Diese Vorstellung ist nicht umsetzbar und widerspricht zudem der Kapitalmarkttheorie, die von bestehenden Informationsungleichgewichten ausgeht[172]. Verschiedene Wissensstände der Marktteilnehmer sind nur dann gesetzeskonform, wenn sie auf eigenen Analysen aus öffentlich zugänglichen Informationen beruhen, da lediglich unter dieser Prämisse alle Anleger die gleichen Ausgangsvoraussetzungen haben.

Beim Insiderhandel beruht der unterschiedliche Wissensstand des einen Marktteilnehmers nicht auf öffentlich zugänglichen Informationen. Der Insider wird deshalb immer von einer besseren Ausgangsposition am Wettbewerb teilnehmen und sich einen Sondervorteil verschaffen können. Der für den Kapitalmarkt wesentliche Grundsatz der Chancengleichheit wird durch das Ausnutzen des Sonderwissens nicht nur verletzt, sondern komplett ausgeschaltet. Ein Vermögensvorteil, der aufgrund eines Verstoßes gegen grundlegende Wertentscheidungen einer Gesellschaft erlangt wird, ist als unredlich zu kennzeichnen. Als logische Folge ergibt sich hieraus, daß das den unredlichen Vermögensvorteil initiierende Verhalten nicht nur sozial anstößig, sondern auch sozial verwerflich ist[173].

b) Betrugsähnliches Verhalten

Die US-amerikanische Treuepflichttheorie sieht im Insiderhandel die betrügerische Verwendung vertraulicher Informationen, so daß der Frage nachzugehen ist, ob der Insiderhandel den Betrugstatbestand erfüllt oder eine Veruntreuung darstellt.

§ 263 StGB setzt zunächst eine Täuschung über Tatsachen voraus, d.h. über einem Beweis zugängliche, konkrete äußere oder innere Geschehnisse oder Zustände der Vergangenheit oder Gegenwart[174]. Die Täuschung ist ein auf

---

[172] *Schneider*, DB 1993, S. 1432.

[173] *Heise*, Der Insiderhandel an den Börsen, S. 79.

[174] *Otto*, Die einzelnen Delikte, § 51 III. 1. Wegen des systematischen Zusammenhangs wird auf den Tatsachenbegriff erst im Rahmen der Insidertatsache des § 13 Abs. 1 WpHG näher eingegangen, vgl. Achtes Kapitel.

Irreführung gerichtetes Verhalten, das durch ausdrückliches Vorspiegeln, durch schlüssiges Verhalten oder durch pflichtwidriges Unterlassen erfolgen kann[175].

Die ausdrückliche Täuschung wird durch wörtliche Erklärungen oder täuschende Manipulation an bzw. mit Gegenständen verwirklicht. Maßgeblich ist allein, daß auf die Vorstellung des anderen eingewirkt oder die Veränderung der Vorstellung des anderen verhindert wird[176].

Bei einer konkludenten Täuschung nimmt der Täter Bezug auf einen bestimmten Sachverhalt der Art, daß dieser Bezug sein Verhalten inhaltlich mitbestimmt. Er weiß, daß sein Verhalten nach der Verkehrssitte oder der Übereinkunft der Beteiligten einen ganz bestimmten Aussagegehalt hat, auf den er sich stillschweigend bezieht, obwohl er sich nicht dem Aussagegehalt gemäß verhalten oder an den Aussagegehalt halten will[177].

Schließlich ist eine Täuschung durch Unterlassen nach den Grundsätzen des garantiepflichtwidrigen Unterlassens möglich; es hat jedoch Ausnahmecharakter. Die Nichthinderung der Entstehung einer Fehlvorstellung durch einen Garanten kann nämlich nur einer Irrtumserregung durch positives Tun gleichgestellt werden, nicht aber einer Irrtumserregung durch Täuschung, d.h. einem qualifizierten positiven Tun. Durch die weite Interpretation der Täuschung sind die Schranken zwischen der bloßen Herbeiführung eines Irrtums und der Herbeiführung eines Irrtums durch Täuschung jedoch weitgehend eingeebnet worden. Eine Täuschung durch Unterlassen wird man aber nur dort annehmen können, wo der Garant aufgrund eines besonderen Vertrauensverhältnisses ausnahmsweise eine besondere Aufklärungspflicht hat. Bloße vertragliche Nebenpflichten insbesondere aus Treu und Glauben genügen den Anforderungen nicht[178].

Kauft bzw. verkauft ein Insider Wertpapiere an der Börse, um einen Gewinn zu erzielen oder einen drohenden Verlust abzuwenden, liegt keine ausdrückliche Täuschung über den Wert der Aktien vor. Die Marktteilnehmer haben keinen Kontakt zueinander, so daß der Insider auch keine Gründe für seine Börsentransaktion angibt[179].

---

[175] *Otto*, Die einzelnen Delikte, § 51 III. 1.
[176] *Otto*, Die einzelnen Delikte, § 51 III. 1.
[177] *Otto*, Die einzelnen Delikte, § 51 III. 1.
[178] *Otto*, Die einzelnen Delikte, § 51 III. 1.
[179] *Dingeldey*, Insider-Handel und Strafrecht, S. 29.

Zu denken wäre allerdings daran, daß in dem Angebot zum Kauf oder Verkauf des Wertpapiers eine konkludente Täuschung über die Angemessenheit des Preises liegt. Der Grundsatz der Vertragsautonomie schließt es aber aus, die Angemessenheit des Preises zu einer Minimalforderung der Redlichkeit im Wirtschaftsverkehr zu erheben, auf die jedermann vertrauen kann[180]. Bei einer normalen Vertragsbeziehung ist jeder für sich selbst verantwortlich[181]. Nur dann, wenn der Käufer auf die fachmännische Beratung des Verkäufers über bestimmte Eigenschaften des Kaufpreises vertraut, wird die Ansicht vertreten, daß eine bestimmte Preisforderung zugleich eine Angemessenheitserklärung enthalte[182]. Dies ist bei Insidergeschäften nicht der Fall, da der Insider vom Anleger nicht als fachmännischer Verkäufer angesehen wird. Eine konkludente Täuschungshandlung liegt demnach ebenfalls nicht vor.

Auch eine Täuschung durch Unterlassen scheidet aus. Alleine aus dem überlegenden Wissen von preisgestaltenden Faktoren oder von einem abweichenden Marktpreis läßt sich keine Garantenstellung des Insiders ableiten, sonst würde jede moralische Anstößigkeit als ein strafbares Verhalten zu qualifizieren sein[183]. Ein besonderes Vertrauensverhältnis besteht zwischen den Vertragspartnern ebenfalls nicht, da die weitgehend anonyme, massenhafte und immer gleichbleibende Abwicklung von Wertpapiertransaktionen den rechtsgeschäftlichen Kontakt zwischen den Geschäftspartnern auf einen rein monetären Aspekt minimiert. Ein gegenseitiges Vertrauen kann so nicht entstehen. Mangels Täuschung macht sich der Insider daher nicht wegen eines Verstoßes gegen § 263 StGB strafbar.

Ein Verstoß gegen § 266 Abs. 1 StGB scheidet ebenfalls aus, da der Insider zum einen im Rahmen der Mißbrauchsalternative kein Vertreter des unwissenden Anlegers ist. Zum anderen besitzt er auch keine Befugnis, über das Vermögen des Anlegers zu verfügen.

Selbst wenn sich der Insider nicht wegen eines Verstoßes gegen die §§ 263, 266 StGB strafbar macht, spricht die Vergleichbarkeit der Delikte für eine Strafwürdigkeit des Insiderhandels. Ein wesentlicher Funktionsaspekt des Kapitalmarkts ist die bestehende Konkurrenz zwischen den Teilnehmern. Bereicherungen eines Marktteilnehmers auf Kosten eines Konkurrenten sind als solche nicht zu mißbilligen, sondern sogar systemimmanent[184]. Dieser Aspekt ist

---

[180] *Cramer*, in: Schönke/Schröder, § 263 Rdnr. 17.
[181] *Dingeldey*, Insider-Handel und Strafrecht, S. 29.
[182] *Cramer*, in: Schönke/Schröder, § 263 Rdnr. 16.
[183] *Heise*, Der Insiderhandel an den Börsen, S. 60.
[184] Vgl. *Heise*, Der Insiderhandel an den Börsen, S. 73.

nicht nur auf den Kapitalmarkt begrenzt, sondern ist dem gesamten nationalen Wirtschaftssystem immanent. In einer Gesellschaft, die Gewinnstreben als Garanten des individuellen sozialen Wohls anerkennt, muß die strafrechtliche Sanktion von bestimmten Formen besonders geschäftstüchtigen Verhaltens zu schweren Abgrenzungsproblemen führen. Das bessere Wissen um die Beschaffung des Handelsgegenstandes und seiner Wertigkeit im wirtschaftlichen Gefüge ist von jeher ein wesentlicher Faktor für die gewinnträchtige Vermarktung gewesen[185].

Ebenso wie beim Insiderhandel geht es beim Betrug um die Grenzziehung zwischen erwünschter Geschäftstüchtigkeit und nicht mehr sozial erträglicher Profitmaximierung[186]. In einer Gesellschaft, in der auch im wirtschaftlichem Bereich das Verantwortungsprinzip gilt, kann eine strafrechtliche Haftung für falsche Entscheidungen eines Dritten erst dort beginnen, wo diese Entscheidungen keine eigenverantwortlichen mehr sind[187]. In der Regel trägt jeder in unserem Wirtschaftssystem sein Informationsrisiko selbst.

Beim Betrug ist es eine Selbstverständlichkeit, daß allein das Ausnutzen eines Irrtums noch keine Strafbarkeit begründet[188]. Der Irrtum muß vielmehr durch eine Täuschung oder ein garantiepflichtwidriges Nichtoffenbaren einer Information hervorgerufen worden sein. Nur dann kann die Verantwortung einer dritten Person begründet werden. Werden die Täuschung und das Unterlassen der Veröffentlichung weiter abstrahiert, verbleibt beim Betrug auf der Täterseite ein Wissensvorsprung, der zur Bereicherung ausgenutzt wird. Ohne das überlegende Wissen ist es dem Betrüger nicht möglich, seine Tat durchzuführen.

Ähnlich ist die Situation beim Insiderhandel. Der Insider verfügt auch über einen Wissensvorsprung gegenüber dem Anleger. Stünden dem Anleger die gleichen Informationen wie dem Insider zur Verfügung, würde er die Wertpapiertransaktion nicht durchführen. Der Insider könne seine Informationen nicht verwerten. Den Insiderhandelsverboten ist die Vergleichbarkeit mit dem Betrug daher nicht abzusprechen.

Eine weitere Übereinstimmung ist in der Risikominimierung für den Inhaber der Information zu sehen. Der Insider ist aufgrund seines Wissensvorsprunges in der Lage, das jeden unwissenden Anleger treffende Gewinn- und Verlustrisiko zu verringern. Diese Möglichkeit hat auch der Betrüger, weil aufgrund des

---

[185] *Kühne*, Geschäftstüchtigkeit oder Betrug, S. 7 f.
[186] *Heise*, Der Insiderhandel an den Börsen, S. 73.
[187] *Otto*, in: Festschrift für Wolff, S. 400.
[188] *Geerds*, Wirtschaftsstrafrecht und Vermögensschutz, S. 271.

besonderen Wissens sein Profit schon im voraus feststeht. Das allgemeine Geschäftsrisiko wird beim Betrug ausgeschaltet. Betrug und Insiderhandel verstoßen gegen die Chancengleichheit im wirtschaftlichen Wettbewerb. Wesentliches Kriterium für eine funktionierende Marktwirtschaft ist das Vertrauen der Akteure darauf, daß eine gewisse Ausgewogenheit zwischen Leistung und Gegenleistung gewährleistet ist. Wenn Täuschungen und Mißtrauen im wirtschaftlichen Austauschprozeß dominieren, kann keine zukünftige Kooperation zwischen verschiedenen Rechtssubjekten stattfinden. An dieses Vertrauensargument läßt sich beim Insiderhandel ebenfalls anknüpfen. Mangels persönlicher Kontakte muß der jeweilige Marktteilnehmer darauf vertrauen, daß der Marktmechanismus funktioniert und ihn vor einer Übervorteilung schützt. Bei diesem Ansatz geht es nicht um die Forderung nach einen funktionierenden Marktschutz, sondern um ein Mindestmaß an Tauschgerechtigkeit im Wirtschaftsleben und um einen möglichst weitgehenden Ausschluß gegenseitigen Täuschens und des damit verbundenen Mißtrauens. Diese grundsätzliche Aufgabe der Vertrauenssicherung kommt auch dem Betrugstatbestand zu, denn ein Verzicht darauf würde einen starken Anreiz zur Ausbeutung der Mitmenschen begründen.

Setzt sich bei dem Anleger die Vorstellung durch, daß er sich immer als letzter auf neue Informationen einstellen kann und deswegen sein Gewinn- und Verlustrisiko deutlich größer ist als bei anderen Marktakteuren und diese darüber hinaus noch gefahrlos große Profite realisieren können, wird er sich vom Markt zurückziehen. Bei einem ungehindert fortschreitenden Prozeß kommt es zu einem rapiden Vertrauensverfall und dann zwangsläufig zu Funktionsstörungen, die wiederum gesellschaftlich nicht erwünschte Auflösungserscheinungen nach sich ziehen. Aufgrund der Vergleichbarkeit mit dem Betrug und wegen des Gefährdungspotentials stellt der Insiderhandel somit ein strafwürdiges Verhalten dar.

c) Kein eigentumsähnliches Delikt

Der US-amerikanischen Veruntreuungstheorie lassen sich hingegen keine Aspekte für die Strafwürdigkeit des Insiderhandels entnehmen, da sie den Schutz von Eigentumsrechten an Informationen zu sehr in den Vordergrund rückt. Ob eine Information entwendet wurde, ist für die Beurteilung des Ausnutzens der Information und damit für die Anwendung der Insiderhandelsverbote des Wertpapierhandelsgesetzes ohne Bedeutung. Es reicht aus, daß der Betroffene weiß, in den Besitz einer Insiderinformation gelangt zu sein. Vorstellungen über die Herkunft der Information sind nicht erforderlich[189]. Eine Verschiebung des Insiderrechts in den Bereich des Schutzes privater Nutzungsrechte an Informationen ist damit abzulehnen, so daß der Insiderhandel kein eigentumsähnliches Delikt darstellt.

5. Ergebnis

Als Ergebnis bleibt festzuhalten, daß der Insider gegen den Grundsatz der Chancengleichheit verstößt, weil er aufgrund seines Wissensvorsprungs in der Lage ist, sein Geschäftsrisiko erheblich zu verringern und sich dadurch einen Sondervorteil zu verschaffen. Mit dieser Profitmaximierung wird ein Grad der Sozialschädlichkeit erreicht, der den Insiderhandel als strafwürdig erscheinen läßt.

II. Strafbedürftigkeit

Die Strafwürdigkeit des Insiderhandels läßt nicht automatisch den Rückschluß auf das Erfordernis und die Legitimation einer spezialgesetzlichen strafrechtlichen Sanktion zu. Die Kriminalstrafe ist die schärfste Sanktion, über die die staatliche Gemeinschaft verfügt, da sie die soziale Position des Betroffenen wegen des mit ihrem Einsatz verbundenen ethischen Unwerturteils nachhaltig schädigt[190]. Ein Eingriff in die soziale Position soll deshalb nur zum Schutz derjenigen Rechtsgüter erfolgen, die für das Leben der Menschen im Mitsein mit den anderen unentbehrlich sind und die auf andere Weise als durch das Strafrecht nicht wirksam geschützt werden können[191]. Die Strafnorm muß damit gewissermaßen die „ultima ratio“ im Instrumentarium des Gesetzgebers darstellen[192].

Das „ultima ratio“-Prinzip, das sich aus zwei Aspekten zusammensetzt, stellt eine spezifisch strafrechtliche Ausprägung des Subsidiaritätsprinzips dar. Bei dem ersten Aspekt, geht es um die Verpflichtung des Gesetzgebers, strafrechtliche Normen erst dann zur Anwendung zu bringen, wenn weniger eingriffsintensive

---

189 *Caspari*, ZGR 1994, S. 546; *Cramer*, in: Assmann/Schneider (Hrsg.), § 14 Rdnr. 77.
190 *Roxin*, JA 1980, S. 547.
191 BVerfGE 39, 37.
192 *Otto*, Allgemeine Strafrechtslehre, § 1 II. 5.

Regelungen keinen gleichen oder gar besseren Rechtsgüterschutz gewähren[193]. Der zweite Aspekt kommt erst dann zur Geltung, wenn feststeht, daß der Einsatz der Kriminalstrafe überhaupt zulässig ist, da er sich in der Ausgestaltung der Tatbestände niederschlägt und sicherstellen soll, daß nur wesentliches Unrecht und nicht jede Verhaltensweise, die einen Angriff auf das betreffende Rechtsgut darstellt, strafrechtlich sanktioniert wird[194].

Nach der Feststellung der Strafwürdigkeit des Insiderhandels geht es nun um die Frage nach der Strafbedürftigkeit. Die den Insiderhandelsverboten des § 14 WpHG zugrunde liegende Insiderrichtlinie überläßt es in Art. 13 jedem Mitgliedstaat, wie die Verstöße gegen die Verbotstatbestände geahndet werden[195]. Sie gibt lediglich vor, daß diese Sanktionen so weit gehen müssen, daß sie einen hinreichenden Anreiz zur Einhaltung der Vorschriften darstellen. Der Insiderhandel hätte somit auch durch zivil- oder öffentlichrechtliche Vorschriften geahndet werden können[196].

1. Zivilrechtliche Regelungsansätze

a) Qualifizierte Gewinnabschöpfung

Bereits vor Verabschiedung des Wertpapierhandelsgesetzes hat *Kirchner*[197] einen Vorschlag für die Ahndung des Insiderhandels unterbreitet. Um die Effizienz der Kapitalmärkte durch Offenlegung von Informationen zu steigern und gleichzeitig den gemeinschaftsrechtlichen Vorgaben gerecht zu werden, hat *Kirchner* eine qualifizierte Gewinnabschöpfungsregelung vorgeschlagen. Die Höhe der Sanktion solle davon abhängig gemacht werden, ob der Insider nach seiner Transaktion die Informationen offengelegt habe oder nicht. Bei einer Offenlegung durch den Insider müsse dieser nur den erzielten Vorteil an die durch die Nichtoffenlegung Betroffenen auskehren, anderenfalls solle der abzuführende Gewinn mit einem noch festzulegenden Faktor multipliziert werden. Der Multiplikator müsse um so größer ausfallen, je kleiner die Wahrscheinlichkeit vom Insider eingeschätzt werde, daß die Transaktion offenkundig werde.

---

193 *Mennicke*, Sanktionen gegen Insiderhandel, S. 518.
194 *Mennicke*, Sanktionen gegen Insiderhandel, S. 518.
195 Abl. EG Nr. l 334/30 vom 18. November 1989, S. 31.
196 Der englische Text der Insiderrichtlinie stellt entgegen *Heise* dieses Auslegungsergebnis nicht in Frage, da „penalty" wörtlich übersetzt „gesetzliche Strafe" bedeutet. Dem englischen Wortlaut kann daher keine verbindliche Vorgabe für eine strafrechtliche Sanktion entnommen werden.
197 *Kirchner*, in: Festschrift für Kitagawa, S. 675 ff.

Eine einheitliche Regelung, die sowohl eine Offenlegungspflicht von kursrelevanten Informationen begründet als auch das Ausnutzen von Informationsvorsprüngen sanktioniert, ist nach den gemeinschaftsrechtlichen Vorgaben nicht möglich. Die Insider sind nicht berechtigt, über Informationen zu verfügen. Dies ergibt sich im übrigen auch aus den Vorschriften zum Schutz der Geheimnissphäre der Unternehmen. Richtige Adressaten der Offenlegungspflichten sind daher nicht die Insider, sondern die Unternehmen, auf die sich die in Frage stehenden Informationen beziehen. Die Adressaten der beiden Ge- und Verbote sind demzufolge nicht notwendig dieselben. Aus konzeptionellen Gründen kann *Kirchners* Vorschlag einer zivilrechtlichen Sanktion in Form einer qualifizierten Gewinnabschöpfungsregelung nicht überzeugen.

b) Bestehende Anspruchsgrundlagen

Als Regulativ und zum Interessenausgleich sieht das Zivilrecht Schadensersatzansprüche beispielsweise in den §§ 823 ff. BGB ergänzt durch die Institute der „culpa in contrahendo" bzw. der „positiven Vertragsverletzung" vor. Diese Anspruchsgrundlagen setzen eine haftungsbegründende Kausalität zwischen dem Schaden des Anlegers und der Wertpapiertransaktion des Insiders voraus. Im Rahmen des Zivilrechts kann bezüglich der objektiven Zurechnung im Ergebnis nichts anderes gelten als bei der strafrechtlichen Wertung. Der Vermögensschaden des Anlegers kann dem Insider nicht zugerechnet werden, so daß dieser nicht nach zivilrechtlichen Vorschriften in Anspruch genommen werden kann.

Das über die Börse abgewickelte Insidergeschäft ist zudem durch eine starke Anonymität gekennzeichnet, die insbesondere auf der Einschaltung von Banken als Kommissionäre beruht. Ein persönlicher Kontakt zwischen den Transaktionspartnern findet nicht statt. Die Anwendung der genannten Anspruchsgrundlagen setzt jedoch immer einen direkten oder über einen Vertreter vermittelten Kontakt der Vertragsparteien voraus, denn ohne diesen kann auf die Entschließungsfreiheit des geschäftlichen Gegenübers nicht eingewirkt werden. Die fehlende Anwendbarkeit der Schadensersatzanspruchsgrundlagen führt dazu, daß eine zivilrechtliche Sanktion des Insiderhandels versagt[198].

---

[198] *Heise*, Der Insiderhandel an den Börsen, S. 53.

c) Neue Entwicklungen

Das Zivilrecht kann sich dem gesellschaftlichen Wandel und den neuen gesellschaftlichen Entwicklungen jedoch nicht ganz verschließen. Um auf neue Entwicklungen angemessen reagieren zu können, erscheint eine behutsame Weiterentwicklung angezeigt. Zu berücksichtigen ist aber, daß diese Entwicklung nicht dazu führen darf, daß strafrechtliche Funktionen im Gewand des Zivilrechts wahrgenommen werden. Das moderne Haftungsrecht befaßt sich zunehmend mit kollektiven Schadensvorgängen, bei denen sich die herkömmlichen Regeln, die an einer Haftung für individuelle Schäden ausgerichtet ist, als unzureichend erweisen.

Für *Assmann*[199] erscheint es naheliegend, im Rahmen der zivilrechtlichen Haftung auch die Beeinträchtigung überindividueller Interessen angemessen zu berücksichtigen. In diese Richtung geht dann auch sein Vorschlag mit dem Ziel der Verhinderung von Marktversagen im Immaterialgüterrecht, wenn in einem Schadenersatzanspruch in mehrfacher Höhe die Elemente einer pauschalierten Schadensberechnung gesehen werden[200]. Die abstrakte pauschalierende Berechnung des Schadens durch eine Vervielfachung der üblichen Lizenzgebühr, solle nicht nur die beim Verletzten entstandenen Nachteile abdecken, sondern auch die außerhalb seiner Sphäre, so daß dem Schädiger die tatsächlichen Kosten seines Handelns auferlegt würden[201].

Gegen das Institut einer pauschalierten Schadensberechnung im Bereich des Insiderhandels sprechen sowohl rechtstheoretische Gründe als auch praktische Einwände. Die Durchsetzung zivilrechtlicher Ansprüche eines privaten Anlegers setzt voraus, daß der Geschädigte seinen Anspruchsgegner benennen kann. Der geschädigte Anleger kann zwar von seiner Bank erfahren, von welchem anderen Bankinstitut sie welche Aktien des entsprechenden Emittenten erworben hat. Sicherlich wird die Verkäuferbank aber keine Informationen über ihre Kunden preisgeben. Hätte der Geschädigte aber einmal den Insider ausfindig machen können, wäre er mit einem erheblichen Beweis- und Kostenrisiko belastet[202], daß ihn letztendlich von einer Klageerhebung Abstand nehmen lassen könnte. Es bleibt damit festzuhalten, daß eine zivilrechtliche Regelung zur wirksamen Unterbindung des Insiderhandels nicht geeignet ist.

---

199 Zu denken ist an die Frage im Rahmen des Umweltschutzrechts, ob für ökologische Schäden Ersatz gefordert werden kann.

200 *Assmann*, BB 1985, S. 24.

201 *Assmann*, BB 1985, S. 23 ff.

202 *v. Stebut*, DB 1974, S. 618.

2. Ordnungswidrigkeitenrechtliche Sanktion

Schließlich bleibt noch zu klären, ob unter dem Gesichtspunkt der Strafbedürftigkeit möglicherweise die weniger eingriffsintensive Schaffung eines Ordnungswidrigkeitentatbestands ausgereicht hätte. Nach der heute vorherrschenden Ansicht, deren Grundsätze sich in der Rechtsprechung des Bundesverfassungsgerichts[203] wiederfinden, ist die Differenzierung zwischen Straftaten und Ordnungswidrigkeiten überwiegend quantitativer und nicht qualitativer Art. Nur in den Kernbereichen sind Straf- und Ordnungswidrigkeitenrecht auseinanderzuhalten. Dazwischen liegt ein breiter Grenzbereich nicht eindeutiger Zugewiesenheit. In diesem Bereich unterliegt die Zuordnung zum Straf- oder Ordnungswidrigkeitenrecht dem gesetzgeberischen Ermessen. Die vom Gesetzgeber getroffene Entscheidung ist verbindlich, solange nicht der Kernbereich des Strafrechts tangiert wird, der sich anhand der grundgesetzlichen Wertordnung mit hinreichender Bestimmtheit ermitteln läßt. Dieser Kernbereich darf vom Gesetzgeber nicht der ausschließlichen Kontrolle durch den Richter entzogen werden.

Der Insiderhandel gehört nicht zum Kernbereich strafrechtlichen Unrechts, da das Grundgesetz keine Aussagen zu den Institutionen der Wirtschaftsordnung enthält. Er ist deshalb in den breiten Grenzbereich zwischen strafrechtlichem und ordnungswidrigkeitenrechtlichem Kernbereich anzusiedeln, so daß die Zuordnung im Ermessen des Gesetzgebers steht. Obwohl die Entscheidung des Gesetzgebers für eine strafrechtliche Sanktion des Insiderhandels dem Grunde nach nicht zu beanstanden ist[204], soll im folgenden der Frage nachgegangen werden, welche Gründe für die Entscheidung herangezogen werden können.

Einige Fälle des Insiderhandels weisen einen hohen Unrechtsgehalt auf, die nur eine strafrechtliche Sanktion angemessen erscheinen lassen. Dazu zählen insbesondere die Fälle, in denen der Insider über längere Zeit und im größeren Umfang gezielt Insiderinformationen ausnutzt, was zu Kursmanipulationen führt und bei Bekanntwerden einen erheblichen Vertrauensverlust an der Börse mit sich bringt. Zudem ist auf den organisierten Insiderhandel zu verweisen, der in aller Regel aufgrund des planmäßigen und geschickten Vorgehens der Beteiligten zu gravierenden Nachweisproblemen führt. Mit dem Hinweis auf den hohen Unrechtsgehalt ist auch die strafrechtliche Sanktion besonders schwerwiegender Kartelldelikte befürwortet worden[205].

---

[203] BVerfGE 27, 28.
[204] *Mennicke*, Sanktionen gegen Insiderhandel, S. 571.
[205] *Mennicke*, Sanktionen gegen Insiderhandel, S. 573.

Des weiteren ist der präventive Zweck der Kriminalstrafe zu berücksichtigen. Die generalpräventive Funktion besteht zum einen darin, durch die Furcht vor Strafe jedermann von der Begehung strafbarer Handlungen abzuschrecken. Zum anderen soll durch die Androhung und Realisierung der angedrohten Strafe die Legitimierung des Verbrechens verhindert und jene moralische Abneigung gegen das Unrecht hervorgerufen werden, die sich von selbst einstellt und in hohem Maße dazu beiträgt, daß die in der Allgemeinheit latent vorhandene Bereitschaft zur Kriminalität in Grenzen gehalten wird[206]. Der Gesetzgeber will mit dem Einsatz der Kriminalstrafe nicht nur die Abschreckung des Täters durch Androhung eines Übels bezwecken, sondern ist vor allem bemüht, die Allgemeinheit durch gerechte Strafgesetze und deren maßvolle und gleichmäßige Anwendung in ihrem Rechtsbewußtsein zu stärken und zu freiwilligem Rechtsgehorsam zu erziehen. Demgegenüber zielt die spezialpräventive Funktion der Kriminalstrafe auf den Täter selbst ab. Er ist es, der durch die Lehre, die ihm mit dem Vollzug der Strafe erteilt wird, von künftigen Verfehlungen abgehalten und zur Anpassung an die sozialen Leitbilder der Gemeinschaft erzogen werden soll.

Die negative und positive Generalprävention lassen sich durch eine strafrechtliche Sanktion gegenüber einer bloßen ordnungswidrigkeitenrechtlichen Ahndung erhöhen. Zwar soll nach dem Willen des Gesetzgebers auch einer Geldbuße eine spezial- und generalpräventive Wirkung zukommen, ihr fehlt aber das mit der Kriminalstrafe notwendigerweise verbundene Unwerturteil[207]. Insbesondere ist die Verhängung von Freiheitsstrafen mit einer Eintragung in das Bundeszentralregister mit der Folge der Vorstrafe verbunden. Die spezialpräventive Wirkung läßt sich ebenfalls durch den Einsatz des Strafrechts erhöhen, da der Vollzug einer Freiheitsstrafe unter dem Gedanken der Resozialisierung steht. Gerade beim Insiderhandel muß die präventive Wirkung der Sanktion mit der Größenordnung der Geldbeträge, die durch das Ausnutzen von nicht öffentlich bekannten Informationen erzielt werden können, korrelieren. Ein hinreichender Anreiz zur Einhaltung der Insiderhandelsverbote kann nur mit dem Einsatz derjenigen Sanktion geschaffen werden, die die höchstmögliche general- und spezialpräventive Wirkung erreicht. Der dem Gesetzgeber eingeräumt weite Handlungs- und Ermessensspielraum bei der Zuordnung des Insiderhandels zum Strafrecht beruht somit auf sachlich nachvollziehbaren Gründen und stellt damit keine willkürliche Entscheidung dar.

---

[206] *Jescheck/Weigend*, Lehrbuch des Strafrecht, § 8 II. a).
[207] BVerfGE, 22, 81.

3. Ergebnis

Als Ergebnis bleibt festzuhalten, daß wegen der präventiven Wirkung der Strafandrohung, insbesondere der Androhung von Freiheitsstrafe auf eine strafrechtliche Sanktion des Insiderhandels nicht verzichtet werden kann. Die Strafe ist ein unerläßliches Mittel, um den Kapitalmarkt zu schützen, so daß neben der Strafwürdigkeit auch die Strafbedürftigkeit des Insiderhandels gegeben ist.

Viertes Kapitel

Regelungszweck und Vorgaben der Insiderrichtlinie

Obwohl der Insiderhandel in strafwürdiger und strafbedürftiger Weise den Kapitalmarkt beeinträchtigt, bedurfte es erst der Insiderrichtlinie und deren Transformation durch das Wertpapierhandelsgesetz, um ein gesetzliches Verbot in der Bundesrepublik Deutschland einzuführen. Wegen des europäischen Ursprungs sind bei der Auslegung der unbestimmten Rechtsbegriffe des Wertpapierhandelsgesetzes einige Besonderheiten zu berücksichtigen. Die Norm, die unmittelbar der Transformation einer gemeinschaftlichen Richtlinie dient oder zumindest den Regelungsbereich einer solchen Richtlinie berührt, ist richtlinienkonform auszulegen[208]. Im folgenden Kapitel sollen daher die für eine richtlinienkonforme Auslegung maßgeblichen Vorgaben dargelegt werden.

I. Richtlinie als Rechtsetzungsakt

Die Rechtsetzung der Europäischen Gemeinschaft erfolgt durch den Erlaß von Rechtsakten, die in Art. 249 EGV (Art. 189 EGV a.F.)[209] aufgeführt sind. Einer dieser Rechtsakte ist die Richtlinie, die dadurch gekennzeichnet ist, daß sie sich an die Mitgliedstaaten richtet und diese dazu verpflichtet, ein verbindlich vorgegebenes Ziel innerhalb einer vorgeschriebenen Frist durch einzelstaatliches nationales Recht zu verwirklichen. Die für die Ausführung der Richtlinie zuständigen innerstaatlichen Stellen haben dabei hinsichtlich der Form und des Mittels Wahlfreiheit. Aufgrund dieses Gestaltungsspielraums, den eine Richtlinie dem nationalen Gesetzgeber eröffnet, hat sie sich als das wichtigste Rechtsetzungsinstrument bei den Harmonisierungsbestrebungen zu einem einheitlichen europäischen Binnenmarkt erwiesen[210].

Das Recht zum Erlaß von Richtlinien weist Art. 249 EGV (189 Abs. 1 EGV a.F.) dem Europäischen Parlament und dem Rat gemeinsam sowie der Kommission

---

[208] *di Fabio*, NJW 1990, S. 947 ff.; *Everling*, ZGR 1992, S. 382; *Götz*, NJW 1992, S. 1849 ff.; *Jarass*, EuR 1991, S. 211; *Lutter*, JZ 1992, S. 604.

[209] Am 2. Oktober 1997 wurde von den Außenministern der Mitgliedstaaten der Vertrag von Amsterdam unterzeichnet, der den Vertrag über die Europäische Union und die drei Gemeinschaftsverträge (EGV, EGKSV, EAGV) modifiziert. Das Vertragswerk trat in der Bundesrepublik Deutschland am 1. Mai 1999 in Kraft.

[210] *Dickersbach*, Das neue Insiderrecht der Bundesrepublik Deutschland vor dem Hintergrund des Europäischen Gemeinschaftsrechtes, S. 63.

und dem Rat der Europäischen Gemeinschaft zu. Nach einhelliger Rechtsmeinung stellt Art. 249 EGV (Art. 189 EGV a.F.) jedoch keine Ermächtigungsnorm dar[211]. Die genannten Organe dürfen vielmehr nur nach der Maßgabe des EG-Vertrags, d.h. aufgrund sonstiger im Vertrag enthaltener Kompetenzvorschriften Richtlinien erlassen.

II. Regelungsversuche vor Erlaß der Insiderrichtlinie

Erste Bemühungen, die den Insiderhandel betreffenden nationalen Vorschriften auf europäischer Ebene anzugleichen, gab es bereits in den siebziger Jahren. Aufgrund der bestehenden Unterschiede zwischen den einzelstaatlichen Rechtsordnungen konnte zunächst kein Konsens über eine gemeinschaftsweite Regelung erzielt werden. Lediglich zwei Anläufe der Kommission zur Schaffung eines europäischen Insiderrechts sind zu nennen.

1. Art. 82 des Statuts für Europäische Aktiengesellschaften

Der erste Versuch einer Insiderregelung findet sich in Art. 82 des Vorschlags der Kommission für eine Verordnung des Rats über das Statut für europäische Aktiengesellschaften von 1970. Dieser Vorschlag enthielt weitgehende Gewinnabführungs- und Registrierungspflichten für den Fall, daß leitende Manager einer Gesellschaft private Aktiengeschäfte tätigen[212]. Vorgesehen waren eine obligatorische Registrierung der Gesellschaftsinsider in einem zu schaffenden europäischen Handelsregister. Damit verbunden waren die Offenlegung und Gewinnabführung an die Societas Europaea aus allen Transaktionen, die der Gesellschaftsinsider innerhalb von sechs Monaten erzielt hat, ohne Rücksicht auf eine kausale Verknüpfung mit dem Ausnutzen von Insiderinformationen[213]. Ein materielles Verbot, Insiderinformationen zum Nachteil eines nicht informierten Partners zu verwerten mit daran anknüpfenden strafrechtlichen Sanktionen war hingegen nicht vorgesehen[214]. Die Regelung ging im übrigen von einem gesellschaftrechtlichen Ansatz aus. Aufgrund der Bindung an die Rechtsform einer Europäischen Aktiengesellschaft war nur ein sehr enger Anwendungs-

---

[211] *Grabitz/Hilf*, Kommentar zur Europäischen Union, Art. 189 Rdnr. 2.
[212] ABl. EG Nr. C 124/1-55 vom 10. Oktober 1970, S. 18 f.
[213] *Hopt/Will*, Europäisches Insiderrecht, S. 140 ff.
[214] *Hopt/Will*, Europäisches Insiderrecht, S. 143.

bereich des Art. 82 der Verordnung des Rates über den Statut für Europäische Aktiengesellschaften vorgesehen[215].

2. Europäische Wohlverhaltensregeln für Wertpapiertransaktionen

Der zweite Versuch zur Schaffung eines gemeinschaftsweiten Insiderrechts durch die EG-Kommission war der Erlaß Europäischer Wohlverhaltensregeln für Wertpapiertransaktionen aus dem Jahre 1977[216]. Dieser Verhaltenskodex enthielt ebenfalls Insidervorschriften. Er erging in der Rechtsform einer Empfehlung an die Mitgliedstaaten und enthielt Grundsätze des fairen Handels mit Wertpapieren. Ihm war die Funktion einer Selbstbindung der im Wertpapiersektor tätigen Personen zugedacht[217]. Die ergänzenden Grundsätze der Nrn. 8 und 9 der Wohlverhaltensregeln richteten sich gegen das eigene Ausnutzen von Insiderinformationen und gegen deren Weitergabe an Dritte. Ziel der Regelungen war es, Standards ethischen Verhaltens zu etablieren, um das Funktionieren der Wertpapiermärkte in der Europäischen Gemeinschaft zu fördern[218].

Eine gemeinschaftsrechtliche Empfehlung stellt jedoch keine normative Regelung wie eine Richtlinie oder Verordnung dar. Sie ist nach Art. 249 Abs. 5 EGV (Art. 189 Abs. 5 EGV a.F.) nicht verbindlich, d.h. sie begründet in der Regel keine rechtlichen Bindungswirkungen gegenüber den Mitgliedstaaten[219]. Aus diesem Grunde enthielt der Verhaltenskodex auch keine Sanktionsregelung und sah keinerlei Maßnahmen vor, die im Falle der Verletzung seiner Vorschriften zu ergreifen gewesen wären. Die Anwendung der Wohlverhaltensregeln war daher allein vom Wohlwollen der einzelnen Mitgliedstaaten abhängig.

Trotz mehrfachen Drängens seitens der Kommission wurden die notwendigen Maßnahmen von den Mitgliedstaaten nicht ergriffen, um den Kodex - zumindest hinsichtlich der Gesamtzahl seiner Bedingungen - umzusetzen[220]. Der Sinn des Erlasses lag somit lediglich in einer psychologischen und politischen Einflußnahme auf die Mitgliedstaaten, welche auf eine normative Regelung in Form einer Richtlinie vorbereitet werden sollten[221]. Letztendlich ließen aber erst diverse Insidervorfälle Ende der achtziger Jahre, bei denen die internationale

---

[215] *Mennicke*, Sanktionen gegen Insiderhandel, S. 131.
[216] ABl. EG Nr. L 212/37-43 vom 20. August 1977, S. 37 ff.
[217] *Mennicke*, Sanktionen gegen Insiderhandel, S. 132.
[218] *Mennicke*, Sanktionen gegen Insiderhandel, S. 132.
[219] *Grabitz/Hilf*, Kommentar zur Europäischen Union, Art. 189 Rdnr. 80.
[220] *Welter*, in: Büschgen/Schneider (Hrsg.), S. 322.
[221] *Hopt*, ZGR 1991, S. 20.

Verflechtung der Kapitalmärkte ausgenutzt wurde, letzte Zweifel an der Notwendigkeit eines koordinierten Vorgehens auf europäischer Grundlage schwinden, so daß eine entsprechende Richtlinie vorbereitet wurde. Die Insiderrichtlinie kann deshalb auch als eine Ausformung der Prinzipien, die den Wohlverhaltensregeln zugrunde liegen, angesehen werden[222].

III. Entstehungsgeschichte der Insiderrichtlinie

Am 27. Mai 1987 legte die Kommission ihren ersten Vorschlag für die Insiderrichtlinie vor, zu dem der Wirtschafts- und Sozialausschuß am 16. Dezember 1987 Stellung nahm und den das Europäische Parlament am 15. Juni 1988 als eine legislative Entschließung verabschiedete. Am 4. Oktober 1988 wurde ein geänderter Richtlinienvorschlag von der Kommission veröffentlicht, in den die Vorschläge der Mitgliedstaaten und der übrigen am Gesetzgebungsverfahren beteiligten Organe der Europäischen Gemeinschaft eingearbeitet worden waren, soweit sie den Zielsetzungen des Kommissionsvorschlags nicht zuwiderliefen. Am 13. Juli 1989 verfaßte der Rat seinen gemeinsamen Standpunkt, am 13. November 1989 wurde die endgültige Fassung der Insiderrichtlinie beschlossen. Während des zweieinhalb Jahre dauernden Rechtsetzungsverfahrens ist es nicht zu bedeutsamen Änderungen des ursprünglichen Textes gekommen. Lediglich einige Punkte wurden überarbeitet.

1. Konkretisierung der Primärinsider und der Insiderpapiere

Während der ursprüngliche Entwurf der Insiderrichtlinie eine sehr weitgehende Formulierung des Kreises möglicher Primärinsider enthielt, nennt die endgültige Fassung, dem deutschen Wunsch nach einer stärkeren Konkretisierung folgend, drei Gruppen möglicher Insider - nämlich den gesellschafts-, den kapitalmarkt- und den berufsbezogenen - , wobei allerdings bei der letzten Gruppe wieder auf die Formulierung des Kommissionsentwurfs zurückgegriffen wurde[223].

Des weiteren wurden die in Betracht kommenden Insiderpapiere ebenso wie die zu den Insidern zählenden Personengruppen beispielhaft aufgelistet und auch in materieller Hinsicht umfassender geregelt als in der ursprünglichen Kommissions-

---

[222] Vgl. *Ashe*, Co.Lawyer 13 (1992), S. 16.

[223] *Dickersbach*, Das neue Insiderrecht der Bundesrepublik Deutschland vor dem Hintergrund des Europäischen Gemeinschaftsrechts, S. 68.

vorlage[224]. Für einen Sekundärinsider sieht die verabschiedete Richtlinie in Art. 3 zwar ein Verwertungsverbot vor. Anders als noch im ursprünglichen Kommissionsentwurf untersagt die Insiderrichtlinie jedoch nicht mehr die Weitergabe von Insiderinformationen durch einen Sekundärinsider an einen Dritten.

2. Wechsel der Ermächtigungsgrundlage

Die endgültige Fassung der Insiderrichtlinie basiert zudem auf Art. 95 EGV (Art. 100 a EGV a.F.) und nicht auf Art. 44 Abs. 3 g (EGV Art. 54 Abs. 3 g EGV a.F.). Diesbezüglich stellt sich die Frage, welche Auswirkungen der Wechsel der Ermächtigungsgrundlage auf die richtlinienkonforme Auslegung der Insiderhandelsverbote des § 14 WpHG hat, da jede Vorschrift des EG-Vertrags in einem systematischen Zusammenhang steht[225]. Der Ermächtigungsgrundlage kommt damit eine bestimmte Teilfunktion zu, auch wenn letztendlich alle Einzelvorschriften dem übergeordneten Ziel der Errichtung eines Binnenmarkts dienen[226].

a) Art. 44 EGV (Art. 54 EGV a.F.)

Der erste Entwurf der Insiderrichtlinie stützte sich auf Art. 44 Abs. 3 g (EGV Art. 54 Abs. 3 g EGV a.F.)[227]. Zwar steht Art. 44 EGV (Art. 54 EGV a.F.) im Zusammenhang mit der Niederlassungsfreiheit, jedoch hat der Rat auch weitreichendere Harmonisierungen - insbesondere das gesamte Gesellschaftsrecht - auf diese Grundlage gestützt. Regelungsinhalte waren der Erwerb und die Veräußerung bedeutender Beteiligungen sowie Übernahmeangebote[228]. Das Unternehmensrecht war letztlich immer wieder Regelungsmaterie. Mit der Wahl des Art. 44 Abs. 3 g (EGV Art. 54 Abs. 3 g EGV a.F.) als Ermächtigungsgrundlage stufte die Kommission den Insiderhandel somit als ein unternehmensrechtliches Problem ein.

---

[224] *Dickersbach*, Das neue Insiderrecht der Bundesrepublik Deutschland vor dem Hintergrund des Europäischen Gemeinschaftsrechts, S. 68.
[225] *Bleckmann*, NJW 1982, S. 47.
[226] *Bleckmann*, NJW 1982, S. 48.
[227] ABl. EG Nr. C 153 vom 11. Juni 1987, S. 8.
[228] *Tippach*, Insiderhandelsverbot und die besonderen Rechtspflichten der Banken, S. 7.

b) Art. 95 EGV (Art. 100 a EGV a.F.)

Auf Vorschlag des Europäischen Parlaments wurde mit der Änderung des Entwurfs der Insiderrichtlinie auch die Ermächtigungsgrundlage geändert und die Richtlinie auf Art. 95 EGV (Art. 100 a EGV a.F.) gestützt[229]. Dies zieht für die Auslegung eine marktbezogene Deutung nach sich, weil Art. 95 EGV (Art. 100 a EGV a.F.) die Funktion zukommt, den Binnenmarkt zu fördern[230].

Der Europäische Gerichtshof hat zu dieser Ermächtigungsgrundlage festgestellt, daß die Anwendung des Art. 95 EGV (Art. 100 a EGV a.F.) nicht erforderlich ist, wenn der zu erlassene Rechtsakt nur nebenbei eine Harmonisierung der Marktbedingungen innerhalb der Gemeinschaft bewirken soll[231]. Demzufolge muß das Insiderrecht zentral eine dem Wettbewerb betreffende Funktion erfüllen. Die Ermächtigungsgrundlage der Insiderrichtlinie verdeutlicht mithin den Bezug zum Kapitalmarkt als einen Teilaspekt des europäischen Binnenmarkts[232].

V. Regelungszweck der Insiderrichtlinie

Die Ziele, die die Kommission und der Rat mit dem Erlaß der Insiderrichtlinie verfolgen, sind als Erwägungsgründe in der Präambel niedergelegt. Jede gemeinschaftsrechtliche Richtlinie ist nach Art. 253 EGV (Art. 190 EGV a.F.) mit Gründen zu versehen und muß auf die vertraglich einzuholenden Vorschläge oder Stellungnahmen Bezug nehmen. Die Begründungspflicht soll den Adressaten der Richtlinie die Möglichkeit geben, sich über die entscheidenden Gesichtspunkte für ihren Erlaß im Hinblick auf die Rechtsverteidigung zu informieren.

1. Schutz der Sekundärmärkte

Die Erwägungsgründe der Insiderrichtlinie lassen eine hierarchische Anordnung der verfolgten Ziele erkennen. Zuerst wird hervorgehoben, daß der Sekundärmarkt für Wertpapiere bei der Finanzierung der Wirtschaftssubjekte eine wichtige

---

229 *Everling*, in: Festschrift für Steindorff, S. 1169 f.
230 *Everling*, in: Festschrift für Steindorff, S. 1169 f.
231 EuGH, EuZW 1993, S. 290.
232 *Tippach*, Insiderhandelsverbot und die besonderen Rechtspflichten der Banken, S. 8.

Rolle spiele[233]. Aus diesem Grunde müsse dessen reibungsloses Funktionieren durch alle zweckdienlichen Maßnahmen gesichert werden. Als eine solche Maßnahme sei die Insiderrichtlinie neben verschiedenen anderen Richtlinien[234] erlassen worden, die alle die Funktionsfähigkeit der Wertpapiermärkte in den jeweiligen Mitgliedstaaten der Europäischen Gemeinschaft sicherstellen sollten.

Die Annäherung der Funktionsweisen der nationalen Wertpapiermärkte dient letztendlich dem Ziel, einen gemeinsamen europäischen Kapitalmarkt als „integralen Bestandteil des Binnenmarktprogramms mit hohem Stellenwert" zu schaffen[235]. Der Kapitalmarkt wird damit als Teilaspekt des Binnenmarkts und zugleich als eigentlicher Wirkungsbereich der Insiderrichtlinie definiert. Er wird von der Insiderrichtlinie im engen Sinne, nämlich als Börse, verstanden, an der Beteiligungstitel, Obligationen und Derivate gehandelt werden[236].

2. Festigung des Anlegervertrauens in die Chancengleichheit

Weiterhin wird in der Präambel der Insiderrichtlinie angeführt, daß die Funktionsweise der Wertpapiermärkte weitgehend von dem Vertrauen der Anleger abhängt. „Dieses Vertrauen beruht unter anderem auf der Zusicherung, daß sie gleichgestellt sind und daß sie gegen die unrechtmäßige Verwendung einer Insider-Information geschützt werden. Da die Insider-Geschäfte für bestimmte Anleger mit Vorteilen gegenüber anderen Anlegern verbunden sind, können sie dieses Vertrauen gefährden und somit das reibungslose Funktionieren des Marktes beeinträchtigen. Folglich sind die notwendigen Maßnahmen zu treffen, um die betreffenden Geschäfte zu bekämpfen"[237].

---

[233] ABl. EG Nr. L 334/30 vom 18. November 1989, S. 30 f.

[234] Richtlinie vom 05. März 1979 zur Koordinierung der Bedingungen zur Börsenzulassung von Wertpapieren, ABl. EG Nr. L 66 vom 16. März 1979, S. 21; Richtlinie vom 17. März 1980 über den für die Börsenzulassung von Wertpapieren zu veröffentlichen Prospekt, ABl. EG Nr. L 100 vom 17. April 1980, S. 1; Richtlinie vom 15. Februar 1982 zur regelmäßigen Veröffentlichung von Informationen durch die Gesellschaften, deren Aktien an der Börse zugelassen sind, ABl. EG Nr. L 48 vom 20. Februar 1982, S. 26; Richtlinie vom 22. Juni 1987 über die gegenseitige Anerkennung der Prospekte für die Börsenzulassung, ABl. EG Nr. L 185 vom 04. Juli 1987, S. 81; Richtlinie vom 12. Dezember 1988 über die beim Erwerb und Veräußerung einer bedeutenden Beteiligung an einer börsennotierten Gesellschaft zu veröffentlichenden Informationen, ABl. EG Nr. L 348 vom 17. Dezember 1988, S. 62; Richtlinie vom 10. Mai 1993 über Wertpapierdienstleistungen, ABl. EG Nr. L 141, S.27.

[235] *Welter*, in: Büschgen/Schneider (Hrsg.), S. 317.

[236] *Tippach*, Insider-Handelsverbot und die besonderen Rechtspflichten der Banken, S. 14.

[237] ABl. EG Nr. L 334/30 vom 18. November 1989, S. 30 f.

Das Vertrauen der Anleger gründet sich somit darauf, daß ihnen mit dem Zugang zu den Wertpapiermärkten zugleich die Zusicherung gegeben wird, mit allen anderen dort agierenden Anlegern gleichgestellt zu sein. Insidergeschäfte zerstören das Vertrauen in die Chancengleichheit der Anleger, denn solche Geschäfte gewähren denjenigen Personen Vorteile, die über Informationen verfügen, welche nur einem beschränkten Personenkreis zugänglich sind[238]. Die Chancengleichheit der Anleger, die über dieses Insiderwissen nicht verfügen, und damit das Vertrauen in die Gleichbehandlung sollen dadurch geschützt werden, daß Maßnahmen ergriffen werden, die verhindern, daß Insiderwissen mißbräuchlich verwendet wird. Der Schutz dieses Vertrauens trägt dazu bei, das reibungslose Funktionieren der Wertpapiermärkte sicherzustellen.

Die Darstellung der in der Präambel niedergelegten Gesichtspunkte zeigt, was die Gesetzgebungsorgane als Regelungsziele der Insiderrichtlinie ansehen. Dem europäischen Gesetzgeber geht es in erster Linie um den Schutz der Funktionsfähigkeit der jeweiligen nationalen Wertpapiermärkte, die - so das erklärte Ziel - eines Tages zu einem einheitlichen europäischen Kapitalmarkt zusammenwachsen. Der Schutz ist deshalb so wichtig, weil den Wertpapiermärkten eine nicht geringe Bedeutung bei der Finanzierung der Wirtschaftssubjekte zugesprochen wird. Vor allem auf der Ebene der Unternehmensfinanzierung und hier besonders bei der Versorgung mit Eigenkapital erfüllen diese Märkte eine wichtige Rolle. Aus dieser Einschätzung resultiert auch die hohe Schutzbedürftigkeit der Wertpapiermärkte. Der Funktionenschutz von Kapitalmarkt und Wirtschaft ist also das Ziel, das mit einer gemeinschaftsweiten Bekämpfung des Insiderhandels erreicht werden soll.

Um diesem Institutionenschutz gerecht werden zu können, soll durch ein Insiderhandelsverbot das Vertrauen der Anleger in das ordnungsgemäße Funktionieren der Wertpapiermärkte gefestigt werden, denn mangelndes Vertrauen ist nach der Auffassung des europäischen Gesetzgebers geeignet, diese Funktionsfähigkeit zu gefährden. Das Vertrauen der Anleger soll durch die Herstellung einer Chancengleichheit gestärkt werden. Diese Herstellung soll zum einen durch ein Verbot von Geschäften, die unter Verwendung von Insiderinformationen durchgeführt werden, und zum anderen durch einen Ausgleich vorhandenen Informationsgefälles erfolgen.

Der Funktionenschutz steht somit als Regelungszweck der Insiderrichtlinie im Vordergrund[239]. Dieser Schutz ist durch das Vorhandensein gleicher Chancen für alle Anleger gekennzeichnet, wodurch zugleich der Gedanke des Individual-

---

[238] *Welter*, in: Büschgen/Schneider (Hrsg.), S. 320.
[239] *Tippach*, Insider-Handelsverbot und die besonderen Rechtspflichten der Banken, S. 15.

schutzes von uninformierten Anlegern ins Spiel gebracht wird. Die Betonung der Notwendigkeit des Vertrauens der Anleger in gleiche Gewinnchancen an den Wertpapierbörsen und damit die Hervorhebung von dessen Bedeutung für die Funktionsfähigkeit der Institution Kapitalmarkt zeigt jedoch, daß die Individualschutzkomponente hinter der Funktionenschutzkomponente zurücktritt. Der eigentliche Regelungsanlaß, der mit dem Schutz der Wertpapiermärkte verbunden ist, ist die Schaffung eines einheitlichen europäischen Kapitalmarkts im Wege der Harmonisierung der nationalen Rechte[240].

3. Ergebnis

Als Ergebnis bleibt festzuhalten, daß das Regelungsziel der Insiderrichtlinie in dem Schutz der Funktionsfähigkeit der nationalen Sekundärmärkte für Wertpapiere zu sehen ist. Erreicht werden soll dieser Schutz durch eine Stärkung des Vertrauens der Anleger in das Bestehen fairer Regeln und der damit verbundenen Chancengleichheit aller Marktteilnehmer. Der Schutz der nationalen Sekundärmärkte für Wertpapiere ist notwendig, damit die Wertpapiermärkte der Mitgliedstaaten eines Tages zu einem einheitlichen europäischen Kapitalmarkt zusammenwachsen, der dann Bestandteil des Binnenmarkts sein wird. Dieses Regelungsziel will der europäische Gesetzgeber mit den Vorgaben der Insiderrichtlinie erreichen. Die Insiderrichtlinie ist somit im allgemeinen Kontext der Harmonisierung des Gesellschafts- und Kapitalmarktrechts zu sehen, in dem sie einen Aspekt des umfassenden Regelungsziels „Europäischer Kapitalmarkt" darstellt.

V. Vorgaben der Insiderrichtlinie

Für eine richtlinienkonforme Auslegung der Insiderhandelsverbote sind des weiteren die zwingenden Vorgaben der Insiderrichtlinie von entscheidender Bedeutung. Der europäische Gesetzgeber hat die Tatbestandsmerkmale einer nationalen Regelung sehr detailliert vorgegeben. Diese Vorgaben finden sich sowohl in Art. 2 als auch in Art. 3 und Art. 4 der Insiderrichtlinie. Der Begriff der Insider-Information wird in Art. 1 der Insiderrichtlinie erläutert.

---

[240] *Mennicke*, Sanktionen gegen Insiderhandel, S. 150.

1. Insider-Information

Die Insiderrichtlinie definiert eine Insider-Information in Art. 1 als eine „nicht öffentlich bekannte präzise Information, die einen oder mehrere Emittenten von Wertpapieren betrifft und die, wenn sie öffentlich bekannt würde, geeignet wäre, den Kurs dieses Wertpapiers oder dieser Wertpapiere beträchtlich zu beeinflussen“[241]. Diese Bestimmung des Begriffs einer Insider-Information bildet den Ausgangspunkt für die Verbote von Insidergeschäften, die sich in den Artn. 2, 3 und 4 der Insiderrichtlinie wiederfinden.

2. Verwertungsverbot

Nach Art. 2 der Insiderrichtlinie ist jeder Mitgliedstaat verpflichtet, Personen, die „aufgrund ihrer Arbeit, ihres Berufs oder ihrer Aufgaben“ zu einer Insiderinformation Zugang haben, zu untersagen, daß diese „unter Ausnutzung derselben in Kenntnis der Sache für eigene oder fremde Rechnung entweder selbst oder indirekt die Wertpapiere des bzw. der von dieser Information betroffenen Emittenten“ erwerben oder veräußern[242].

3. Weitergabe- und Empfehlungsverbot

Art. 3 der Insiderrichtlinie enthält einerseits die Vorgabe, den „Personen, die dem Verbot nach Art. 2 unterliegen und über eine Insider-Information verfügen“, zu untersagen, „diese Insider-Information an einen Dritten weiterzugeben, soweit dies nicht in einem normalen Rahmen in Ausübung ihrer Arbeit oder ihres Berufs oder in Erfüllung ihrer Aufgaben geschieht“. Andererseits soll den in Art. 2 der Insiderrichtlinie genannten Personen auch untersagt werden, auf der Grundlage dieser Insider-Information einem Dritten zu empfehlen, Wertpapiere zu erwerben oder zu veräußern bzw. erwerben oder veräußern zu lassen[243].

---

[241] ABl. EG Nr. L 334/30 vom 18. November 1989, S. 30 f.
[242] ABl. EG Nr. L 334/30 vom 18. November 1989, S. 30 f.
[243] ABl. EG Nr. L 334/30 vom 18. November 1989, S. 30 f.

4. Verwertungsverbot für Sekundärinsider

Art. 4 der Insiderrichtlinie sieht das Verbot des Art. 2 auch für Personen vor, die in Kenntnis der Sache über eine Insider-Information verfügen, die unmittelbar oder mittelbar nur von einer in Art. 2 der Insiderrichtlinie genannten Person stammen kann[244].

5. Ergebnis

Als Ergebnis bleibt damit festzuhalten, daß eine Insider-Information nach den gemeinschaftsrechtlichen Vorgaben nur eine präzise, der Öffentlichkeit unbekannte Information ist, die einen Wertpapierkurs beträchtlich beeinflussen kann. Ein Primärinsider unterliegt nach diesen Vorgaben einem Verwertungs- und einem Weitergabe- sowie einem Empfehlungsverbot. Aufgrund des in Art. 4 fehlenden Verweises auf Art. 3 sieht die Insiderrichtlinie keine so weitgehenden Verbote für Sekundärinsider wie für Primärinsider vor. Einem Sekundärinsider soll daher nach Art. 4 der Insiderrichtlinie lediglich ein Verwertungsverbot auferlegt werden.

---

[244] ABl. EG Nr. L 334/30 vom 18. November 1989, S. 30 f.

Fünftes Kapitel

Verhältnis der einzelnen Auslegungsmethoden

Bevor mit der Auslegung der Insiderhandelsverbote des § 14 WpHG begonnen werden kann, ist das Verhältnis der einzelnen Interpretationsmethoden zueinander zu klären. Ziel der Auslegung ist es, den Begriffsinhalt eines Tatbestandsmerkmals und damit letztendlich den Inhalt einer Norm zu ermitteln, um dem Ergebnis den Anspruch auf Richtigkeit und Nachprüfbarkeit zu geben[245]. Die Sinnermittlung erfolgt herkömmlicherweise anhand der grammatischen, der systematischen, der historischen und der teleologischen Interpretationsmethode.

Diese Grundsätze könnten bei der Auslegung der Insiderhandelsverbote des § 14 WpHG jedoch durch die wirtschaftliche Betrachtungsweise modifiziert werden. Die Qualifizierung des Insiderrechts als Wirtschaftsstrafrecht eröffnet im Rahmen einer solchen Betrachtungsweise die Möglichkeit, einzelne Tatbestandsmerkmale unabhängig von zivil- und öffentlich-rechtlichen Norminhalten auszulegen.

Bei der Sinnermittlung ist darüber hinaus der europäische Hintergrund des Wertpapierhandelsgesetzes zu berücksichtigen. Die einzelnen Bestimmungen der Insiderrichtlinie finden zwar keine unmittelbare Anwendung, dennoch haben sie Auswirkungen auf das nationale Insiderrecht, da die eine EG-Richtlinie umsetzende Norm nach Art. 10 EGV (Art. 5 EGV a.F.) richtlinienkonform auszulegen ist. Im folgenden Kapitel soll somit besonders der Frage nachgegangen werden, ob die richtlinienkonforme Auslegung eine vorrangige Stellung bei den Interpretationsmethoden einnimmt.

I. Allgemeine Auslegungsmethoden

Seit Savigny werden bei der Auslegung von Normen herkömmlicherweise vier Methoden unterschieden[246]: Dies sind die grammatische, die systematische, die historische und die teleologische Auslegung. Die Auslegungskriterien dieser Methoden richten sich nach dem objektivierten Willen des Gesetzgebers, so wie er sich aus dem Wortlaut und aus dem Sinnzusammenhang ergibt, in dem die auszulegende Norm steht[247].

---

245 *Larenz/Canaris*, Methodenlehre der Rechtswissenschaft, S. 315; *Otto*, Allgemeine Strafrechtslehre, § 2 II. 3.; *Vogel*, Juristische Methodik, S. 113.
246 *Sagvigny*, System des heutigen Römischen Rechts, S. 206 ff.
247 BVerfGE 1, 312.

1. Grammatische Auslegung

Ausgangspunkt einer jeder Sinnermittlung ist die grammatische Auslegungsmethode. Die Wortlautauslegung versucht in drei Stufen den Sinn eines Gesetzes aus dem Sprachsinn zu erschließen[248]. In einem ersten Schritt wird der gesetzliche Sprachgebrauch durch die im Gesetz angeordneten Sprachverwendungsregeln ermittelt. Diese Regeln finden sich vor allem in Gestalt von Legaldefinitionen und Verweisungen wieder[249]. In einem zweiten Schritt wird dann nach dem Sprachgebrauch der juristischen Fachsprache gefragt, die einen Vorrang vor dem umgangssprachlichen Sprachgebrauch genießt[250]. Schließlich wird der allgemeine Sprachgebrauch ermittelt, wobei als Hilfsmittel bedeutende Wörterbücher der deutschen Sprache herangezogen werden.

Dem Ergebnis der grammatischen Auslegung wird gleichzeitig eine Grenzfunktion zugeschrieben. Der Wortsinn stellt die Grenze jeder Auslegung dar, da der Sinn eines Gesetzes nur in Worten Ausdruck finden kann. Die Worte sind die Grundlage der Auslegung und deshalb muß der mögliche Wortsinn als äußerste Grenze beachtet werden[251]. Die Sicht des Normadressaten ist bei dieser Grenzziehung für den noch möglichen Wortsinn maßgeblich. Die grammatische Auslegung dient somit nicht nur der Sinnermittlung, sondern hat auch eine Grenzfunktion inne.

2. Systematische Auslegung

Die grammatische Interpretation findet in der systematischen Auslegung ihre Ergänzung. Mittels der systematischen Auslegungsmethode wird der Sinn des Gesetzes aus der Stellung der auszulegenden Vorschrift im Systemzusammenhang hergeleitet. Die systematische Auslegung gliedert sich in eine „innere“ und „äußere“ Struktur[252]. Das „äußere System“ eines Gesetzes wird zunächst durch seine Gliederung bestimmt. Darüber hinaus können der textliche Zusammenhang und die Abgrenzung zu anderen Normen zur Ermittlung des Gesetzessinns herangezogen werden[253]. Das „innere System“ eines Gesetzes ist durch den

[248] *Jescheck/Weigend*, Lehrbuch des Strafrechts, § 17 IV. 1. a).
[249] *Vogel*, Juristische Methodik, S. 114.
[250] *Larenz/Canaris*, Methodenlehre der Rechtswissenschaft, S. 142 f.
[251] BVerfGE 71, 115.
[252] *Vogel*, Juristische Methodik, S. 117.
[253] Vgl. *Otto*, Allgemeine Strafrechtslehre, § 2 II. 4. c.

Stufenbau und die Einheit der Rechtsordnung gekennzeichnet[254]. Der Stufenaufbau wird durch die dem höherrangigen Recht konforme Auslegung verwirklicht. Sie besagt, daß niederrangiges Recht im Lichte der Regeln, Prinzipien und Wertungen des höherrangigen Rechts auszulegen ist. Die Einheit der Rechtsordnung wird durch das Gebot der Vermeidung von Wertungswidersprüchen verwirklicht. Besondere Bedeutung hat der Einheitsgedanke im Verfassungsrecht gefunden, da Normen der Verfassung so interpretiert werden müssen, daß Widersprüche zu anderen Verfassungsnormen vermieden werden. Der Erkenntniswert dieser Auslegungsmethode hängt im wesentlichen von der systematischen Einordnung der auszulegenden Norm ab. Ist diese Einordnung nicht zweifelsfrei vorzunehmen, bedarf es weiterer Interpretationen.

3. Historische Auslegung

Im Rahmen der historischen Auslegung wird zur Sinnermittlung neben dem allgemeinen geschichtlichen Zusammenhang, in dem die Norm steht, ihre besondere Entstehungsgeschichte herangezogen. Dies geschieht zum einen anhand der Gesetzesmaterialien und anderer feststellbarer Erwägungen des Gesetzgebers. Zum anderen wird bei dieser Auslegungsmethode auch auf das geschichtliche Umfeld der auszulegenden Norm zurückgegriffen. Dabei ist insbesondere die rechtliche und tatsächliche Ausgangslage, die der Gesetzgeber beim Erlaß der Norm vorfand, für die Interpretation von Bedeutung. Ziel dieser Auslegungsmethode ist es, die Regelungsabsicht, die Zwecke und die Normvorstellungen des Gesetzgebers zu erschließen[255].

4. Teleologische Auslegung

Zwischen der historischen und der teleologischen Auslegung besteht ein innerer Zusammenhang. Die historische Auslegung führt zu der Fragestellung, was der Gesetzgeber mit einer Norm erreichen will. Die teleologische Methode ist bestrebt, den leitenden Zweckgedanken einer Vorschrift herauszuarbeiten, um dadurch unmittelbar den dieser Norm innewohnenden Sinn zu erkennen[256]. Für diese Auslegungsmethode sind daher die Zielsetzungen bedeutsam, die der Gesetzgeber mit der Norm verfolgt.

---

[254] *Vogel*, Juristische Methodik, S. 117.

[255] Vgl. *Larenz/Canaris*, Methodenlehre, S. 328; *Loos*, in: Festschrift für Wassermann, S. 123.

[256] *Mennicke*, Sanktionen gegen Insiderhandel, S. 141.

Der leitende Zweckgedanke einer Strafnorm ist der Rechtsgüterschutz[257]. Allen Strafrechtsnormen liegen Werturteile über Lebensgüter zugrunde, die für das Zusammenleben der Menschen in der Gemeinschaft unentbehrlich sind und deshalb mittels öffentlicher Strafe geschützt werden[258]. Durch die Aufnahme in den Schutzbereich der Rechtsordnung werden diese Werte zu Rechtsgütern. Der Gesetzgeber richtet jeden Straftatbestand nach einem Rechtsgut aus[259]. Der Rechtsgüterschutz als primärer Leitgedanke einer Strafrechtsnorm liefert daher wichtige Anhaltspunkte für die Auslegung[260].

Die teleologische Interpretationsmethode bezieht sich jedoch nicht nur auf den Schutz des Rechtsguts, sondern auch auf die Qualität der menschlichen Handlung. Wird der Geltungsanspruch des Rechtsguts in einer Weise mißachtet, welche die Erhaltung eines bestimmten Sozialgefüges gefährdet, ist die notwendige Vertrauensbasis im Zusammenleben der Menschen erschüttert. In der das Rechtsgut gefährdenden menschlichen Handlung ist der Handlungsunwert einer Straftat begründet[261]. Jede Straftat stellt sich somit als eine Rechtsguts- und Pflichtverletzung dar. Auch dieser Aspekt ist daher bei der teleologischen Auslegung zu berücksichtigen.

II. Besonderheiten bei der Auslegung des Insiderrechts

Das Wertpapierhandelsgesetz, das auf EG-Richtlinien zurückzuführen ist, gehört zum Bereich des Wirtschaftsstrafrechts, so daß mit einer möglicherweise gebotenen wirtschaftlichen Betrachtungsweise und der richtlinienkonformen Auslegung einige Besonderheiten zu berücksichtigen wären.

1. Wirtschaftliche Betrachtungsweise

Bei der Auslegung von strafrechtlichen Tatbestandsmerkmalen, die im Zivilrecht oder im öffentlichen Recht einen bestimmten Inhalt haben, stellt sich die Frage, ob das Strafrecht an diesen Begriffsinhalt gebunden ist. Die wirtschaftliche Betrachtungsweise könnte die Möglichkeit eröffnen, einen eigenständigen

---

[257] *Larenz/Canaris*, Methodenlehre, S. 332.
[258] *Jescheck/Weigend*, Lehrbuch des Strafrechts, § 1 III. 1.
[259] Vgl. *Otto*, Allgemeine Strafrechtslehre, § 1 II. 1.
[260] *Jescheck/Weigend*, Lehrbuch des Strafrechts, § 26 I. 2.
[261] *Jescheck/Weigend*, Lehrbuch des Strafrechts, § 1 III. 2.

Begriffsinhalt zu begründen, der von zivil- oder öffentlichrechtlichen Normierungen losgelöst ist.

a) Literaturmeinung

Obwohl es sich bei wirtschaftlicher Betrachtungsweise um eine Grundfrage der Strafrechtswissenschaft handelt, existieren kaum ausführliche Abhandlungen über diese Thematik.

aa) Nach Ansicht *Bruns*[262] stellt die wirtschaftliche Betrachtungsweise lediglich eine sachgemäße Weiterentwicklung der teleologischen Auslegungsmethode dar. Die Anerkennung der grundsätzlichen Eigenständigkeit einer strafrechtlichen Begriffsbildung gefährde nicht die Einheit der Rechtsordnung, weil diese nicht in der Einheitlichkeit der Rechtsbegriffe bestehe. Die an der wirtschaftlichen Betrachtungsweise ausgerichteten strafrechtlichen Begriffe hätten beeindruckend feste Konturen gewonnen und seien zudem geeignet, Gesetzesumgehungen zu unterbinden.

bb) *Jescheck*[263] vertrat früher die Ansicht, daß der Charakter des Strafrechts nicht „begriffsakzessorisch" mißverstanden werden dürfe, da es weite Teile selbständig und ohne Rückgriff auf die Begriffe anderer Rechtsgebiete regele. Die Abhängigkeit des Strafrechts von anderen Rechtsgebieten und deren Begriffsbildung könne nicht als Regel angesehen werden. Die strafrechtlichen Begriffe seien vielmehr nach dem Schutzzweck der betreffenden Strafrechtsnorm und unter Berücksichtigung der sozialethischen Handlungsunwerte, die für die Aufstellung der Strafvorschrift entscheidend waren, auszulegen.

Heute sind *Jescheck* und *Weigend*[264] der Ansicht, daß die wirtschaftliche Betrachtungsweise vor allem die Fälle einer drohenden Gesetzesumgehung einer gerechten Lösung zuführen will. Mit Hilfe dieser Auslegungsmethode sei anhand des kriminalpolitischen Zwecks der Vorschrift die Umgehung des Tatbestands zu verhindern. Warum die wirtschaftliche Betrachtungsweise eine eigenständige Interpretationsmethode des Wirtschaftsstrafrechts darstellen soll, wird nicht dargelegt.

---

[262] *Bruns*, JR 1984, S. 136 ff.
[263] *Jesckeck*, Lehrbuch des Strafrechts, 3. Aufl., S. 123.
[264] *Jescheck/Weigend*, Lehrbuch des Strafrechts, § 17 IV. 1. b).

cc) *Tiedemann*[265] sieht in der wirtschaftlichen Betrachtungsweise hingegen keine eigene Auslegungsmethode. Diese Interpretationsmethode verdecke nur die bereits anerkannten klassischen Auslegungsschritte. Bei einer Anlehnung der strafrechtlichen Begriffsbildung an zivil- und verwaltungsrechtliche Vorschriften sei zunächst zu prüfen, ob die Übernahme dieser außerstrafrechtlichen Norminhalte nicht auch dem Sinn und Zweck der Strafnorm entspreche. Dies sei im Regelfall zu bejahen. Darüber hinaus sei zu berücksichtigen, daß die Anbindung der strafrechtlichen Begriffe an zivil- und öffentlichrechtliche Vorprägungen dem Bestimmtheitsgebot des Art. 103 Abs. 2 GG eher gerecht werde als die Zulassung wirtschaftlichfaktischer Durchbrechungen. Lediglich in Ausnahmefällen, insbesondere bei eklatanten Mißbrauchskonstellationen, sei eine Durchbrechung der Formbindung an rechtliche Vorprägungen zulässig.

b) Rechtsprechung

Grundsätzliche Aussagen zur der Frage, ob das Strafrecht an zivil- oder öffentlichrechtlichen Vorprägungen gebunden ist, sind in der höchstrichterlichen Rechtsprechung nicht zu finden.

Im Jahre 1982 hat der Bundesgerichtshof[266] entschieden, daß auch der Ehemann als „faktischer" Geschäftsführer einer GmbH, der - neben seiner Ehefrau als eingetragene Geschäftsführerin - maßgeblichen Anteil an der Ausführung der Geschäfte hatte, nach den §§ 84 Abs. 1 Nr. 1, 64 Abs. 2 GmbHG wegen Verletzung der Konkursantragspflicht strafrechtlich verantwortlich ist. Der Ehemann war in diesem Fall die treibende Kraft im Geschäftsbetrieb der GmbH. Im Verhältnis zu seiner „formell" handelnden Ehefrau hat der Ehemann eine leitende Position ausgeübt. Der Bundesgerichtshof sah ihn deshalb neben seiner Ehefrau als „faktischen" Geschäftsführer an, obwohl sie nicht lediglich als „Strohmann" fingierte, sondern einen Großteil ihrer Aufgaben als Geschäftsführerin auch tatsächlich wahrnahm. Für die Frage der tatsächlichen Geschäftsführereigenschaft komme es nicht allein auf die Rechte an, die dem für die Gesellschaft Handelnden förmlich übertragen worden seien, sondern auf dessen tatsächliche Verfügungsmacht, die sich daraus ergebe, daß der Ehemann - auch bei Verfügungen über das Geschäftskonto - jederzeit der Mithilfe seiner verfügungsberechtigten Ehefrau sicher sein könne. Der Ehemann sei daher, obwohl nicht förmlich dazu bestellt, als tatsächlicher Geschäftsführer einer GmbH Normadressat der Konkursantragspflicht des § 64 Abs. 1 GmbH gewesen.

---

[265] *Tiedemann*, in: Krekeler/Tiedemann/Ulsenheimer/Weinmann (Hrsg.), S. 2.
[266] BGHSt 31, 118.

Der Bundesgerichtshof stellt in dieser Entscheidung nicht auf die fehlende Geschäftsführerbestellung ab, sondern auf die tatsächliche Tätigkeit des Ehemanns. Die zivilrechtlichen Vorprägungen waren bei der Beurteilung des Falles unerheblich.

Im Gegensatz dazu legt der Bundesgerichtshof im Rahmen des Diebstahls nach § 242 StGB das Tatbestandsmerkmal „fremd" nach den zivilrechtlichen Vorprägungen aus[267]. Nach ständiger Rechtsprechung ist eine Sache für den Täter dann fremd, wenn sie im zivilrechtlichen Eigentum anderer stehe. Auch im Falle der Untreue nach § 266 StGB wird das Gesellschaftsvermögen einer Einmann-GmbH nicht „wirtschaftlich" als solches des einzigen Gesellschafters angesehen, sondern von der Rechtsprechung streng nach zivilrechtlichen Gesichtspunkten als für den Gesellschafter fremdes Vermögen angesehen[268].

Die höchstrichterliche Rechtsprechung entscheidet also jeweils nach dem Sinn und Zweck der einzelnen Strafnorm, ob bei der Auslegung eines Tatbestandsmerkmals auf zivil- oder öffentlichrechtliche Sachverhalte zurückzugreifen ist.

c) Stellungnahme

Ihre gesetzliche Erwähnung findet die wirtschaftliche Betrachtungsweise in § 14 Abs. 3 StGB, der die rechtliche Unwirksamkeit einer Bestellung zum Organ, Vertreter oder Beauftragten für strafrechtlich unbeachtlich erklärt. Es erscheint dennoch fraglich, ob dies ausreicht, um sie als eine eigene Auslegungsmethode des Strafrechts oder des Wirtschaftsstrafrechts anzusehen.

Wird ein Tatbestandsmerkmal unter Zuhilfenahme der teleologischen Interpretationsmethode ausgelegt, so ist der praktische Zweck einer Rechtsnorm zu überprüfen. Die teleologische Auslegung ist darauf gerichtet, widerstreitende Interessen auszugleichen und soziales Miteinander zu ermöglichen. Eine Norm kann in ihrem Inhalt und in ihren Grenzen nur dann zutreffend erkannt werden, wenn man sich Klarheit darüber verschafft, welche rechtspolitische Entscheidung gerade mit dieser konkreten Norm getroffen werden sollte. Maßgeblich ist dabei auf den vom Gesetzgeber erkennbar gewollten Zweck abzustellen. Bereits im Rahmen der teleologischen Auslegungsmethode stellt sich damit die Frage, ob an zivil- oder öffentlichrechtliche Sachverhalte angeknüpft werden kann. Sollte die Übernahme eines durch andere Rechtsgebiete vorgeprägten Begriffs nicht dem

---

[267] BGHSt 6, 377.
[268] RGSt 71, S. 355.

Zweck der strafrechtlichen Norm entsprechen, so hat die Auslegung des Tatbestandsmerkmals unabhängig von diesen Vorprägungen zu erfolgen. Der strafrechtliche Begriff wäre dann bereits nach der teleologischen Interpretationsmethode eigenständig auszulegen.

Die wirtschaftliche Betrachtungsweise kann daher keine spezielle Interpretationsmethode des Strafrechts oder des Wirtschaftsstrafrechts sein. Sie ist lediglich ein Element innerhalb der teleologischen Auslegung von Strafrechtsnormen, mit dem Inhalt und Grenzen dieser Norm konkretisiert werden. Eine Eigenständigkeit kommt der wirtschaftlichen Betrachtungsweise gerade nicht zu[269]. Die Frage, ob die strafrechtliche Regelung an einen zivil- oder öffentlichrechtlichen Sachverhalt anknüpft, ist nicht allgemeingültig zu beantworten, sondern je nach dem Sinn und Zweck der einzelnen Norm.

d) Ergebnis

Als Ergebnis bleibt festzuhalten, daß die wirtschaftliche Betrachtungsweise lediglich ein Element der teleologischen Auslegung darstellt. Die Bedeutung einer eigenständigen strafrechtlichen Auslegungsmethode kommt ihr nicht zu. Ob bei der Auslegung der Insiderhandelsverbote des § 14 WpHG auf zivil- oder öffentlichrechtliche Vorprägungen abzustellen ist, ist im jedem Einzelfall zu beurteilen.

2. Vorrangstellung der richtlinienkonformen Auslegungsmethode

Bei der Auslegung der Insiderhandelsverbote ist zudem deren gemeinschaftsrechtliche Hintergrund zu berücksichtigen. Das eine Richtlinie umsetzende nationale Recht sowie alle Rechtsvorschriften, die indirekt vom Regelungsbereich der Richtlinie erfaßt werden, sind nach Art. 10 EGV (Art. 5 EGV a.F.) richtlinienkonform auszulegen.

Die richtlinienkonforme Auslegung, die zu den klassischen vier Interpretationsmethoden hinzugetreten ist[270], gilt im Grundsatz auch für das Strafrecht[271]. Eine Richtlinie kann für sich allein und unabhängig von den zu ihrer Durchführung

---

[269] *Tiedemann*, in: Krekeler/Tiedemann/Ulsenheimer/Weinmann (Hrsg.), S. 2.
[270] Vgl. *Dannecker*, JZ 1996, S. 873.
[271] *Dannecker*, JZ 1996, S. 872 f.; *ders.*, in: Eser/Huber (Hrsg.), S. 2028.

erlassenen innerstaatlichen Rechtsvorschriften eines Mitgliedstaats jedoch nicht die Wirkung haben, die strafrechtliche Verantwortlichkeit derjenigen, die gegen die Vorschriften der Richtlinie verstoßen, festzulegen oder zu verschärfen[272]. Ihre Grenzen findet die grundsätzliche Verpflichtung zur richtlinienkonformen Auslegung in den allgemeinen Rechtsgrundsätzen, die Teil des Gemeinschaftsrechts sind, sowie in dem Grundsatz der Rechtssicherheit und im Rückwirkungsverbot[273]. Auch bei einem klar erkennbaren Widerspruch zwischen einer EG-Richtlinie und dem nationalen Umsetzungsgesetz oder zwischen einer an einer EG-Richtlinie orientierten Auslegung und nationalem Verfassungsrecht ist die Reichweite der richtlinienkonformen Auslegung eingeschränkt. In diesen Fällen stellt der erkennbare andere Wille des nationalen Gesetzgebers und der Wortlaut des Umsetzungsgesetzes ebenfalls eine Grenze für die richtlinienkonforme Interpretation dar[274]. Die verfassungsrechtlich garantierten Strafrechtsprinzipien, die allgemeine Rechtsgrundsätze darstellen, haben Vorrang vor der richtlinienkonformen Auslegung[275]. Innerhalb dieser Grenzen ist das Verhältnis der richtlinienkonformen Auslegung und zu den vier klassischen Regeln hingegen sehr umstritten.

a) Literaturmeinungen

aa) Ein Teil der Literatur[276] vertritt die Auffassung, daß die richtlinien-konforme Auslegung die übrigen Interpretationsmethoden verdränge. Der Vorrang der richtlinienkonformen Auslegungsmethode wird zum einen mit Art. 10 EGV (Art. 5 EGV a.F.) begründet, der den Mitgliedstaaten die Pflicht auferlege, alle geeigneten Maßnahmen zu treffen, die sich aus einer Richtlinie ergeben würden. Zum anderen ergebe sich der Vorrang dieser Interpretationsmethode aus dem Grundsatz vom Vorrang des Gemeinschaftsrechts[277]. Primäres Gemeinschaftsrecht und unmittelbar geltende Rechtsakte der Gemeinschaftsorgane setzten das nationale Recht mit der Folge außer Kraft, daß dieses unanwendbar sei. Richtliniennormen, die inhaltlich als unbedingt und hinreichend genau erschienen, komme eine unmittelbare Wirkung zu. Im Gegensatz dazu äußere sich bei inhaltlich bedingten Richtlinien die Vorrangwirkung dadurch, daß das nationale Umsetzungsgesetz primär im Lichte der Richtlinie auszulegen sei. Der richtlinienkonformen Auslegung gebühre daher der Vorrang.

---

[272] EuGH, Slg. 1987, 3986.
[273] EuGH, Slg. 1987, 3986.
[274] *Dannecker*, in: Eser/Huber (Hrsg.), S. 2029.
[275] *Dannecker*, JZ 1996, S. 873; *Hugger*, NStZ 1993, S. 423 f.
[276] *Everling*, ZGR 1992, S. 388; *Lutter*, JZ 1992, S. 604; *Spetzler*, RIW 1991, S. 579.
[277] *Lutter*, JZ 1992, S. 604; *Spetzler*, RIW 1991, S. 579.

bb) Die Gegenansicht in der Literatur[278] geht von der grundsätzlichen Gleichrangigkeit aller Interpretationsmethoden einschließlich der richtlinienkonformen Auslegung aus. Soweit eine Richtlinie der Gemeinschaft nur mittelbar wirke, könne sie keinen Geltungsvorrang vor innerstaatlichem Recht beanspruchen. Zwar könnten der Inhalt und die Zielsetzungen einer EG-Richtlinie als Auslegungskriterien eines nationalen Umsetzungsgesetzes herangezogen werden, weil der nationale Gesetzgeber im Zweifel richtlinienkonform habe umsetzen wollen. Als ein anderes Auslegungsregeln überspielendes Interpretationsgebot könne eine EG-Richtlinie aber nicht verstanden werden. Anderenfalls würde der absolute Geltungsvorrang des Gemeinschaftsrechts über die Reichweite des Art. 24 Abs. 1 GG hinaus anerkannt werden.

b) Rechtsprechung

In seiner grundlegenden Entscheidung zur richtlinienkonformen Auslegung vom 10. April 1984[279] stellte der Europäische Gerichtshof fest, daß es Sache der nationalen Gerichte sei, das zur Durchführung der Richtlinie erlassene Gesetz unter voller Ausschöpfung des Beurteilungsspielraums, den ihnen das nationale Recht einräume, in Übereinstimmung mit den Anforderungen des Gemeinschaftsrechts auszulegen und anzuwenden. Einschränkend forderte der Europäische Gerichtshof auf der Grundlage des Art. 10 EGV (Art. 5 EGV a.F.) aber, daß bei der Anwendung des nationalen Gesetzes dieses Recht im Lichte des Wortlauts und des Zwecks der Richtlinie auszulegen sei, um die in Art. 249 Abs. 3 (Art. 189 Abs. 3 EGV a.F.) genannte Verpflichtung zu erfüllen[280].

c) Stellungnahme

Ein Vorrang des Gemeinschaftsrechts gilt zunächst bei Richtlinienbestimmungen, die eine unmittelbare Wirksamkeit entfalten. Dies ist dann der Fall, wenn die einen einzelnen begünstigende Richtlinie klar und hinreichend bestimmt ist und der Mitgliedstaat sie nicht oder nicht hinreichend innerhalb der vorgesehenen Frist in nationales Recht umgesetzt hat[281].

---

[278] *Dänzer-Vanotti*, DB 1994, S. 1052 ff.; *di Fabio*, NJW 1990, S. 953; *Jarass*, EuR 1991, S. 212 ff.

[279] EuGH, Slg. 1984, 1908 ff.

[280] EuGH, Slg. 1984, 1909.

[281] Ständige Rechtsprechung seit EuGH, Slg. 1970, 1313 ff.

Die eigentliche Funktion einer Richtlinie besteht aber darin, die Mitgliedstaaten zur Rechtsetzung anzuhalten. Eine Richtlinie verpflichtet die Mitgliedstaaten nach Art. 249 Abs. 3 EGV (Art. 183 Abs. 3 EGV a.F.) lediglich zur Umsetzung, ohne aber insoweit einen Vorrang vor entgegenstehendem nationalen Recht zu begründen[282]. Diese Schlußfolgerung ergibt sich aus einem Umkehrschluß der Rechtsprechung des Europäischen Gerichtshofs, wonach belastende Richtlinienbestimmungen bei mangelnder Umsetzung keine unmittelbare Wirkung entfalten[283].

Bei einer umgesetzten Richtlinie stellt sich die Frage, ob der richtlinienkonformen Interpretationsmethode bei der Auslegung des Umsetzungsgesetzes generell ein Vorrang vor den übrigen Auslegungsmethoden einzuräumen ist. Das nationale Recht kennt keine Rangordnung unter den Auslegungsmethoden[284]. Ziel einer Auslegung ist die Erkenntnis des normativen Gesetzessinns. Der Zugang zu diesem Sinn führt über den Wortlaut und den Zusammenhang, in den die Norm hineingestellt ist[285]. Wenn es um die Ermittlung des Normsinns geht, darf nichts, was in bezug zu diesem Sinn steht von vornherein außer Betracht gelassen werden[286]. Nur bei Einbeziehung aller Aspekte kann die Ermittlung des Normsinns gelingen. Die außer acht gelassenen Kriterien könnten sich nämlich gerade als entscheidend für die Sinnermittlung erweisen. Erst wenn sich nach der Prüfung des gesamten Sinnzusammenhangs Widersprüchliches ergibt, sind die einzelnen Ergebnisse zu werten.

Obwohl das nationale Recht und das Gemeinschaftsrecht eigenständig und unabhängig sind[287], sind sie auf verschiedene Arten miteinander verbunden und wechselseitigen Einwirkungen ausgesetzt[288]. Beide Rechtsordnungen stehen nicht unvermittelt und isoliert nebeneinander. Es kann nicht übersehen werden, daß das Gemeinschaftsrecht in Art. 10 EGV (Art. 5 EGV a.F.) eine Rechtspflicht zur richtlinienkonformen Auslegung statuiert. Es beläßt den Mitgliedstaaten zwar einen Beurteilungsspielraum bei der Auslegung nationaler Vorschriften, dieser Spielraum wird aber eingeschränkt, indem das Gemeinschaftsrecht von einer möglichst weitgehenden Anwendung der richtlinienkonformen Auslegung ausgeht. Die Mitgliedstaaten werden aber letztendlich aufgrund ihrer Staatsgewalt im Rahmen ihrer Rechtsordnungen tätig[289]. Über Inhalt und Bedeutung einer Norm

---

[282] *Dänzer-Vanotti*, DB 1994, S. 1053.
[283] EuGH, Slg. 1987, 3969.
[284] *Larenz/Canaris*, Methodenlehre der Rechtswissenschaft, S. 346.
[285] BVerfGE 1, 312.
[286] *Dänzer-Vanotti*, DB 1994, S. 1054.
[287] BVerwGE 87, 159.
[288] BVerfGE 73, 368.
[289] *Everling*, ZGR 1992, S. 378

entscheidet allein der nationale Gesetzgeber, so daß sich auch die Regeln für die Auslegung dieses Rechts aus dem nationalen Bereich ergeben.

Mit der Wahl einer Richtlinie als Rechtsetzungsinstrument hat der europäische Gesetzgeber bewußt die Zweistufigkeit des Rechtsetzungsverfahrens gewählt, so daß den Mitgliedstaaten generell ein weiter Gestaltungsspielraum verbleiben müßte. Die Grenzen der Regelungsintensität einer Richtlinie sind im EG-Vertrag jedoch nicht näher bestimmt. Es existieren auch Richtlinien, die bestimmte Sachverhalte konkret und abschließend regeln, so daß den Mitgliedstaaten hinsichtlich der inhaltlichen Ausgestaltung der Zielvorgabe kein Spielraum mehr verbleibt. Die Zulässigkeit solcher detaillierten Richtlinien ist allgemein anerkannt[290].

Bei der Insiderrichtlinie handelte es sich um eine sogenannte detaillierte Richtlinie. Sie hat den Mitgliedstaaten in den Artn. 2 und 3 die zwingende Vorgabe auferlegt, Primärinsidern ein Verwertungs-, Weitergabe- und Empfehlungsverbot aufzuerlegen. Für einen Sekundärinsider hat nach Art. 4 der Insiderrichtlinie zumindest ein Verwertungsverbot zu gelten[291]. Darüber hinaus hat der europäische Gesetzgeber in Art. 1 der Insiderrichtlinie die Begriffe „Insider-Information" und „Wertpapiere" legal definiert. Diese Mindestvorgaben sind für den nationalen Gesetzgeber verbindlich. Die Ahndung von Verstößen wurde hingegen nicht verbindlich geregelt. Dem nationalen Gesetzgeber stand es demnach frei, den Insiderhandel mittels zivil-, öffentlich- oder strafrechtlicher Maßnahmen zu ahnden.

d) Ergebnis

Als Ergebnis bleibt festzuhalten, daß dem nationalen Gesetzgeber aufgrund der detaillierten Insiderrichtlinie bei der Ausgestaltung des Wertpapierhandelsgesetzes kein Spielraum verblieb. Die Insiderrichtlinie gibt nicht nur die Verbote vor, sondern sie definiert auch wichtige Begriffe. Diese zwingenden Vorgaben sind bei Auslegung zu berücksichtigen. Die Auslegung der Tatbestandsmerkmale, für die die Insiderrichtlinie keine zwingenden Vorgaben enthält, erfolgt nach gängigen Interpretationsmethoden. Dem Rechtsgüterschutz gebührt dabei eine besondere Aufmerksamkeit, da er den Leitgedanken der insiderrechtlichen Tatbestandsbildung widerspiegelt und daher den Sinn und Zweck der einzelnen Tatbestandsmerkmale zu ermitteln vermag.

---

[290] EuGH, Slg. 1987, 4088 f.
[291] Vgl. das Vierte Kapitel II. zu den Vorgaben der Insiderrichtlinie.

Sechstes Kapitel

Insiderpapiere, § 12 WpHG

Das Wertpapierhandelsgesetz grenzt den sachlichen Anwendungsbereich der Insiderhandelsverbote anhand des Begriffs der Insiderpapiere ein[292]. Einerseits unterliegen lediglich diejenigen nicht öffentlich bekannten Tatsachen, die sich auf Insiderpapiere oder deren Emittenten beziehen, einem Verwertungs- und Weitergabeverbot, andererseits kommen als Tatobjekte der Insiderhandelsverbote nur Insiderpapiere in Betracht.

I. Definition

Der Begriff des Insiderpapiers wird in § 12 WpHG definiert. Während das Wertpapierhandelsgesetz in § 12 Abs. 1 explizit die Wertpapiere erfaßt, werden in § 12 Abs. 2 einige Derivate als Insiderpapiere qualifiziert.

1. Wertpapiere nach § 12 Abs. 1 WpHG

Zum Kreis der Insiderpapiere gehören nach § 12 Abs. 1 S. 1 Nr. 1 WpHG zunächst sämtliche „Wertpapiere, die an einer inländischen Börse zum Handel zugelassen oder in den Freiverkehr einbezogen sind".

Der Begriff des Wertpapiers wird nicht in § 12 WpHG, sondern in § 2 Abs. 1 WpHG näher umschrieben. Wertpapiere sind danach, auch wenn für sie keine Urkunden ausgestellt wurden, Aktien, Zertifikate, die Aktien vertreten, Schuldverschreibungen, Genußscheine, Optionsscheine und andere Papiere, „die mit Aktien oder Schuldverschreibungen vergleichbar sind, wenn sie an einem Markt gehandelt werden können".

Mit Inkrafttreten des „Gesetzes zur Umsetzung von EG-Richtlinien zur Harmonisierung bank- und wertpapierrechtlicher Vorschriften"[293] am 1. Januar

---

[292] *Assmann*, in: Assmann/Schneider (Hrsg.), § 12 Rdnr. 1.

[293] BGBl. I vom 22. Oktober 1997, S. 2518. Das Gesetz vom 1. Januar 1998 dient der Umsetzung der Wertpapierdienstleistungsrichtlinie (93/22/EWG) vom 10. Mai 1993, der Kapitaladäquanzrichtlinie (93/6/EWG) vom 15. März 1993 und der BCCI-Richtlinie (95/26/EG) vom 29. Juni 1995.

1998 wurden die Worte „wenn sie auf einem Markt gehandelt werden können, der von staatlich anerkannten Stellen geregelt und überwacht wird, regelmäßig stattfindet und für das Publikum unmittelbar oder mittelbar zugänglich ist" durch die Worte „wenn sie an einem Markt gehandelt werden können" ersetzt[294]. Die mit dieser Gesetzesänderung erfolgte Harmonisierung nationaler Vorschriften war erforderlich geworden, um auch im Bereich der gewerbsmäßigen Wertpapierdienstleistungen die Voraussetzungen für eine Kontrolle der laufenden Tätigkeiten durch den Herkunftsstaat zu schaffen[295]. Der Wertpapierbegriff nach § 2 Abs. 1 WpHG setzt somit nicht voraus, daß tatsächlich Urkunden vorhanden sind, in denen ein privates Recht derart verbrieft ist, daß zur Ausübung des Rechts der Besitz an der Urkunde erforderlich ist[296]. Maßgeblich ist allein, daß es Rechte sind, die an einer Börse gehandelt werden und die mit den in § 2 Abs. 1 Nr. 1 WpHG aufgeführten Wertpapieren vergleichbar sind[297]. Damit sind auch festverzinsliche Wertpapiere taugliche Insiderpapiere i.S.d. § 12 Abs. 1 S. 1 Nr. 1 WpHG.

a) Inländische Börse

Es stellt sich zunächst die Frage, was unter dem Begriff „Börse" zu verstehen ist. Das Wertpapierhandelsgesetz selbst enthält keine Legaldefinition. Auch in anderen Kapitalmarktgesetzen - beispielsweise im Börsenzulassungsgesetz - läßt sich überraschenderweise keine Definition des Börsenbegriffs finden. Begründet wird dies in der kapitalmarktrechtlichen Literatur damit, daß eine erschöpfende Begriffsbestimmung zu schwierig sei. Die Börse könne höchstens ganz allgemein umschrieben werden als eine organisierte, regelmäßig in verhältnismäßig kurzen Zeitabständen stattfindende Zusammenführung von Angebot und Nachfrage in vertretbaren, typischerweise nicht zur Stelle gebrachten Gegenständen nach grundsätzlich einheitlichen Geschäftsbedingungen mit dem Ziel, Vertragsabschlüsse zwischen im Regelfall allein zum Handel zugelassenen Kaufleuten zu ermöglichen[298].

Seit Inkrafttreten des Börsenzulassungsgesetzes zählen zum organisierten Markt der Börse der Amtliche Markt, der Geregelte Markt, der Freiverkehr und der

---

[294] BT-Drucks. 13/7142 vom 3. März 1997, S. 47.

[295] BT-Drucks. 13/7142 vom 3. März 1997, S. 58.

[296] *Dickersbach*, Das neue Insiderrecht der Bundesrepublik Deutschland vor dem Hintergrund des Europäischen Gemeinschaftsrechtes, S. 175.

[297] *Dickersbach*, Das neue Insiderrecht der Bundesrepublik Deutschland vor dem Hintergrund des Europäischen Gemeinschaftsrechtes, S. 175.

[298] *Schwark*, Börsengesetz, § 1 Rdnr. 5.

Wertpapierhandel über ein in das Börsengesetz einbezogenes außerbörsliches elektronisches Handelssystem[299]. Der Begriff der inländischen Börse des Wertpapierhandelsgesetzes kann nicht mit dem organisierten Markt gleichgesetzt werden, da ansonsten die explizite Aufzählung des Freiverkehrs überflüssig wäre. Insiderpapiere i.S.d. § 12 Abs. 1 S. 1 Nr. 1 1. Alt. WpHG sind daher zunächst die zum Handel im Markt mit amtlicher Notierung nach § 36 BörsG, im Geregelten Markt nach § 71 BörsG sowie die an der Deutschen Terminbörse zugelassenen Wertpapiere[300].

b) Freiverkehr

Zu den Insiderpapieren zählen des weiteren kraft ausdrücklicher Regelung des § 12 Abs. 1 S. 1 Nr. 1 2. Alt. WpHG die in den Freiverkehr einbezogen Wertpapiere. Die mit dieser Qualifizierung verbundene Ausweitung des sachlichen Anwendungsbereichs der Insiderhandelsverbote erscheint jedoch fraglich.

Gegenstand des Freiverkehrs sind vor allem Wertpapiere ausländischer Emittenten und Aktien von Gesellschaften mit nur regionaler und lokaler Bedeutung. Der Handel mit diesen Wertpapieren findet zwischen den teilnehmenden Banken und speziellen Freimaklern statt.

aa) Vorgaben der Insiderrichtlinie

Nach Art. 1 Nr. 2 der Insiderrichtlinie zählen zu den Insiderpapieren diejenigen Wertpapiere, die „zum Handel auf einem Markt zugelassen sind, der von staatlich anerkannten Stellen reglementiert und überwacht wird, regelmäßig stattfindet und der Öffentlichkeit direkt oder indirekt zugänglich ist“. Wesentliches Merkmal der Insiderpapiere ist damit die Handelszulassung zu einem staatlich reglementierten Markt.

---

299 *Schwark*, Börsengesetz, § 78 Rdnr. 1.
300 *Hopt*, ZGR 1991, S. 41; *Jütten*, Die Bank 1993, S. 603.

bb) Stellungnahme

Die Einbeziehung der im Freiverkehr gehandelten Papiere in den Kreis der Insiderpapiere erscheint fragwürdig. Die Insiderhandelsverbote dienen dem Schutz des Kapitalmarkts. Dieser Begriff kann jedoch nur im engeren Sinne verstanden werden, nämlich als staatlich organisierter Markt, der sich aus dem Amtlichen und Geregelten Markt zusammensetzt. Der Amtliche Markt ist durch das Börsengesetz und die Börsenordnungen streng reglementiert. Es findet beispielsweise eine amtliche Kursfeststellung durch Kursmakler statt und die Publizitätsanforderungen sind sehr weitgehend[301]. Auch für den Geregelten Markt gelten die Vorschriften des Börsengesetzes und der Börsenordnungen. Allerdings sind die Zulassungsvoraussetzungen für die Wertpapiere nicht so streng wie beim Amtlichen Markt.

Im Gegensatz dazu herrscht beim Freiverkehr weitestgehende Liberalität. Lediglich die Preisermittlung und die Börsenaufsicht, die auf einen Mißbrauch im Zusammenhang mit der Kursbildung und Kursfeststellung beschränkt ist, sind durch § 78 BörsG und die Börsenordnungen geregelt[302]. Die übrigen Bereiche des Freiverkehrs unterliegen privatrechtlichen Richtlinien. Soweit es sich um Richtlinien handelt, die von Vereinigungen der Wertpapierhändler verabschiedet worden sind, handelt es sich um Satzungsrecht; soweit sie vom Börsenvorstand festgelegt sind, ist in ihnen die Fixierung privatrechtlicher Usancen zu sehen[303]. Die Freiverkehrsrichtlinien behandeln vor allem das Verfahren der Einbeziehung von Wertpapieren in den Freiverkehr durch den Freiverkehrsausschuß[304]. Ein Zulassungsverfahren findet hingegen nicht statt. Der Freiverkehr wird somit hauptsächlich durch das Privatrecht bestimmt. Aufgrund dieser Liberalität grenzt sich der Freiverkehr deutlich von den anderen Marktsegmenten ab und läßt ihn gerade nicht als staatlich reglementiert erscheinen. Der Insiderhandel im Freiverkehr beeinträchtigt deshalb nicht das geschützte Rechtsgut, so daß die dort gehandelten Wertpapiere aus dem Anwendungsbereich Insiderhandelsverbote auszuklammern sind.

---

[301] Vgl. näher dazu *Claussen*, Bank- und Börsenrecht, § 9 Rdnr. 41

[302] Vgl. § 59 Börsenordnung der Frankfurter Wertpapierbörse; § 56 Düsseldorfer Börsenordnung. Ausruf und Preisfeststellung haben danach durch Freimakler zu erfolgen, die vom Freiverkehrsausschuß oder der Kurskommission der Börse bestimmt werden. Als Richtschnur für die Preisfeststellung dient § 29 Abs. 3 BörsG in entsprechender Anwendung, wenngleich der Preis kein amtlicher, wohl aber ein dem Privatrecht zuzuordnender Börsenpreis ist.

[303] *Schwark*, Börsengesetz, § 78 Rdnr. 4.

[304] Vgl. Richtlinien für den Freiverkehr der Bayerischen und Stuttgarter Börsen.

cc) Ergebnis

Als Ergebnis bleibt festzuhalten, daß der Freiverkehr nicht zum staatlich reglementierten Kapitalmarkt zu zählen ist, weil seine Regelung größtenteils durch das Privatrecht erfolgt. Aufgrund des fehlenden Bezuges zum geschützten Rechtsgut sollten die im Freiverkehr gehandelten Wertpapiere de lege ferenda nicht als Insiderpapiere eingestuft werden.

c) Computerhandel

Aufgrund zahlreicher neuer Entwicklungen im Bereich des Börsenhandels stellt sich die Frage, ob die Legaldefinition des § 12 Abs. 1 WpHG auch den Computerhandel erfaßt. Die ursprüngliche Fassung des § 2 Abs. 1 WpHG sah als Wertpapiere diejenigen Werte an, die „auf einem Markt gehandelt werden können, der von staatlich anerkannten Stellen geregelt und überwacht wird, regelmäßig stattfindet und für das Publikum unmittelbar oder mittelbar zugänglich ist".

aa) Literaturmeinung

Nach allgemeiner Ansicht[305] erhalte die Marktbeschreibung des § 2 Abs. 1 WpHG durch die Umstellung der Präsenzbörse auf eine Computerbörse zwar eine andere Dimension. Indes ändere sich auch durch die Einführung des Computerhandels nichts an der Rechtsaufsicht. Es komme nach dem Wertpapierhandelsgesetz lediglich eine weitere Marktaufsicht hinzu[306]. Daß ein solcher Markt möglicherweise nur bestimmten Berufsangehörigen, etwa Banken oder Wertpapierhändlern zugänglich ist, habe auf die mittelbare Öffentlichkeit keine Auswirkungen[307]. Mithin bleibe die von § 2 Abs. 1 WpHG geforderte Reglementierung und Überwachung erhalten, so daß eine Umstellung auf den Computerhandel die Anwendbarkeit des Insiderrechts nicht ausschließe[308].

---

[305] Vgl. *Becker*, Das neue Wertpapierhandelsgesetz, S. 67; *Claussen*, ZBB 1992, S. 280; *Hopt*, ZGR 1991, S. 41.

[306] *Claussen*, ZBB 1992, S. 280.

[307] *Hopt*, ZHR 1977, S. 423 ff.; *ders.*, ZGR 1991, S. 41.

[308] *Becker*, Das neue Wertpapierhandelsgesetz, S. 67; *Claussen*, ZBB 1992, S. 280; *Hopt*, ZGR 1991, S. 41.

bb) Stellungnahme

Seit Inkrafttreten des „Gesetzes zur Umsetzung von EG-Richtlinien zur Harmonisierung bank- und wertpapierrechtlicher Vorschriften“[309] am 1. Januar 1998 besteht diese Auslegungsproblematik nicht mehr. Wertpapiere i.S.d. § 2 Abs. 1 sind nunmehr diejenigen Papiere, die „an einem Markt gehandelt werden können“[310]. Auch der Computerhandel stellt einen Markt dar, an dem Angebot und Nachfrage zusammengeführt werden, so daß die im Vergleich zur ursprünglichen Gesetzesfassung weiter gefaßte Formulierung des § 2 Abs. 1 WpHG ebenfalls die an einer Computerbörse gehandelten Werte erfaßt.

cc) Ergebnis

Als Ergebnis bleibt damit festzuhalten, daß die Umstellung von der Präsenzbörse auf eine Computerbörse keine Auswirkung auf den sachlichen Anwendungsbereich der Insiderhandelsverbote hat. Die in § 14 WpHG normierten Verbote sind auch im Computerhandel zu beachten.

2. Derivate nach § 12 Abs. 2 WpHG

Optionsrechte, Terminkontrakte und vergleichbare nicht verbriefte Kapitalmarktinstrumente zählen nach § 12 Abs. 2 S. 1 WpHG zu den Insiderpapieren, sofern sie sich auf Wertpapiere oder einen Index beziehen, in dessen Berechnung Wertpapiere einbezogen sind. Allerdings ist auch bei den Derivaten Voraussetzung, daß die betreffenden Instrumente in einem Mitgliedstaat der Europäischen Union oder einem anderen Vertragsstaat des Abkommens über den Europäischen Wirtschaftsraum zum Handel an einem organisierten Markt zugelassen oder in den Freiverkehr einbezogen sind[311].

---

[309] BGBl. I vom 22. Oktober 1997, S. 2518.

[310] BT-Drucks. 13/7142 vom 3. März 1997, S. 47. Diese Gesetzesänderung wurde ebenfalls durch die Harmonisierungsbestrebungen erforderlich.

[311] Mit Inkrafttreten des „Gesetzes zur Umsetzung von EG-Richtlinien zur Harmonisierung bank- und wertpapierrechtlicher Vorschriften am 1. Januar 1998 wurden die Worte „Markt im Sinne des § 2 Abs. 1“ durch die Worte „organisierter Markt“ ersetzt, vgl. BT-Drucks. 13/7142 vom 3. März 1997, S. 50. Vgl. auch *Meixner*, NJW 1998, S. 865 zu den wesentlichen Neuregelungen.

Die Qualifikation der Derivate als Insiderpapiere weicht - ähnlich wie bei den Wertpapieren nach § 12 Abs. 1 WpHG - von den gemeinschaftsrechtlichen Mindestvorgaben des Art. 1 lit. b) - d) der Insiderrichtlinie ab, indem auch die im Freiverkehr gehandelten Derivate erfaßt werden.

a) Amtliche Begründung zum Wertpapierhandelsgesetz

Der Amtlichen Begründung zum Wertpapierhandelsgesetz zufolge solle durch die Einbeziehung der abgeleiteten Kapitalmarktinstrumente in den Kreis tauglicher Insiderpapiere verhindert werden, daß das Verbot von Insidergeschäften mit börsennotierten Werten umgangen werde, indem Finanzinstrumente erworben würden, deren Wertentwicklung von der Entwicklung des Kurses der in § 12 Abs. 1 WpHG bezeichneten Wertpapiere abhänge[312].

b) Stellungnahme

Es stellt sich die Frage, ob den Derivaten nicht gänzlich die Qualifizierung als Insiderpapiere versagt werden sollte. Zwar kann durchaus argumentiert werden, daß die Einstufung erforderlich ist, um eine Umgehung der Insiderhandelsverbote zu vermeiden[313]. Bei einer näheren Betrachtung ist aber die damit verbundene Ausweitung des Rechtsgüterschutzes nicht zu rechtfertigen. Der Insiderhandel mit Derivaten stellt eine zwar unerwünschte Verhaltensweise dar. Diese erreicht jedoch nicht den Grad der Sozialschädlichkeit, der erforderlich ist, um ein Verhalten als strafwürdig anzusehen. Schutzwürdig sind nur die Wertpapiere, die bei der Finanzierung der Wirtschaftssubjekte eine wichtige Rolle spielen. Dazu zählen aber im wesentlichen Aktien und Schuldverschreibungen sowie Effekte, die mit diesen Instrumenten vergleichbar sind. Derivate sind hingegen abgeleitete Kapitalmarktinstrumente, die der Absicherung von Finanz- und Handelsgeschäften dienen. Sie haben damit für die Kapitalbeschaffung der Emittenten nur geringe Bedeutung, so daß diese Wertpapiere nicht als schutzwürdig anzusehen sind. Die Einbeziehung der Derivate in den Anwendungsbereich der Insiderhandelsverbote ist damit sachlich nicht geboten.

---

[312] BT-Drucks. 12/6679 vom 27. Januar 1994, S. 45.
[313] *Assmann*, in: Assmann/Schneider (Hrsg.), § 12 Rdnr. 7.

c) Ergebnis

Als Ergebnis bleibt damit festzuhalten, daß Derivate de lege ferenda nicht als Insiderpapiere einzustufen sind, weil sie bei der Finanzierung der Wirtschaftssubjekte keine wichtige Rolle spielen.

II. Nicht erfaßte Wertpapiere und Kapitalanlagen

Im Anschluß an die durch § 12 WpHG erfaßten Wertpapiere stellt sich die Frage, welche Werte dem Insiderrecht nicht unterliegen. Zu denken ist hier zunächst an die *nur* im Telefonverkehr gehandelten Wertpapiere, da sich dieser Handel vom Amtlichen Handel abgrenzt. Darüber hinaus werden Papiere und Beteiligungen auch auf dem sog. „grauen Kapitalmarkt" gehandelt. Ebenso spielen Warenterminkontrakte und Devisengeschäfte auf dem Kapitalmarkt eine bedeutende Rolle.

1. Telefonverkehr

Der Telefonverkehr - teilweise auch als ungeregelter Freiverkehr bezeichnet[314] - umfaßt zum einen den Handel zwischen Kreditinstituten untereinander und mit Großanlegern. Zum anderen zählt zum Telefonverkehr auch der Handel amtlich notierter und unnotierter Werte mit Wertpapierhändlern und freien Maklern an anderen Börsen[315]. Die unnotierten Werte sind Papiere kleinerer Unternehmen, die noch nicht an der Börse gehandelt werden[316].

Das Wertpapierhandelsgesetz qualifiziert die *nur* im Telefonverkehr gehandelten Werte nicht als Insiderpapiere, da dieser Handel außerhalb eines Marktsegments der inländischen Börse stattfindet[317]. Die Erfassung dieser Papiere durch das Insiderrecht ist auch sachlich nicht geboten. Der Telefonverkehr ist zum einen aufgrund fehlender Reglementierung nicht mit dem Freiverkehr vergleichbar. Zum anderen hat eine Transaktion mit *nur* im Telefonverkehr gehandelten Papieren

---

[314] *Haouache*, Börsenaufsicht durch Strafrecht, S. 51 f.

[315] *Peters*, Das deutsche Insiderstrafrecht unter Berücksichtigung strafrechtlicher Konsequenzen für Kreditinstitute und prozessualer Durchsetzung, S. 28.

[316] *Haouache*, Börsenaufsicht durch Strafrecht, S. 50.

[317] *Peters*, Das deutsche Insiderstrafrecht unter Berücksichtigung strafrechtlicher Konsequenzen für Kreditinstitute und prozessualer Durchsetzung, S. 29.

keinen Einfluß auf die Kursentwicklung an den Sekundärmärkten für Wertpapiere. Das Rechtsgut der Insiderhandelsverbote des § 14 WpHG wird durch den Insiderhandel mit *nur* im Telefonverkehr gehandelten Wertpapieren daher nicht gefährdet.

2. Grauer Kapitalmarkt

Wertpapiere und Kapitalanlagen werden nicht nur an der Börse, sondern auch auf dem „grauen Kapitalmarkt“ gehandelt. Als Abgrenzungskriterium des geregelten zum „grauen Kapitalmarkt“ wird der Umfang der gesetzlichen Regelungen oder Institutionalisierungen herangezogen[318]. Der geregelte Kapitalmarkt ist dadurch gekennzeichnet, daß für ihn spezielle Kapitalmarktgesetze gelten. Für den „grauen Kapitalmarkt“ existieren dagegen keine derartigen Regelungen. Er unterliegt vielmehr den allgemein gültigen gesetzlichen Normen[319]. Auf dem „grauen Kapitalmarkt“ werden eine Vielzahl von Kapitalanlagen öffentlich angeboten, insbesondere Beteiligungen an Hotel-, Schiffs-, Flugzeug- oder Immobilienprojekten[320].

Bei den Anlagen des „grauen Kapitalmarkts“ handelt es sich zwar um Wertpapiere i.S.d. § 2 Abs. 1 WpHG, das Wertpapierhandelsgesetz findet dennoch keine Anwendung, weil diese Papiere nicht an einem Markt i.S.d. § 12 Abs. 1 S. 1 Nr. 1 WpHG gehandelt werden[321]. Der ausdrückliche Wortlaut des § 12 WpHG steht einer Einbeziehung der auf dem „grauen Kapitalmarkt“ gehandelten Werte - selbst für den Fall ihrer wertpapiermäßigen Verbriefung - in den sachlichen Anwendungsbereich der Insiderhandelsverbote entgegen.

Die Ausgrenzung des „grauen Kapitalmarkts“ ist auch sachlich geboten. Die Insiderhandelsverbote sollen die Funktionsfähigkeit der Sekundärmärkte für Wertpapiere schützen. Zu den geschützten Segmenten des organisierten Kapital-

---

[318] *Barkam*, Informations- und Prospektpflicht sowie Prospektprüfung bei Anlagen auf dem grauen Kapitalmarkt, S. 5.

[319] *Barkam*, Informations- und Prospektpflicht sowie Prospektprüfung bei Anlagen auf dem grauen Kapitalmarkt, S. 5.

[320] *Barkam*, Informations- und Prospektpflicht sowie Prospektprüfung bei Anlagen auf dem grauen Kapitalmarkt, S. 5.

[321] Vor Inkrafttreten des „Gesetzes zur Umsetzung von EG-Richtlinien zur Harmonisierung bank- und wertpapierrechtlicher Vorschriften am 1. Januar 1998 stellten die Anlagen des „grauen Kapitalmarkts“ keine Wertpapiere i.S.d. § 2 Abs. 1 WpHG dar, weil diese Werte nicht an einem Markt gehandelt werden, der von staatlich anerkannten Stellen geregelt und überwacht, regelmäßig stattfindet und für das Publikum unmittelbar oder mittelbar zugänglich ist, vgl. *Meixner*, NJW 1998, S. 865.

markts gehört der Amtliche Markt, der Geregelte Markt und der Computerhandel. Der „graue Kapitalmarkt" zählt jedoch zu keinem dieser Marktsegmente. Der Insiderhandel in diesem Segment kann deshalb keinen negativen Einfluß auf die Sekundärmärkte für Wertpapiere haben oder das Vertrauen der Anleger in diese Märkte erschüttern. Diejenigen Anleger, die auf dem „grauen Kapitalmarkt" geschädigt wurden, werden dieses Marktsegment in Zukunft meiden. Sie werden ihr Kapital den Finanzmärkten zuführen, die in der Lage sind, den Insiderhandel wirksam zu unterbinden. Insidergeschäfte auf dem „grauen Kapitalmarkt" stärken somit das Vertrauen der Anleger in die Funktionsfähigkeit der staatlich reglementierten Sekundärmärkte. Der sachliche Anwendungsbereich der Insiderhandelsverbote des § 14 WpHG ist demzufolge für die auf diesem Markt gehandelten Wertpapiere zutreffenderweise nicht eröffnet.

3. Warenterminkontrakte

Warenterminkontrakte sind ebenfalls keine tauglichen Insiderpapiere nach § 12 WpHG, weil sie sich nicht auf Wertpapiere oder einen Index beziehen, der Wertpapiere zum Gegenstand hat[322]. Bei der Preisbildung von Waren spielen hauptsächlich externe und damit im Regelfall leicht wahrnehmbare Faktoren eine Rolle. Der Wert von standardisierten Waren, der den Warenterminkontrakten zugrunde liegt, wird kaum von inneren Tatsachen beeinflußt, wie dies für Aktien eines Unternehmens gilt, deren Kurs sogar im wesentlichen von unternehmensinternen Tatsachen bestimmt wird. Erst durch diese Situation entsteht das Informationsgefälle, das aktienbezogenen Insiderhandel ermöglicht[323]. Zwar mag es auch im Warenhandel vorkommen, daß der eine oder andere Anleger von preisbildenden Faktoren eher Kenntnis erlangt als das allgemeine Anlegerpublikum. Doch stellt sich das Problem mangelnder Publizität bei Ernte- oder Klimaproblemen sowie bei Boykotten oder Kriegen und vergleichbaren, für den Preis von Waren maßgeblichen Tatsachen nicht in einem solchen Maße dar, daß für eventuellen Insiderhandel an den Warenterminmärkten ein gesetzliches Verbot erforderlich ist[324]. Die Entscheidung des Gesetzgebers, Warentermin-

---

[322] *Dickersbach*, Das neue Insiderrecht der Bundesrepublik Deutschland vor dem Hintergrund des Europäischen Gemeinschaftsrechts, S. 98; *Peters*, Das deutsche Insiderstrafrecht unter Berücksichtigung strafrechtlicher Konsequenzen für Kreditinstitute und prozessualer Durchsetzung, S. 34 f.

[323] *Dickersbach*, Das neue Insiderrecht der Bundesrepublik Deutschland vor dem Hintergrund des Europäischen Gemeinschaftsrechts, S. 98.

[324] *Dickersbach*, Das neue Insiderrecht der Bundesrepublik Deutschland vor dem Hintergrund des Europäischen Gemeinschaftsrechts, S. 98.

kontrakte aus dem Anwendungsbereich der Insiderhandelsverbote auszuklammern, ist somit sachgerecht.

4. Devisen

Schließlich sind Devisen und Währungen sowie deren abgeleitete Kapitalmarktinstrumente ebenfalls keine tauglichen Insiderpapiere. Dafür spricht zum einem, daß der Devisenhandel zum größten Teil im außerbörslichen Geschäft zwischen den Kreditinstituten, institutionellen Marktteilnehmern und den Zentralbanken stattfindet. An den staatlich regulierten Wertpapierbörsen werden im Verhältnis dazu nur geringe Umsätze getätigt[325]. Zwar wird an den Wertpapierbörsen eine amtliche Kursfeststellung vorgenommen, letztendlich hängt der Verlauf des Kurses allerdings von den außerbörslichen Marktentwicklungen ab. Anders als beim aktienbezogenen Insiderhandel müßten sich die insiderrechtlichen Vorschriften im Devisenbereich vornehmlich an die Teilnehmer eines staatlich nicht regulierten außerbörslichen Geschäfts richten.

Zum anderen spielen nicht allgemein bekannte interne Informationen mit Kursrelevanz für Devisen keine Rolle. Den bei Aktien kursrelevanten internen Informationen entsprechen bei Devisen makroökonomische und gesellschaftspolitische Entwicklungen, bei denen mangelnde Publizität im Regelfall nicht denkbar ist[326]. Für die langfristige Wertentwicklung von Devisen sind lediglich solche Tatsachen von Bedeutung, die ohnehin allgemeine Publizität genießen, wie beispielsweise die politische Stabilität eines Landes und seine volkswirtschaftlichen Daten. Zwar ist es möglich, daß kurzfristig politische - insbesondere währungs- und zinspolitische - Entscheidungen erheblichen Einfluß auf den Kurs einzelner Devisen ausüben, doch wird bei derartigen Entscheidungen staatlicher Stellen auch ohne eine entsprechende gesetzliche Verpflichtung darauf geachtet, daß eine unverzügliche Information der Öffentlichkeit sichergestellt ist. Aus diesen Gründen ist es nicht zu beanstanden, daß ein möglicher Insiderhandel an den Devisenmärkten nicht für so bedrohlich erachtet wird, daß ein Einschreiten des Gesetzgebers erforderlich erscheint.

---

[325] *Schwark*, Börsengesetz, § 96 Rdnr. 2.

[326] *Dickersbach*, Das neue Insiderrecht der Bundesrepublik Deutschland vor dem Hintergrund des Europäischen Gemeinschaftsrechts, S. 99.

5. Ergebnis

Als Ergebnis bleibt festzuhalten, daß die *nur* im Telefonverkehr gehandelten Werte keine tauglichen Insiderpapiere nach § 12 Abs. 1 S. 1 Nr. 1 WpHG darstellen, weil dieser Handel außerhalb der Börse oder des Freiverkehrs abläuft. Aus diesem Grunde zählen auch die Papiere und Anlagen des „grauen Kapitalmarkts" nicht zu den Insiderpapieren. Warenterminkontrakte und Devisen sowie Währungen werden vom Wertpapierhandelsgesetz ebenfalls nicht als Insiderpapiere qualifiziert, da externe Faktoren den größten Einfluß auf die Kursentwicklung dieser Wertpapiere haben.

III. Insiderpapiere ohne börsenrelevante Umsätze

Im Rahmen der Legaldefinitionen des § 14 WpHG stellen die Insiderpapiere ohne börsenrelevante Umsätze eine weitere Problematik dar, wie folgendes Beispiel zeigt: Der Wertpapierhändler A verkauft am Telefon dem Wertpapierhändler B Aktien eines bestimmten Emittenten. Diese Transaktion führt zu keinem Umsatz an den Wertpapiermärkten, da dieses Papier nicht an der Börse verkauft oder gekauft wurde. Die amtliche Notierung des Wertpapiers bleibt damit unverändert. Hat der Wertpapierhändler A dieses Geschäft in Kenntnis einer Insiderinformation getätigt, stellt sich die Frage nach einem Verstoß gegen das Verwertungsverbot des § 14 Abs. 1 Nr. 1 WpHG. Ein solcher Verstoß läge nur dann vor, wenn das gehandelte Wertpapier als Insiderpapier nach § 12 WpHG zu bezeichnen wäre.

1. Literaturmeinungen

a) Die herrschende Meinung in der Literatur[327] zum Insiderrecht stellt bei der Einordnung der Wertpapiere als Insiderpapiere auf den Wortlaut des § 12 Abs. 1 S. 1 Nr. 1 WpHG ab. Nach dieser Vorschrift sind Insiderpapiere diejenigen Wertpapiere, die an einer inländischen Börse zum Handel zugelassen oder in den Freiverkehr einbezogen sind. Ein restriktives Tatbestandsmerkmal in der Form von börsenrelevanten Umsätzen lasse sich dem Wortlaut des § 12 WpHG nicht

---

[327] *Assmann*, in: Assmann/Schneider (Hrsg.), § 12 Rdnr. 2; *Becker*, Das neue Wertpapierhandelsgesetz, S. 67; *Hopt*, ZGR 1991, S. 41; *Jütten*, Die Bank 1993, S. 603.

entnehmen und sei auch nicht erforderlich. Die herrschende Ansicht qualifiziert das Wertpapier in dem genannten Beispiel daher als Insiderpapier.

b) *Claussen*[328] vertritt hingegen die Auffassung, daß es sachfremd sei, bei der Einstufung als Insiderpapier nur darauf abzustellen, ob das Wertpapier zum Handel zugelassen oder in den Freiverkehr einbezogen sei. Die Legaldefinition des § 12 Abs. 1 WpHG müsse restriktiv ausgelegt werden. Entscheidend für die Qualifizierung als Insiderpapier seien börsenrelevante Umsätze des Wertpapiers. Ein Wertpapier, das zu keinem Umsatz an der Börse führe, gefährde nicht das Schutzobjekt einer Insiderregelung und sei daher nicht als Insiderpapier einzustufen.

2. Stellungnahme

Es stellt sich die Frage nach einer restriktiven Auslegung der Legaldefinition des § 12 WpHG. Nach dem Wortlaut des § 12 Abs. 1 S. 1 Nr. 1 WpHG ist jedes Wertpapier als Insiderpapier einzustufen, das zum Handel zugelassen oder in den Freiverkehr einbezogen ist. Dieses Einstufung entspricht den gemeinschaftsrechtlichen Vorgaben, da auch die Insiderrichtlinie in Art. 1 lediglich auf die Zulassung zum Handel abstellt.

Eine restriktive Auslegung, nach der nur Wertpapiere mit börsenrelevanten Umsätzen als Insiderpapiere zu bezeichnen sind, könnte jedoch sachlich geboten erscheinen. Die Insiderhandelsverbote dienen dem Schutz der Sekundärmarkte für Wertpapiere. Diese Wertpapiermärkte werden durch Insidergeschäfte negativ betroffen, wenn die Transaktionen börsenrelevante Umsätze mit sich bringen. Eine Transaktion mit Wertpapieren, die am Telefon durchgeführt wird, hat zwar keinen Einfluß auf die Wertpapiermärkte, weil eben keine börsenrelevanten Umsätze erfolgen. Die Sekundärmärkte für Wertpapiere werden daher zwar nicht unmittelbar durch die Telefontransaktion beeinflußt. Es ist dennoch sachgerecht, die *auch* im Telefonverkehr gehandelten Wertpapiere - im Gegensatz zu den *nur* im Telefonverkehr gehandelten Papiere - als Insiderpapiere zu qualifizieren, um eine Umgehung der Insiderhandelsverbote zu unterbinden. Ein Käufer, der unter Ausnutzung der Kenntnis von Insiderinformationen Wertpapiere im Telefonverkehr erwirbt, könnte diese Papiere nach einem Kursanstieg an der Börse gewinnbringend veräußern. Dem Käufer wäre es auf diese Weise möglich, eine große Anzahl von Wertpapieren im Telefonhandel zu erwerben, ohne das diese Transaktion publik werden würde. Nach dem Bekanntwerden der Insider-

---

[328] *Claussen*, ZBB 1992, S. 280.

information und dem damit verbundenen Kursanstieg könnten die Wertpapiere an der Börse mit Gewinn veräußert werden. Die Chancengleichheit aller Börsenteilnehmer wäre dann nicht mehr gewahrt. Um eine Umgehung der Insiderhandelsverbote durch den Telefonhandel zu unterbinden und die Sekundärmärkte für Wertpapiere umfassend zu schützen, ist es erforderlich, alle Wertpapiere als Insiderpapiere zu klassifizieren, die zum Handel zugelassen sind. Obwohl die *auch* im Telefonverkehr gehandelten Wertpapiere zunächst keinen Börsenumsatz zur Folge haben, können sie jederzeit an den Wertpapiermärkten veräußert werden. Ein Insiderpapier, das *auch* im außerbörslichen Telefonverkehr gehandelt wird, verliert durch den Telefonhandel daher nicht seine Eigenschaft als Insiderpapier.

3. Ergebnis

Als Ergebnis bleibt festzuhalten, daß die Legaldefinitionen des § 12 WpHG keiner restriktiven Auslegung bedürfen. Nicht nur solche Wertpapiere und Derivate sind als Insiderpapiere zu qualifizieren, bei denen die Durchführung einer Transaktion zu einem börsenrelevanten Umsatz führt, sondern alle Papiere, die zum Handel zugelassen sind. Diese Auslegung entspricht den gemeinschaftsrechtlichen Vorgaben und vermag sicherzustellen, daß die Insiderhandelsverbote nicht umgangen werden.

Siebtes Kapitel

Insider, §§ 13 Abs. 1, 14 Abs. 2 WpHG

Die Insider sind die Normadressaten der Handelsverbote. Primärinsider ist nach § 13 Abs. 1 WpHG, wer als Mitglied des Geschäftsführungs- oder Aufsichtsorgans oder als persönlich haftender Gesellschafter des Emittenten oder eines mit dem Emittenten verbundenen Unternehmens bzw. wer aufgrund seiner Beteiligung am Kapital des Emittenten oder eines mit dem Emittenten verbundenen Unternehmens sowie wer aufgrund seines Berufs oder seiner Tätigkeit oder seiner Aufgabe bestimmungsgemäß Kenntnis von einer Insidertatsache hat. Nach § 14 Abs. 2 WpHG ist schließlich jeder Dritte, der Kenntnis von einer Insiderinformation hat, als Sekundärinsider anzusehen.

Obwohl der Gesetzestext die Begriffe „Primär- und Sekundärinsider" nicht verwendet, haben sie sich in der Literatur zum Insiderrecht durchgesetzt[329]. Eine Unterscheidung ist wegen der unterschiedlichen Verbotsreichweite und des unterschiedlichen Zugangs zu den Insiderinformationen auch zwingend erforderlich.

I. Vorgaben der Insiderrichtlinie

Die Insiderrichtlinie unterscheidet im Rahmen ihrer gemeinschaftsrechtlichen Vorgaben ebenfalls zwischen zwei verschiedenen Personenkreisen, denen die Ausnutzung einer Insiderinformation untersagt werden soll. Der Kreis der Primärinsider ist in Art. 2 der Insiderrichtlinie näher bestimmt. Nach dieser Vorgabe untersagt zunächst jeder Mitgliedstaat den „Personen, die als Mitglieder eines Verwaltungs-, Leitungs- oder Aufsichtsorgan des Emittenten, durch ihre Beteiligung am Kapital des Emittenten oder aufgrund ihrer Arbeit, ihres Berufs oder ihrer Aufgaben" über Insiderwissen verfügen, Insidergeschäfte zu tätigen[330].

Darüber hinaus wird von Art. 4 der Insiderrichtlinie ein sehr viel größerer Kreis von Personen erfaßt, auf die ein Insiderhandelsverbot auszudehnen ist[331]. Jeder Mitgliedstaat sieht danach das Verbot des Art. 2 der Insiderrichtlinie auch für andere als die in Art. 2 der Insiderrichtlinie genannten „Personen vor, die in

[329] Vgl. nur *Heise*, Der Insiderhandel an den Börsen, S. 98 m.w.A.
[330] ABl. EG Nr. L 334/30 vom 18. November 1989, S. 30.
[331] ABl. EG Nr. L 334/30 vom 18. November 1989, S. 30.

Kenntnis der Sache über eine Insider-Information verfügen, die unmittelbar oder mittelbar nur von einer in Art. 2 genannten Person stammen kann".

Zur Erfassung der Insider haben dem europäischen Gesetzgeber zwei Ansatzpunkte zur Verfügung gestanden: Zum einen läßt sich ein Insider generell von seiner Stellung im Unternehmen her definieren. Eine solche Lösung ist restriktiver, was die Zahl der Insider betrifft. Erfaßt werden von diesem Ansatz nur diejenigen, die als Organe oder aufgrund ihrer beruflichen Stellung ständig Zugang zu Informationen haben und der Gesellschaft durch Treuepflichten verbunden sind[332]. Diese Betrachtungsweise gründet sich in einem primär unternehmensbezogenen Verständnis der Insiderproblematik, nach dem der Schutz der Gesellschaft im Vordergrund steht[333].

Zum anderen läßt sich der Insiderkreis auch von einem kapitalmarktrechtlichen Ansatz her bestimmen. Der Insiderhandel stellt nach diesem Ansatz ein die Börsenfunktion schädigendes Verhalten dar. Der Insider ist als ein Marktphänomen anzusehen, dessen Verbindung zu einer Gesellschaft für seine Zugehörigkeit zum relevanten Personenkreis nicht entscheidend ist. Dieser Ansatz sieht Transaktionen von Insidern daher als ein kapitalmarktbezogenes Problem an[334].

Die Insiderrichtlinie erweitert nun den Kreis der Insider in einer Weise, die mit dem traditionellen gesellschaftsrechtlichen Ansatz nicht mehr erklärbar ist[335]. Bereits die von ihrer beruflichen Stellung her definierten Insider gehören keineswegs nur dem engeren Bereich der Unternehmensführung an. Zum Kreis der Primärinsider gehören damit auch Unternehmensexterne. Diese Kategorie spiegelt vielmehr das Bild einer sehr heterogenen Gruppe wider. Zu ihr gehören Mitglieder des Vorstands ebenso wie Bankangestellte und Sekretärinnen[336]. Diese Personen weisen als gemeinsames Merkmal lediglich auf, daß sie durch ihre Tätigkeiten Zugang zu Informationen haben können, aber nicht einmal notwendigerweise haben müssen. Indem die Insiderrichtlinie den Insiderbegriff auf Sekundärinsider ausdehnt, läßt sie den gesellschaftsrechtlichen Ansatz endgültig hinter sich. Zu dieser Gruppe gehört nämlich derjenige, dem eine Information von einem anderen Insider weitergegeben wird. Erforderlich ist lediglich, daß der Sekundärinsider die Insiderinformation von einem Primärinsider

---

[332] *Megede*, in: Assmann/Schütze (Hrsg.), S. 392.
[333] *Strebel*, Insidervergehen und Banken, S. 88.
[334] *Strebel*, Insidervergehen und Banken, S. 88.
[335] Vgl. *Tippach*, Insider-Handelsverbot und die besonderen Rechtspflichten der Banken, S. 155.
[336] *Claussen*, ZBB 1992, S. 271.

erhalten oder sie sich verschafft hat[337]. Der europäische Gesetzgeber hat sich mit dem Erlaß der Insiderrichtlinie daher für einen kapitalmarktrechtlichen Ansatz bei der Erfassung des Kreises potentieller Insider entschieden.

II. Juristische Personen als Normadressaten

Bevor auf die Legaldefinitionen des Wertpapierhandelsgesetzes näher eingegangen wird, stellt sich zunächst die grundsätzliche Frage, ob nur natürliche Personen oder auch als juristische Personen oder Personengesellschaften verfaßte Unternehmen als Normadressaten der Insiderhandelsverbote in Betracht kommen.

1. Pflichtenüberwälzung, § 14 StGB

Bei den Insiderhandelsverboten des Wertpapierhandelsgesetzes handelt es sich um Normen des Nebenstrafrechts, das in Ermangelung eines menschlichen Verhaltens auf juristische Personen keine unmittelbare Anwendung findet. Juristische Personen können nur durch ihre Organe und Vertreter handeln. Dieser Tatsache trägt § 14 StGB Rechnung. Danach findet eine Pflichtenüberwälzung auf die für die juristischen Personen oder Personengesellschaften in dem fraglichen Verantwortungsbereich handelnden gesetzlichen oder gewillkürten Vertreter statt. Der Anwendungsbereich derjenigen Tatbestände, die sich an einen bestimmten Normadressaten richten, soll nach dem Sinn und Zweck des § 14 StGB auf die Personen ausgedehnt werden, die stellvertretend für den Normadressaten handeln. Ohne diese Pflichtenüberwälzung kann unter Umständen weder der Normadressat, bei dem die persönlichen Merkmale des Tatbestandes vorliegen, noch sein Vertreter bestraft werden. Ersterer nicht, weil er nicht selbst gehandelt hat; letzterer nicht, weil er nicht Normadressat ist.

Trotz dieser Möglichkeit ist die praktische Bedeutung der Pflichtendelegation im Rahmen des Insiderrechts eher als gering anzusehen. Die nach § 14 StGB verantwortlichen Vertreter sind aufgrund des weit gefaßten Insiderbegriffs einerseits und der die eigen- und fremdnützige Tatbegehung umfassenden Formulierung der Verbotstatbestände in § 14 WpHG andererseits einer eigenen, d.h. nicht bloß von der juristischen Person oder Personengesellschaft als Normadressat abgeleiteten, insiderrechtlichen Verantwortlichkeit ausgesetzt.

---

[337] *Tippach*, Insider-Handelsverbot und die besonderen Rechtspflichten der Banken, S. 156.

2. Aufsichtspflichtverletzung, § 130 OWiG

Die vertretungsberechtigten Organe eines Unternehmens können des weiteren nach § 130 Abs. 1 OWiG mit einer Geldstrafe belegt werden, wenn sie es unterlassen, in dem Unternehmen Zuwiderhandlungen gegen Pflichten zu verhindern, deren Verletzung strafrechtlich sanktioniert ist. Den Organen des Unternehmens obliegt eine Organisationspflicht, die sich nicht darin erschöpft, für allgemeine Anordnungen und eine genaue Aufteilung der Verantwortung zu sorgen. Die Aufsichtspflicht beginnt vielmehr mit der Auswahl des Personals bei der Einstellung und setzt sich mit regelmäßigen überraschenden Überprüfungen der einzelnen Unternehmensbereiche fort[338]. Je nach der Größe des Unternehmens kann sich auch die Notwendigkeit ergeben, eine eigene Revisionsabteilung einzurichten. Die mangelhafte Organisation des Unternehmens zur Verhinderung von Insiderverstößen kann daher als eine mit Geldbuße sanktionierte Aufsichtspflichtverletzung der vertretungsberechtigten Organe nach § 130 Abs. 1 OWiG angesehen werden[339].

3. Bußgeldfestsetzung, § 30 OWiG

Daneben gestattet es § 30 OWiG, juristische Personen oder Personenvereinigungen mit einem Bußgeld zu belegen, wenn einer der in § 30 Abs. 1 Nr. 1 - 4 OWiG angeführten Organe oder Vertreter eine Straftat oder Ordnungswidrigkeit begangen hat, durch die Pflichten der juristischen Person oder der Personenvereinigung verletzt wurden.

4. Ergebnis

Als Ergebnis bleibt festzuhalten, daß es sachgerecht ist, auch juristische Personen als Normadressaten der Insiderhandelsverbote anzusehen. Einerseits können vertretungsberechtigte Organe der juristischen Personen für eine mangelhafte Organisation des Unternehmens zur Verantwortung gezogen werden. Andererseits werden juristische Personen und Personenvereinigungen mit einem Bußgeld belegt, wenn vertretungsberechtigte Organe gegen insiderrechtliche Vorschriften verstoßen haben.

---

[338] *Cramer*, in: Boujong (Hrsg.), § 130 Rdnr. 65.
[339] *Assmann*, WM 1996, S. 1343.

III. Primärinsider, § 13 Abs. 1 WpHG

Bei der nun zu erfolgenden Auslegung der unbestimmten Rechtsbegriffe des § 13 Abs. 1 WpHG ist zu berücksichtigen, daß im Interesse eines effektiven Insiderhandelsverbots Umgehungsgeschäfte schon im Rahmen des personellen Anwendungsbereichs möglichst auszuschließen sind. Gerade im anonymen Börsengeschehen ist es leicht möglich, Wertpapiergeschäfte über Strohmänner abzuwickeln. Die Identität der wahren Auftraggeber bleibt bei diesen Geschäften unerkannt.

1. Gesellschaftsbezogener Insider

Die Primärinsidereigenschaft nach § 13 Abs. 1 Nr. 1 WpHG erfüllt, wer als „Mitglied des Geschäftsführungs- oder Aufsichtsorgans oder als persönlich haftender Gesellschafter des Emittenten" oder eines „mit dem Emittenten verbundenen Unternehmens" Kenntnis von einer Insidertatsache hat.

a) Organe des Emittenten

Die erste Gruppe des § 13 Abs. 1 Nr. 1 WpHG ist mit dem in Art. 2 Abs. 1 1. Spiegelstrich der Insiderrichtlinie beschriebenen Personenkreis identisch[340]. Sie umfaßt nur einen sehr kleinen Personenkreis, weil er durch die Organmitgliedschaft bestimmt wird. Eine solche Mitgliedschaft üben bei der Aktiengesellschaft die Mitglieder des Vorstands und des Aufsichtsrats, bei der Gesellschaft mit beschränkter Haftung die Geschäftsführer und bei Personengesellschaften die persönlich haftenden Gesellschafter aus[341].

---

[340] ABl. EG Nr. L 334/30 vom 18. November 1989, S. 30. Lediglich die Terminologie der Vorschrift wurde dem nationalen gesellschaftrechtlichen Verhältnissen angepaßt, die statt Verwaltungs- und Leitungsgremien nur Geschäftsführungsorgane kennen.

[341] *Dierlamm*, NStZ 1996, S. 520.

b) Organe verbundener Unternehmen

Der personelle Anwendungsbereich der Insiderhandelsverbote wurde während des Gesetzgebungsverfahrens durch das Einfügen der zweiten Gruppe in den § 13 Abs. 1 Nr. 1 WpHG erweitert. Dadurch, daß auch Organmitglieder oder persönlich haftende Gesellschafter eines mit dem Emittenten verbundenen Unternehmens erfaßt werden, geht das Wertpapierhandelsgesetz über die Mindestanforderung des Art. 2 Abs. 1 1. Spiegelstrich der Insiderrichtlinie hinaus.

Aus der Amtlichen Begründung zum Wertpapierhandelsgesetz ergibt sich, was der Gesetzgeber unter dem Begriff des verbundenen Unternehmens versteht[342]. Ein Unternehmen gilt danach als mit dem Emittenten i.S.d. § 13 Abs. 1 Nr. 1 WpHG verbunden, wenn die Voraussetzungen des § 15 AktG vorliegen[343]. Verbundenen Unternehmen sind somit rechtlich selbständige Unternehmen, die im Verhältnis zueinander in Mehrheitsbesitz stehende Unternehmen und mit Mehrheit beteiligte Unternehmen, abhängige und herrschende Unternehmen, Konzernunternehmen, wechselseitig beteiligte Unternehmen oder Vertragsteile eines Unternehmensvertrags.

Es stellt sich die Frage, ob die Erweiterung des personellen Anwendungsbereichs der Insiderhandelsverbote durch das Einfügen des Merkmals „verbundenes Unternehmen" sachgerecht ist. Die Vorgaben der Insider-richtlinie stellen nur Mindestanforderungen an das nationale Umsetzungsgesetz, so daß an der Zulässigkeit dieser Ausdehnung des Kreises potentieller Primärinsider nicht zu zweifeln ist[344].

Die Unternehmensführung eines verbundenen Unternehmens, d.h. die Mitglieder des Geschäftsführungs- und Aufsichtsorgans, sind die wesentlichen Produzenten betrieblicher Informationen. Die Mitglieder der Geschäftsführung legen die Planungsdaten fest und entscheiden im Rahmen ihrer Tätigkeit auch über die Bilanzpolitik des Emittenten, so daß sie die Zahlen des Emittenten nicht nur kennen, sondern auch zur Bilanzpolitik beitragen. Sie verfügen daher - wie die Geschäftsführung des Emittenten - ständig über einen Informationsvorsprung.

Zu den Pflichten des Aufsichtsrats gehört nach § 111 Abs. 1 AktG insbesondere die allgemeine Überwachung des Vorstands. Zur Erfüllung dieser Aufgabe haben

---

[342] BT-Drucks. 12/6679 vom 27. Januar 1994, S. 46

[343] BT-Drucks. 12/6679 vom 27. Januar 1994, S. 46.

[344] *Assmann*, in: Assmann/Schneider (Hrsg.), § 13 Rdnr. 12.

seine Mitglieder das Recht auf vollständige Information über alle Belange des Unternehmens[345]. Aus diesem Grunde statuiert § 111 Abs. 2 S. 1 AktG u.a. das Recht des Aufsichtsrats, in alle Unterlagen Einsicht zu nehmen. Im Kreis der Aufsichtsräte verbundener Unternehmen entsteht damit typischerweise eine ähnliche Informationsdichte wie im Vorstand dieser Unternehmen. Die damit einhergehende Mißbrauchsgefahr rechtfertigt es, auch Mitglieder des Geschäftsführungs- oder Aufsichtsorgans eines mit dem Emittenten verbundenen Unternehmens in den Kreis gesellschaftsbezogener Primärinsider aufzunehmen.

Aus Gründen gesetzeseinheitlicher Terminologie hätte es allerdings nahe gelegen, anstatt des aus § 15 AktG entlehnten Begriffs des „verbundenen Unternehmens" den Begriff des „kontrollierten Unternehmens" zu verwenden. Das Wertpapierhandelsgesetz selbst definiert in § 22 Abs. 3 ein „kontrolliertes Unternehmen" als ein Unternehmen, bei dem die Mehrheit der Stimmrechte der Aktionäre oder Gesellschafter unmittelbar oder mittelbar dem kontrollierenden Unternehmen zusteht. Es ist jedoch bereits ausreichend, daß dem kontrollierenden Unternehmen als Aktionär oder Gesellschafter das Recht zusteht, die Mehrheit der Mitglieder des Geschäftsführungs- oder Aufsichtsorgans zu bestellen bzw. abzuberufen oder daß dem kontrollierenden Unternehmen die Mehrheit der Stimmrechte aufgrund einer Vereinbarung allein zusteht. Obwohl ein sachlicher Unterschied zwischen den Begriffen „verbundenes Unternehmen" und „kontrolliertes Unternehmen" nur hinsichtlich des Rechts auf Organbestellung besteht, liegt aus Gründen einer einheitlichen Terminologie im Rahmen des Wertpapierhandelsgesetzes der Begriff des „kontrollierten Unternehmens" näher[346].

c) Ergebnis

Als Ergebnis bleibt festzuhalten, daß die Erweiterung des Kreises der gesellschaftsbezogenen Primärinsider sachgerecht ist. Die mit der Informationsdichte einhergehende Mißbrauchsgefahr rechtfertigt es, auch Mitglieder des Geschäftsführungs- oder Aufsichtsorgans eines mit dem Emittenten verbundenen Unternehmens insiderrechtlich zu erfassen.

---

[345] *Lutter*, Information und Vertraulichkeit im Aufsichtsrat, S. 24.

[346] Vgl. *Dickersbach*, Das neue Insiderrecht, S. 135; *Happ*, JZ 1994, S. 242.

2. Kapitalmarktbezogener Insider

Kapitalmarktbezogener Primärinsider i.S.d. § 13 Abs. 1 Nr. 2 WpHG ist, wer „aufgrund seiner Beteiligung am Kapital des Emittenten oder eines mit dem Emittenten verbundenen Unternehmens“ Kenntnis von einer Insidertatsache hat.

a) Kapitalbeteiligung am Emittenten

Bei der Definition des kapitalmarktbezogenen Insiders hat sich der nationale Gesetzgeber im wesentlichen an die gemeinschaftsrechtlichen Vorgaben der Insiderrichtlinie gehalten. Wie bereits beim gesellschaftsbezogenen Primärinsider wurde jedoch auch im Rahmen des § 13 Abs. 1 Nr. 2 WpHG der Anwendungsbereich der Norm erweitert. Der Kreis kapitalmarktbezogener Primärinsider ist nicht auf die Beteiligung am Kapital des Emittenten begrenzt, sondern zur Bejahung dieser Insidereigenschaft reicht die Kapitalbeteiligung an einem mit dem Emittenten verbundenen Unternehmen aus.

Dieser erweiterte Anwendungsbereich der Insiderhandelsverbote des § 14 Abs. 1 WpHG ist sachlich geboten. Es gilt als unbestritten, daß wichtige Kapitalgeber Einfluß auf die Unternehmensführung ausüben können[347]. Sie verfügen über die Macht, auf der Hauptversammlung ihre Zustimmung zu bestimmten Geschäften zu verweigern. Aus diesem Grunde ist es für die Geschäftsführung des Unternehmens angebracht, sich bei wichtigen Entscheidungen frühzeitig mit den Großaktionären zu verständigen. Diese Konstellation, die sowohl beim Emittenten selbst als auch bei einem mit dem Emittenten verbundenen Unternehmen besteht, rechtfertigt bei den kapitalmarktbezogenen Insidern eine Erweiterung des personellen Anwendungsbereichs.

b) Keine Untergrenze der Kapitalbeteiligung

Bedeutsamer ist die Frage, ob es für die Erfassung des Kapitalgebers als Insider notwendig ist, eine Untergrenze der Beteiligung festzulegen. Bereits nach Erlaß der Insiderrichtlinie und im Vorfeld der Verabschiedung des Wertpapierhandelsgesetzes sind in der Literatur Stimmen laut geworden, die eine

---

[347] *Lutter*, JZ 1976, S. 225 ff.

Untergrenze der Kapitalbeteiligung gefordert haben[348]. Nach Inkrafttreten des Wertpapierhandelsgesetzes wollen diese Stimmen nun im Wege einer restriktiven Auslegung den Kreis der kapitalmarktbezogenen Primärinsider des § 13 Abs. 1 Nr. 2 WpHG eingrenzen.

aa) Literaturmeinungen

Ein Teil der Literatur[349] sieht das Tatbestandsmerkmal der Kapitalbeteiligung nur dann als erfüllt an, wenn von einer „dauernden Verbindung" mit dem Emittenten oder mit einem verbundenen Unternehmen gesprochen werden könne. Grund für diese Einschränkung sei die Tatsache, daß Kleinaktionäre wegen ihres minimalen Aktienbesitzes regelmäßig nicht an Insiderinformationen herankämen[350]. Die Vertreter dieser Ansicht gehen jedoch von unterschiedlichen Beteiligungshöhen aus, deren Überschreitung notwendig ist, um von einer „dauernden Verbindung" sprechen zu können.

aaa) *Dickersbach*[351] schlägt vor, den Begriff der Beteiligung am Kapital im Sinne des Handelsrechts auszulegen. Aus diesem Grunde verweist er auf die in § 271 Abs. 1 S. 3 HGB geregelte Beteiligungsvermutung. Von einer „dauernden Verbindung" könne erst bei einem Anteil von 20% am Nominalkapital gesprochen werden. Erst dann sei auch das Tatbestandsmerkmal der Kapitalbeteiligung des § 13 Abs. 1 Nr. 2 WpHG erfüllt.

bbb) Nach Ansicht *Claussens*[352] sei die Beteiligungsvermutung des § 271 HGB nicht in das Insiderrecht zu rezipieren, weil diese Vorschrift keinen übergreifenden Rechtsgedanken enthalte, sondern nur eine rechnungslegungsspezifische Lösung darstelle. Im Insiderrecht müsse die Beteiligung der Höhe nach niedriger definiert werden. Als Grenzwert sei daher bei Gesellschaften des DAX 1% der umlaufenden Aktien und bei nicht im DAX enthaltenen Gesellschaften mindestens 5% der Aktien sinnvoll. Bei Überschreiten dieser Grenzwerte sei eine „dauernde Verbindung" gegeben.

---

[348] Vgl. *Claussen*, ZBB 1992, S. 270.

[349] *Claussen*, ZBB 1992, S. 270; *Hübschner*, in: Büschgen/Schneider (Hrsg.), S. 334.

[350] *Claussen*, ZBB 1992, S.271, unter Hinweis auf eine Stellungnahme der Deutschen Schutzvereinigung für Wertpapierbesitz an den BT-Finanzausschuß, Protokoll Nr. 70 vom 02. März 1994, S. 197 f.

[351] *Dickersbach*, Das neue Insiderrecht, S. 137.

[352] *Claussen* ZBB 1992, S. 270.

bb) Stellungnahme

Ob eine Eingrenzung des Kreises der kapitalmarktbezogenen Primärinsider in dieser Weise erforderlich ist, erscheint fraglich. Es ist willkürlich, die Insidereigenschaft eines Anteileigners von der Überschreitung einer bestimmten Beteiligungsquote abhängig zu machen; mag der genannte Prozentsatz im Einzelfall auch unter Hinweis auf Analogien zu anderen Rechtsgebieten gut begründbar sein[353]. Überzeugender ist die Tatsache, daß der Wortlaut des § 13 Abs. 1 Nr. 2 WpHG für ein solches restriktives Merkmal keine Grundlage bietet. Nach dem Wertpapierhandelsgesetz ist allein ausschlaggebend, daß der konkrete Nachweis einer kausalen Verknüpfung zwischen der Kapitalbeteiligung und der Kenntnis der Insidertatsache geführt werden kann. Dies ergibt sich aus der Verwendung der Präposition „aufgrund" in § 13 Abs. 1 Nr. 2 WpHG.

Die Amtliche Begründung zum Wertpapierhandelsgesetz führt daher aus, daß nicht die Höhe der Beteiligung entscheidend ist, sondern allein die Tatsache, daß die Beteiligung ursächlich für die Erlangung des Insiderwissens war[354]. Ausreichend zur Bejahung der Insidereigenschaft kann daher bereits eine einzige Aktie als Beteiligung sein.

Die Befürchtung, diese Regelung des Wertpapierhandelsgesetzes führe zu einer kapitalmarktpolitisch kontraproduktiven Verunsicherung der Kleinanleger, weil zur Qualifikation als kapitalbezogener Insider bereits eine Aktie ausreiche, vermag nicht zu überzeugen. Bagatellfälle können auf anderem Wege von einer Strafbarkeit ausgenommen werden: Die Staatsanwaltschaft kann nach § 153 Abs. 1 StPO mit Zustimmung des Gerichts von der Verfolgung der Straftat absehen, wenn die Schuld des Täters als gering anzusehen ist und kein öffentliches Interesse an der Verfolgung besteht. Zudem kann das Strafverfahren nach § 153 a StPO eingestellt werden, wenn Auflagen und Weisungen geeignet sind, das öffentliche Interesse an der Strafverfolgung zu beseitigen und darüber hinaus die Schwere der Schuld nicht entgegensteht. Beide Normen haben eine große Bedeutung sowohl für Vorschriften des Strafgesetzbuchs als auch im Nebenstrafrecht für Bagatelldelikte der Wirtschaftskriminalität[355]. Es ist daher der Frage nachzugehen, ob die Vorschriften der Strafprozeßordnung im Rahmen des Insiderrechts zur Anwendung gelangen können.

---

[353] Vgl. *Dickersbach*, Das neue Insiderrecht, S. 137.
[354] BT-Drucks. 12/6679 vom 27. Januar 1994, S. 46.
[355] Vgl. *Peters*, Das deutsche Insiderstrafrecht unter Berücksichtigung strafrechtlicher Konsequenzen für Kreditinstitute und prozessualer Durchführung, S. 119.

Die Einstellung eines Verfahrens nach den §§ 153 ff. StPO setzt zunächst ein Vergehen voraus. Verstöße gegen die Insiderhandelsverbote werden nach § 38 Abs. 1 WpHG mit Freiheitsstrafe bis zu fünf Jahren oder mit Geldstrafe geahndet. Sie stellen daher gemäß § 12 Abs. 2 StGB Vergehen dar, so daß die erste Voraussetzung für die Anwendung der §§ 153 ff. StPO erfüllt ist. Abhängig von der Schwere der Schuld des Insiders besteht bei Bagatelldelikten entweder kein öffentliches Interesse an der Verfolgung der Straftat oder das öffentliche Interesse kann durch Auflagen beseitigt werden. Das Strafverfolgungsinteresse soll nur in gravierenden Fällen nicht durch Auflagen und Weisungen beseitigt werden können[356]. Bei Wirtschaftsstraftaten kann daher von einer Verfolgung auch nach § 153 a StPO abgesehen werden, wenn der Schaden nicht zu erheblich ist und es sich um ein einmaliges Fehlverhalten handelt. Bei Bagatelldelikten ist zum einem die Gewinnsumme nicht sehr hoch und zum anderen handelt es sich in der Regel um Ersttäter, so daß auch in personeller Hinsicht die Anwendung des § 153 a StPO möglich ist. Die Strafprozeßordnung bietet daher ausreichende Möglichkeiten, um die strafrechtliche Verfolgung von Bagatellfällen einzustellen, so daß aus diesem Grunde eine restriktive Auslegung des § 13 Abs. 1 Nr. 2 WpHG nicht geboten erscheint.

Das Vertrauenselement bei den Kleinanlegern spielt ebenfalls eine bedeutende Rolle. Gerade das Vertrauen der Anleger, die zum ersten Mal den Schritt an den Kapitalmarkt wagen, kann nur dadurch gefestigt werden, daß das Wertpapierhandelsgesetz einen umfassenden Schutz des Sekundärmarkts gewährleistet. Jede Verwertung nicht öffentlich bekannter Informationen ist in der Lage, das Vertrauen der Anleger zu erschüttern. Auch die Tatsache, daß bislang noch keine Fälle bekannt geworden sind, in denen Kleinanleger aufgrund ihres Status als Aktionär einer Gesellschaft Zugang zu Insiderinformationen erhalten haben, spricht nicht für eine restriktive Auslegung des § 13 Abs. 1 Nr. 2 WpHG.

Darüber hinaus hätte eine andere Regelung auch keine praxisrelevanten Auswirkungen für die Strafbarkeit eines Kleinanlegers. Jeder, der in Kenntnis einer Insidertatsache diese durch Wertpapiertransaktionen verwertet, erfüllt den Tatbestand des § 14 Abs. 2 WpHG. Dabei unterliegt er im Hinblick auf die Rechtsfolgenregelung des § 38 Abs. 1 Nr. 1 WpHG demselben Strafrahmen wie ein Primärinsider. Sieht man Anteilseigner nur dann als Primärinsider i.S.d. § 13 Abs. 1 Nr. 2 WpHG an, wenn ihre Beteiligung am Kapital des Emittenten einen bestimmten Prozentsatz überschreitet, hat dies für sie in bezug auf die Strafbarkeit von Insidergeschäften keine Auswirkungen. Der einzige Unterschied bestünde in der Tatsache, daß Sekundärinsider im Vergleich zu Primärinsidern keinem Weitergabe- und Empfehlungsverbot unterliegen. Dies vermag die

---

[356] *Böttcher/Mayer*, NStZ 1993, S. 154.

Einführung einer Untergrenze der Kapitalbeteiligung jedoch nicht zu rechtfertigen.

cc) Ergebnis

Als Ergebnis bleibt damit festzuhalten, daß die Norm des § 13 Abs. 1 Nr. 2 WpHG keiner restriktiven Auslegung bedarf. Eine Untergrenze der Kapitalbeteiligung in der Weise, daß nur bei deren Überschreitung die Primärinsidereigenschaft vorliegt, ist sachlich nicht geboten. Die Erforderlichkeit des konkreten Nachweises einer kausalen Verknüpfung zwischen der Kapitalbeteiligung und der Kenntnis der Insidertatsache ist allein geeignet, den Kreis kapitalmarktbezogener Primärinsider sinnvoll einzugrenzen.

3. Berufsbezogener Insider

Schließlich ist Primärinsider nach § 13 Abs. 1 Nr. 3 WpHG, wer „aufgrund seines Berufs oder seiner Tätigkeit oder seiner Aufgabe bestimmungsgemäß" Kenntnis von einer Insidertatsache hat. Aufgrund der weiten Formulierung wird die Bestimmung des berufsbezogenen Insiders auch als Auffangtatbestand verstanden[357].

Nach den Vorgaben des Art. 2 Abs. 1 3. Spiegelstrich der Insiderrichtlinie ist berufsbezogener Primärinsider jede Person, die aufgrund ihrer Arbeit, ihres Berufs oder ihrer Aufgabe Zugang zur Insiderinformation hat[358]. Bei einem Vergleich mit dem Wortlaut des § 13 Abs. 1 Nr. 3 WpHG fällt auf, daß das nationale Umsetzungsgesetz eine bestimmungsgemäße Kenntniserlangung der Insiderinformation verlangt. Nach dem Wertpapierhandelsgesetz muß damit ein spezieller Ursachenzusammenhang zwischen der Kenntniserlangung und der ausgeübten Tätigkeit bestehen, um eine Person als berufsbezogenen Primärinsider zu qualifizieren.

Der Amtlichen Begründung zum Wertpapierhandelsgesetz zufolge solle mit dem Erfordernis der bestimmungsgemäßen Kenntniserlangung erreicht werden, daß

---

[357] *Dierlamm*, NStZ 1996, S. 520.
[358] ABl. EG Nr. L 334/30 vom 18. November 1989, S. 30.

lediglich zufällig oder bei Gelegenheit erlangtes Wissen keine Primärinsidereigenschaft begründet[359].

a) Literaturmeinungen

In der Literatur ist sehr umstritten, ob die Abweichung von den gemeinschaftsrechtlichen Vorgaben zulässig ist.

aa) Ein Teil der Literatur[360] geht davon aus, daß die durch § 13 Abs. 1 Nr. 2 WpHG erfolgte Umsetzung der gemeinschaftsrechtlichen Vorgaben unbedenklich sei. Einerseits sei vor Erlaß der Insiderrichtlinie von deutscher Seite eine Eingrenzung des Personenkreises möglicher berufsbezogener Primärinsider gefordert worden, so daß der Gesetzgeber mit der Einfügung des Merkmals „bestimmungsgemäß" die verlangte teleologische Reduktion nur konsequent umgesetzt habe[361]. Andererseits habe die Insiderrichtlinie auch offen gelassen, welche rechtlichen und wirtschaftlichen Bindungen an den Emittenten bestehen müßten, wenn eine Insiderqualifikation durch Arbeit, Beruf oder Aufgabe entstehen solle[362].

bb) Demgegenüber stellt nach *Heises*[363] Ansicht die Legaldefinition des § 13 Abs. 1 Nr. 3 WpHG eine vorgabewidrige Transformation der Insiderrichtlinie dar. Die vorliegende Gesetzesformulierung sei aus der Betrachtungsweise des nationalen Gesetzgebers sicherlich nur eine stringente Fortführung der eigenen Auffassungen. Das allein könne aber die Vorgehens weise nicht rechtfertigen, da die geäußerten Bedenken keinen Niederschlage in den gemeinschaftsrechtlichen Vorgaben gefunden hätten und der Wortlaut der Insiderrichtlinie auch Zufallsinsider erfasse.

b) Stellungnahme

Mit der Einfügung des Adverbs „bestimmungsgemäß" in § 13 Abs. 1 Nr. 1 WpHG hat sich im Vergleich zu den gemeinschaftsrechtlichen Vorgaben der

---

359 BT-Drucks. 12/6679 vom 27. Januar 1994, S. 46.
360 *Claussen*, ZBB 1992, S. 271, *Ernst*, WM 1990, S. 461; *Grundmann*, ZfKW 1992, S. 271; *v. Rosen*, ZfKW 1989, S. 660; *Schödermeier/Wallach*, EuZW 1990, S. 123.
361 *Dickersbach*, Das neue Insiderrecht, S. 141.
362 *Claussen*, ZBB 1992, S. 271.
363 *Heise*, Der Insiderhandel an den Börsen, S. 105.

Kreis berufsbezogener Primärinsider verkleinert, während sich die Personengruppe möglicher Sekundärinsider vergrößert hat[364]. Das Wertpapierhandelsgesetz qualifiziert den Zufallsinsider als Sekundärinsider und nicht als Primärinsider[365]. Diese Grenzverschiebung hat weitreichende Folgen für die Verbotstatbestände. Lediglich der Primärinsider unterliegt nach § 14 Abs. 1 WpHG einem Verwertungs- und Weitergabeverbot. Dem Sekundärinsider und dem Primärinsider wird hingegen nur ein Verwertungsverbot auferlegt. Die Insiderhandelsverbote des Wertpapierhandelsgesetzes haben damit im Vergleich zu der Insiderrichtlinie einen anderen personellen Anwendungsbereich. Das Adverb „bestimmungsgemäß" stellt etwas anderes dar als nur eine Erläuterung des Begriffs „aufgrund seines Berufs oder seiner Tätigkeit oder seiner Aufgabe"[366], da es die Grenze zwischen den Primär- und Sekundärinsidern entgegen dem Sinn und Zweck der Insiderrichtlinie verschiebt[367]. Es widerspricht daher den gemeinschaftsrechtlichen Vorgaben.

Eine restriktive Auslegung des § 13 Abs. 1 Nr. 3 WpHG ist im Interesse einer Erfassung der nur wirklich strafwürdigen Angriffe auf das geschützte Rechtsgut „Kapitalmarkt" zwar zwingend erforderlich. Diese hat jedoch in Vereinbarkeit mit der Insiderrichtlinie zu geschehen. Entscheidendes Merkmal aller Primärinsider ist die Nähe zum Emittenten, die zwangsläufig einen unmittelbaren Zugang zu Insiderinformationen ermöglicht[368]. Aus diesem Grund fordert die Insiderrichtlinie auch einen arbeitsmäßigen Zugang[369]. Insider ist, wer beruflich mit dem Emittenten zu tun hat und so die Information erhält. Die Insiderrichtlinie läßt dabei aber offen, welche rechtlichen und wirtschaftlichen Anforderungen an den Emittenten zu stellen sind, wenn eine Insiderqualität nach § 13 Abs. 1 Nr. 3 WpHG entstehen soll.

Um den Kreis potentieller Primärinsider nicht uferlos werden zu lassen, ist im Sinne einer restriktiven Auslegung eine vertragliche Bindung oder zumindest eine Zuordnung des Primärinsiders zum Emittenten aus Berufs- oder Arbeitsgründen erforderlich[370]. Nur wenn diese Voraussetzung erfüllt ist, läßt sich eine Primärinsidereigenschaft nach § 13 Abs. 1 Nr. 3 WpHG bejahen, welche die umfassenden Insiderhandelsverbote des § 14 Abs. 1 WpHG nach sich zieht. Liegt

---

364 Vgl. *Hopt*, in: WM-Festgabe für Hellner, S. 29.

365 Ausführlich dazu Ziffer V. dieses Kapitels.

366 Vgl. *Claussen*, DB 1994, S. 27 f, Fn. 11.

367 *Hopt*, in: WM-Festgabe für Hellner, S. 30.

368 *Assmann*, in: Assmann/Schneider (Hrsg.), § 13 Rdnr. 5.

369 *Claussen*, ZBB 1992, S. 271.

370 *Claussen*, ZBB 1992, S.271. Dieses Merkmal ist auch, entgegen einigen Stimmen in der Literatur, nicht über die bereits genannten Merkmale hinaus, sondern anstatt dieser Merkmale notwendig; vgl. *Assmann*, in: Assmann/Schneider (Hrsg.), § 13 Rdnr. 19.

diese Voraussetzung hingegen nicht vor, besteht immer noch die Möglichkeit, den Informierten als Sekundärinsider i.S.d. § 14 Abs. 2 WpHG einzustufen. Diese Einstufung hat zwar lediglich ein Verwertungsverbot zur Folge. Für ein wirksames Insiderrecht ist dies jedoch ausreichend, weil nur durch eine Wertpapiertransaktion die Sekundärmärkte für Wertpapiere unmittelbar betroffen sind. Nach dem Sinn und Zweck einer Insiderregulierung ist eine derartige restriktive Auslegung des § 13 Abs. 1 Nr. 3 WpHG daher geboten.

c) Ergebnis

Als Ergebnis bleibt festzuhalten, daß das Adverb „bestimmungsgemäß", das die berufsbezogene Primärinsidereigenschaft des § 13 Abs. 1 Nr. 3 WpHG begründet, den Vorgaben der Insiderrichtlinie widerspricht. Es verschiebt die Grenze zwischen der Primär- und Sekundärinsidereigenschaft. Als restriktives Merkmal ist vielmehr ein rechtlich geartetes oder anderweitig zu qualifizierendes Verhältnis zwischen dem Primärinsider und der jeweiligen Gesellschaft erforderlich, auf die sich die Information bezieht. Primärinsider i.S.d. § 13 Abs. 1 Nr. 3 WpHG sollte de lege ferenda nur sein, wer berufs-, tätigkeits- oder aufgabenbedingt Kenntnis von einer Insiderinformation erlangt hat und mit dem Emittenten vertraglich oder durch Zuordnung aus Berufs- oder Arbeitsgründen verbunden ist.

4. Einteilung des § 13 Abs. 1 WpHG

Nachdem nun die drei Gruppen der Primärinsider näher darlegt wurden, stellt sich die Frage, ob nicht in Anbetracht der weitreichenden Formulierung des § 13 Abs. 1 Nr. 3 WpHG auf die Einteilung des § 13 WpHG verzichtet werden kann und statt dessen ein Grundtatbestand ausreichend ist.

Als berufsbezogener Primärinsider ist derjenige anzusehen, den seine berufliche Tätigkeit typischerweise mit Informationen in Berührung bringt[371]. Das Berufsbild als solches ist für den Kontakt mit Insiderinformationen ursächlich. Alle Personen, die als berufsbezogene Primärinsider in Betracht kommen, können es somit nicht vermeiden, regelmäßig durch ihre berufliche Tätigkeit sensitive Informationen zu erhalten. Ein gesellschaftsbezogener Primärinsider erhält die ihm zugänglichen Insidertatsachen ebenfalls aufgrund seines Berufs und seiner

---

[371] *Tippach*, Insider-Handelsverbot und die besonderen Rechtspflichten der Banken, S. 164.

vertraglichen Verbindung. Er erlangt die Kenntnis von einer Insidertatsache mithin in einer für die Begründung der berufsbezogenen Primärinsidereigenschaft ausreichenden Art und Weise. Die gesellschaftsbezogenen Primärinsider lassen sich daher auch unter den Tatbestand des § 13 Abs. 1 Nr. 3 WpHG subsumieren.

Der aufgabenbezogene Primärinsider erhält seine Insiderinformationen zwar nicht typischerweise aufgrund seines Berufs, jedoch von Fall zu Fall im Rahmen der konkreten und üblichen Erfüllung seiner Pflichten, die den Zugang zu solchen Informationen eröffnet[372]. Zusammen mit der Alternative „Beruf“ deckt diese Variante alle Fälle ab, die zum Bereich der gewöhnlichen Berufsausübung gehören. Der kapitalmarktbezogene Primärinsider - sowohl der Groß- als auch der Kleinaktionär - gelangt im Rahmen der Erfüllung seiner Pflichten von Fall zu Fall an Insiderinformationen. Unter den Tatbestand des § 13 Abs. 1 Nr. 3 WpHG lassen sich somit auch alle kapitalmarktbezogenen Primärinsider subsumieren.

Der ursprüngliche Entwurf der europäischen Kommission zur Insiderrichtlinie sah auch vor, alle Personen als Adressaten einer Insiderregulierung zu erfassen, die in der Ausübung ihres Berufs oder in Erfüllung ihrer Aufgaben eine Insiderinformation erhalten haben[373]. Diese Formulierung wäre ausreichend gewesen, um denselben Personenkreis zu erfassen, den jetzt § 13 Abs. 1 WpHG erfaßt. Obwohl diese Definition vom nationalen Gesetzgeber in § 13 Abs. 1 Nr. 3 WpHG weitestgehend übernommen wurde, enthält das Wertpapierhandelsgesetz darüber hinaus weitere Begriffsbestimmungen. Die ersatzlose Streichung der §§ 13 Abs. 1 Nr. 1, Nr. 2 WpHG hätte somit keinen Einfluß auf den personellen Anwendungsbereich der Insiderhandelsverbote, weil der Kreis der Primärinsider durch die Erfassung der gesellschafts- und kapitalmarktbezogenen Insider nicht erweitert wird.

V. Sekundärinsider, § 14 Abs. 2 WpHG

Schließlich ist nach § 14 Abs. 2 WpHG Sekundärinsider derjenige, der als Dritter „Kenntnis von einer Insidertatsache“ hat. Mit dieser Formulierung vollzieht sich der letzte Schritt weg vom gesellschaftsrechtlich definierten Insider, denn es ist keinerlei Beziehung zur Gesellschaft mehr erforderlich. Dem Sekundärinsider

---

[372] *Tippach*, Insider-Handelsverbot und die besonderen Rechtspflichten der Banken, S. 164.
[373] ABl. EG Nr. C 153/8-10 vom 11. Juni 1987.

fehlt der Informationskontakt zum Emittenten. Alle diejenigen, die eine Insiderinformation erhalten, sind nach dem Wertpapierhandelsgesetz Insider[374].

Die Legaldefinition des Sekundärinsiders wirft ebenfalls zahlreiche Probleme auf. Dies hängt nicht zuletzt damit zusammen, daß bis zur endgültigen Fassung des Wertpapierhandelsgesetzes erheblicher Streit darüber bestand, ob und wie sich ein Sekundärinsider strafrechtlich zu verantworten hat[375]. Dieser Streit reichte von einer Ausdehnung der Haftung des Sekundärinsiders bis zu der zeitweiligen Absicht der Bundesregierung, den Sekundärinsider gänzlich straflos zu stellen[376]. Schließlich findet sich der Sekundärinsider an systematisch falscher Stelle, nämlich im Rahmen der Verbotstatbestände des § 14 WpHG anstatt im Rahmen der Insiderdefinition des § 13 WpHG wieder.

Art. 4 der Insiderrichtlinie unterwirft diejenigen Personen einem Handelsverbot, die „in Kenntnis der Sache über eine Insiderinformation verfügen, die unmittelbar oder mittelbar nur von einer in Art. 2 genannten Person stammen kann". Nach den gemeinschaftsrechtlichen Vorgaben kommen einerseits solche Personen als Sekundärinsider in Betracht, die eine Insiderinformation von einem Primärinsider erhalten haben[377]. Andererseits setzt das in der Insiderrichtlinie verwendete Merkmal „in Kenntnis der Sache über eine Insiderinformation" als Korrelat zum Weitergabeverbot für Primärinsider in Art. 3 lit. a der Insiderrichtlinie voraus, daß die Information dem Empfänger durch einen bewußten Akt zugeht[378]. Dieses spezifische Tatbestandsmerkmal des Art. 4 der Insiderrichtlinie dient der Eingrenzung des Kreises potentieller Sekundärinsider. Indem das Wertpapierhandelsgesetz dieses eingrenzende Merkmal nicht übernommen hat, geht es über die Mindestvorgaben der Insiderrichtlinie hinaus.

1. Zufallsinsider

Es stellt sich die Frage, welche Konsequenzen es hat, daß der nationale Gesetzgeber auf ein restriktives Merkmal verzichtet hat. Dieser Frage soll in einem Bereich nachgegangen werden, in dem die Kenntnisnahme von

---

[374] Claussen, DB 1994, S. 28, Lücker, Der Straftatbestand des Mißbrauchs von Insiderinformationen nach dem Wertpapierhandelsgesetz, S. 125; *Tippach*, Insider-Handelsverbot und die besonderen Rechtspflichten der Banken, S. 174.

[375] *Tippach*, Insider-Handelsverbot und die besonderen Rechtspflichten der Banken, S. 173.

[376] Vgl. auch den Überblick bei *Siebel*, in: Festschrift für Semler, S. 955 ff.

[377] *Dickersbach*, Das neue Insiderrecht, S. 154; *Dierlamm*, NStZ 1996, S. 521.

[378] *Tippach*, Insider-Handelsverbot und die besonderen Rechtspflichten der Banken, S. 176.

Insidertatsachen aufgrund zufälliger Konstellationen erfolgt. Als Beispiel soll der Fall des Taxifahrers angeführt werden, dessen Fahrgäste sich über einen anstehenden Unternehmenskauf unterhalten.

Nach der Vorgabe des Art. 4 der Insiderrichtlinie könnte der Taxifahrer zunächst als Primärinsider einzustufen sein. Ein Taxifahrer hat jedoch keinerlei beruflichen Bezug zur Information. Er erhält die Insiderinformation weder regelmäßig noch von Fall zu Fall durch seine Aufgabenerfüllung. Darüber hinaus eröffnet sich ihm der Zugang zu der Information auch nicht durch seine Tätigkeit, sondern nur durch zufälliges Mithören einer Unterhaltung. Der Taxifahrer ist daher nicht als Primärinsider nach Art. 2 Abs. 1 1. Spiegelstrich der Insiderrichtlinie einzustufen[379].

Möglich wäre jedoch die Erfassung des Taxifahrers als Tipempfänger und damit als Sekundärinsider nach Art. 4 der Insiderrichtlinie. Nur wenn die Fahrgäste ihm absichtlich einen Tip zukommen ließen, ist der Fahrer nach der Insiderrichtlinie als Sekundärinsider einzustufen. Dieser Fall liegt jedoch im oben angeführten Beispiel nicht vor, weil die Insiderinformation weder unmittelbar noch mittelbar von einem berufsbedingten Primärinsider stammt. Art. 4 der Insiderrichtlinie setzt nämlich als Korrelat zum Weitergabeverbot voraus, daß die Information dem Empfänger durch einen bewußten Akt zugeht[380]. Der Taxifahrer erhält die Insiderinformation aber von seinen Fahrgästen nur zufällig. Er ist nach der Insiderrichtlinie daher auch nicht als Sekundärinsider anzusehen.

Das Wertpapierhandelsgesetz stuft den Taxifahrer mangels berufsadäquater Kenntniserlangung ebenfalls nicht als Primärinsider i.S.d. § 13 Abs. 1 Nr. 3 ein. Der Taxifahrer hat die Insiderinformationen nicht bestimmungsgemäß durch seine Aufgabenerfüllung, sondern durch das Gespräch seiner Fahrgäste nur zufällig erhalten.

In Betracht kommt damit nach dem nationalen Insiderrecht allenfalls eine Erfassung des Taxifahrers als Sekundärinsider. Der Fahrer hat als Dritter „Kenntnis von einer Insidertatsache“ und erfüllt daher zweifelsohne den Tatbestand des § 14 Abs. 2 WpHG, welcher ihn als Sekundärinsider qualifiziert. Im Vergleich zu den Vorgaben der Insiderrichtlinie führt die Legaldefinition des § 14 Abs. 2 WpHG zu einer Ausdehnung des Täterkreises, da sie auch den Zufallsinsider erfaßt.

---

[379] *Tippach*, Insider-Handelsverbot und die besonderen Rechtspflichten der Banken, S. 176.
[380] ABl. EG Nr. L 334/30 vom 18. November 1989, S. 30.

Obwohl der nationale Gesetzgeber das Adverb „bestimmungsgemäß" - bewußt und entgegen den Vorgaben der Insiderrichtlinie - in die Regelung des § 13 Abs. 1 Nr. 3 WpHG eingefügt hat, ist eine entsprechende Eingrenzung bei der Legaldefinition des Sekundärinsiders unterblieben. Die gegenwärtige Regelung des § 14 Abs. 2 WpHG führt dazu, daß der Personal Anwendungsbereich des Verwertungsverbots für Sekundärinsider erheblich erweitert wird. Neben denjenigen, die bewußt Kenntnis von einer Insidertatsache erlangt haben, kommt nach § 14 Abs. 2 WpHG eine weitere Kategorie von Sekundärinsidern in Betracht: Dies sind alle diejenigen, die zufälligerweise über eine Insiderinformation verfügen.

Ein Dritter, der zufällig Insiderinformationen erhält, vermag das Vertrauen der Anleger in die Funktionsfähigkeit der Sekundärmarkte für Wertpapiere durch seine Transaktion jedoch nicht zu erschüttern[381]. Es wird immer Anleger geben, die besser informiert sind als andere. Ein Zufallsinsider verdankt seinen Informationsvorsprung besonderen Umständen. Diese Umstände werden sich kaum rekonstruieren lassen. Das Anlegerpublikum wird sich daher nicht deshalb von einem Markt fernhalten, weil einige wenige Personen aufgrund zufälliger Konstellationen eine Information erhalten haben, die sie durch Wertpapiertransaktionen verwerten können. Eine Einschränkung des Anwendungsbereichs des § 14 Abs. 2 WpHG ist um so erforderlicher, als daß der Strafrahmen für Insidervergehen des Sekundärinsiders mit dem für Primärinsider identisch ist. Das Ergebnis der gegenwärtigen Rechtslage ist eine nicht zu rechtfertigende Ausweitung des Kreises potentieller Sekundärinsider.

De lege ferenda sollte § 14 Abs. 2 WpHG nur die Fälle erfassen, in denen eine bewußte Weitergabe an Dritte nachweisbar ist[382]. Sekundärinsider sollte derjenige sein, der die Insidertatsache, sofern er sie sich nicht rechtswidrig verschafft hat, durch eine bewußte Weitergabe aus einer Insiderquelle erhalten hat[383]. Zwar muß sich auch im Rahmen des § 14 Abs. 2 WpHG der Vorsatz auf das Vorliegen einer Insidertatsache beziehen. Dies reicht jedoch nicht aus, um den Zufallsinsider auf dem personellen Anwendungsbereich des Insiderhandelsverbots auszugrenzen.

Eine derartige Gesetzesänderung vermag einerseits das kollusive Zusammenwirken des Sekundärinsiders mit einem Dritten zu erfassen. Andererseits wird sie sich insbesondere in der Strafverfolgungspraxis als zutreffend erweisen, weil der Nachweis erforderlich ist, daß der Sekundärinsider die Information nicht aus

---

[381] Vgl. *Otto*, in: Madrid-Symposium für Tiedemann, S. 462.

[382] *Tippach*, Insider-Handelsverbot und die besonderen Rechtspflichten der Banken, S. 176.

[383] Vgl. *Peter*, in: Nobel (Hrsg.), S. 111.

einer legalen Drittquelle erhalten hat. Ansonsten würde man zu einer Beweislastumkehr gelangen, die im Strafrecht unzulässig ist[384]. Zwar können noch weitere Sekundärinsider dazwischen geschaltet sein, die ihrerseits nicht dem Weitergabeverbot unterliegen. Aber auch dann bleibt die Urheberschaft eines Primärinsiders nachzuweisen, was den Zufallsinsider als Figur verhindert.

Als Zwischenergebnis bleibt damit festzuhalten, daß die Legaldefinition des Sekundärinsiders in § 14 Abs. 2 WpHG einer Gesetzesänderung bedarf, um den personellen Anwendungsbereich des Insiderhandelsverbots einzuschränken. Sekundärinsider sollte nur derjenige sein, der durch bewußte Weitergabe aus einer Insiderquelle oder durch rechtswidriges Verhalten Kenntnis von einer Insidertatsache hat.

2. Tipempfänger

Die gesetzliche Definition des Sekundärinsiders weist daneben eine weitere Schwäche auf. Als Beispiel kann auch hier ein Taxifahrer angeführt werden, der von seinem Fahrgast einen „Tip" für die Durchführung einer Wertpapiertransaktion bekommt, ohne daß der Gast die Insiderinformation selbst preisgibt.

Nach dem Wortlaut des § 14 Abs. 2 WpHG ist derjenige als Sekundärinsider anzusehen, der „Kenntnis von einer Insidertatsache hat". Die Information muß dem Sekundärinsider daher in ihrer Eigenschaft als Insidertatsache weitergegeben worden sein. Nur dann ist der Anwendungsbereich des in § 14 Abs. 2 WpHG normierten Verwertungsverbots eröffnet[385]. Der Taxifahrer im angeführten Beispiels hat von seinem Fahrgast lediglich einen „Tip" erhalten, ohne jedoch positive Kenntnis von der Insidertatsache zu haben. Er ist daher nach dem Wertpapierhandelsgesetz nicht als Sekundärinsider zu qualifizieren.

Obwohl die Regelung des § 14 Abs. 2 WpHG in dieser Hinsicht den gemeinschaftsrechtlichen Vorgaben entspricht, ist sie im Vergleich zum Empfehlungsverbot für Primärinsider inkonsequent. Nach § 14 Abs. 1 Nr. 3 WpHG ist bereits die bloße Empfehlung auf der Grundlage einer Insidertatsache für strafbar erklärt worden. Vom Sekundärinsider wird hingegen die Kenntnis der Insidertatsache in ihrer Eigenschaft als solche verlangt, damit dieser einem Verwertungsverbot unterliegt. Bei Beachtung des Wortlauts als strafrechtliche Auslegungsgrenze führen diese unterschiedlichen Verbote zu einer Strafbarkeits-

---

[384] *Peter*, SWZ 1993, S. 236.
[385] *Tippach*, Insider-Handelsverbot und die besonderen Rechtspflichten der Banken, S. 175.

lücke beim Tipempfänger, weil die bloße Kenntnis einer Empfehlung nicht zur Erfüllung des Merkmals „Kenntnis von einer Insidertatsache“ ausreicht. Die auf einem echten „Tip“ basierende Wertpapiertransaktion ist für den Tipempfänger de lege lata nicht strafbar.

Diese Strafbarkeitslücke eröffnet zwar keine Umgehungsmöglichkeiten, die ein wirksames Insiderrecht aushöhlen können. Einem Primärinsider, der im Rahmen eines Strohmanngeschäfts mit einem Dritten zusammenarbeitet, wird durch das Empfehlungsverbot des § 14 Abs. 1 Nr. 3 WpHG die Möglichkeit genommen, das Verwertungsverbot zu umgehen. Immer dann, wenn er sich eines Dritten bedient, um Insidergeschäfte zu tätigen, muß er notwendigerweise den Kauf oder Verkauf von Insiderpapieren empfehlen. Ein Primärinsider setzt sich daher bei einem Strohmanngeschäft einer insiderrechtlichen Verantwortung aus.

Im Sinne eines umfassenden Rechtsgüterschutzes ist eine Ausdehnung der Strafbarkeit auf den Tipempfänger geboten. Die Insidertatsache wird durch die Wertpapiertransaktion infolge einer Empfehlung zwar nur mittelbar an den Sekundärmärkten für Wertpapiere verwertet. Dennoch erlangt der Tipempfänger aufgrund einer Absprache mit dem Primärinsider häufig einen finanziellen Vorteil, der im Widerspruch zur Chancengleichheit aller Marktteilnehmer steht. Diese bei Strohmanngeschäften nicht gegebene Chancengleichheit gefährdet das Vertrauen der Anleger und somit die Funktionsfähigkeit der Wertpapiermärkte.

3. Ergebnis

Als Ergebnis bleibt festzuhalten, daß § 14 Abs. 2 WpHG einerseits zu weit gefaßt wurde, da er nicht nur die bewußte Weitergabe einer Insiderinformation an einen Dritten erfaßt. Andererseits führt die Norm zu einer Strafbarkeitslücke, weil die bloße Kenntnis von einer Empfehlung nicht die Tatbestandsvoraussetzungen erfüllt, wenn dem Dritten nicht auch die Insiderinformation als solche bekannt ist. De lege ferenda sollte daher Sekundärinsider derjenige sein, der Kenntnis von einer Insidertatsache durch rechtswidriges Verhalten, durch bewußte Weitergabe aus einer Insiderquelle oder der Kenntnis von einer Empfehlung auf der Grundlage einer Insidertatsache hat.

Achtes Kapitel

Insidertatsache, § 13 WpHG

Eine Insidertatsache ist nach § 13 Abs. 1 WpHG eine nicht öffentlich bekannte Tatsache, die sich auf einen oder mehrere Emittenten von Insiderpapieren oder auf Insiderpapiere bezieht und die geeignet ist, im Falle ihres öffentlichen Bekanntwerdens den Kurs der Insiderpapiere erheblich zu beeinflussen. Nicht zu den Insidertatsachen zählen nach § 13 Abs. 2 WpHG Bewertungen, die ausschließlich aufgrund öffentlich bekannter Tatsachen erstellt wurden.

I. Tatsachenbegriff

Obwohl der Begriff der Tatsache als das zentrale Element der Insiderhandelsverbote gilt[386], enthält weder die Insiderrichtlinie noch das Wertpapierhandelsgesetz eine entsprechende Definition. Nach der Amtlichen Begründung zum Wertpapierhandelsgesetz seien Werturteile, d.h. Meinungsäußerungen, Rechtsauffassungen und Auffassungen persönlicher Art sowie andere subjektive Wertungen, die bloße Meinungen zum Ausdruck bringen, nicht als Tatsachen anzusehen[387]. Es stellt sich daher die Frage, wie der Tatsachenbegriff auszulegen ist.

1. Literaturmeinungen

a) Die herrschende Meinung zum Insiderrecht[388] geht davon aus, daß die gängige Definition der Tatsache, wie sie insbesondere im Rahmen des § 263 StGB verwandt wird, auf das Wertpapierhandelsrecht übertragen werden könne. Tatsachen seien somit alle dem Beweis zugängliche, konkrete äußere oder innere Geschehnisse oder Zustände der Vergangenheit oder Gegenwart. Diese grenzten sich von Meinungen, Ansichten und Werturteilen ab[389]. Die Begriffsbestimmung

---

[386] Vgl. *Happ/Semler*, ZGR 1998, S. 124.

[387] BT-Drucks. 12/6679 vom 27. Januar 1994, S. 46.

[388] *Assmann*, in: Assmann/Schneider (Hrsg.), § 13 Rdnr. 33; *Gehrt*, Die neue Ad-hoc-Publizität nach § 15 Wertpapierhandelsgesetz, S. 120 f.; *Volk*, DB 1999, S. 67.

[389] *Claussen*, ZBB 1992, S. 276; *ders.*, DB 1994, S. 30; *Haouache*, Börsenaufsicht durch Strafrecht, S. 98; *Immenga*, ZBB 1995, S. 201; *Schleifer/Kliemt*, DB 1995, S. 2214.

klammere auch subjektive Einschätzungen und Prognosen ebenso aus wie bloße Vermutungen und Gerüchte.

b) *Cramer* und *Heise*[390] hingegen lehnen eine Übertragung der allgemein gängigen Definition der Tatsache auf das Wertpapierhandelsgesetz ab, da die Deliktsstrukturen des Betruges und des Insiderhandels nicht einheitlich seien. Der Betrug sei ein Erfolgsdelikt, das Individualgüter schütze, demgegenüber sollten die Insiderhandelsverbote überindividuelle Interessen wahren. Die Vorverlagerung des Strafschutzes durch das Wertpapierhandelsgesetz gebiete es, den Begriff der Tatsache beim Insiderhandel weiter zu fassen und auch Prognosen und Bewertungen einzubeziehen. Aus einem Vergleich der beiden Absätze des § 13 WpHG lasse sich erkennen, daß der Gesetzgeber ein erweitertes Tatsachenverständnis im Bereich des Insiderrechts voraussetze. § 13 Abs. 2 WpHG grenze schließlich Bewertungen, die nur aufgrund öffentlich bekannter Tatsachen erstellt worden seien, aus dem Anwendungsbereich der Insidertatsachen aus. Sollte daher nur eine eingeschränktes Tatsachenverständnis im Wertpapierhandelsgesetz gelten, hätte diese Formulierung keinen Sinn.

c) *Assmann*[391] hat bis 1998 die Ansicht vertreten, daß die insiderrechtlich relevanten Tatsachen alle dem Beweis zugängliche, konkrete äußere oder innere Geschehnisse oder Zustände der Vergangenheit oder Gegenwart seien. Pläne und Vorhaben erfüllten den Tatsachenbegriff hingegen nicht, da sie unsicheres Wissen darstellten und seien einer Überprüfung nicht zugänglich seien. Etwas anderes solle nur dann gelten, wenn derartige subjektive Tatbestände Gegenstand einer Information seien. Unter diesen Umständen habe der Empfänger ausnahmsweise Kenntnis von einer Tatsache. Im Fall der Mitteilung von Vermutungen über künftige Ereignisse, Absichten oder Vorhaben gelte dies jedenfalls dann, wenn eine hohe Wahrscheinlichkeit für den Eintritt des prognostizierten Ereignisses oder für die Verwirklichung der mitgeteilten Absicht bestehe.

Diese Ansicht sei auch sachgerecht. Wer die Umsetzung eines Plans unter Hinzuziehung der Kenntnis anderer tatsächlicher Umstände mit hoher Wahrscheinlichkeit voraussagen könne, verfüge bereits über eine präzise Information, die ihm bei Wertpapiergeschäften ungerechtfertigte - weil nicht mehr in den Bereich des Spekulativen zu verdrängende - Sondervorteile gegenüber anderen Marktteilnehmern verschaffen könne[392]. Maßgeblich zur Beurteilung der Eintrittswahrscheinlichkeit seien objektive Umstände, wie sie sich aus der Perspektive

---

[390] *Cramer*, in Festschrift für Triffterer, S. 323, *Heise*, Der Insiderhandel an der Börse, S. 113.
[391] *Assmann*, in: Assmann/Schneider (Hrsg.), 1. Auflage 1995, § 13 Rdnr. 33; *ders.*, AG 1997, S. 51.
[392] *Assmann*, AG 1997, S. 51.

des Beobachters darstellten[393]. Ähnlich verhalte es sich mit Empfehlungen. Wer einen solchen Rat erhalte, erlange keine Insidertatsache, wenn ihm nicht zugleich überprüfbare Fakten mitgeteilt würden. Anders sei dagegen die Mitteilung darüber zu beurteilen, daß bestimmte Empfehlungen im Umlauf seien. Der Empfänger erlange hier Kenntnis von einer Tatsache[394].

Assmann[395] hat noch im Jahre 1998 seine Auffassung in bezug auf Gerüchte geändert. Die Ansicht, neben und zusammen mit Meinungen und Werturteilen seien auch Gerüchte von vornherein aus dem Kreis möglicher Insidertatsachen auszuschließen, finde keine Grundlage in der Amtlichen Begründung zum Wertpapierhandelsgesetz und sei sachlich auch nicht gerechtfertigt[396]. Gerüchte erfüllten daher das Tatbestandsmerkmal der Tatsache i.S.d. § 13 Abs. 1 WpHG.

2. Rechtsprechung

a) Gerichtliche Entscheidungen zum Wertpapierhandelsgesetz sind selten. Während sich der Beschluß des Bundesgerichtshofs vom 17. September 1996[397] noch in erster Linie mit der Auslieferung bei Insiderverstößen beschäftigte, ist der Beschluß des Hessischen Verwaltungsgerichtshofs vom 16. März 1998[398] die erste gerichtliche Entscheidung, die mit Ausführungen zum Begriff der Insidertatsache Auslegungsfragen zu einem für die Insiderhandelsverbote des § 14 WpHG zentralen Tatbestandsmerkmal behandelt.

Wie es dazu kommt, daß gerade ein Verwaltungsgericht erstmals zur Auslegung eines der zahlreichen unbestimmten Rechtsbegriffe der Insiderhandelsverbote Stellung zu nehmen hatte, ergibt sich aus dem Sachverhalt, der der Entscheidung zugrunde lag: Der Antragsteller des Beschlusses hatte einen Telefonanruf erhalten, in dem ihm ein Informant mitteilte, er habe Kenntnis eines geplanten feindlichen Übernahmeangebots. Diese Übernahme fand dann auch tatsächlich statt. Nachdem das Bundesaufsichtsamt für den Wertpapierhandel von dem Telefonat erfahren hatte, verlangte es vom Antragsteller Auskunft über die Identität des Informanten und stützte sein diesbezügliches Verlangen auf die Vorschrift des § 16 Abs. 4 WpHG. Das Bundesaufsichtsamt für den Wertpapierhandel kann nach dieser Norm, wenn es Anhaltspunkte für einen Verstoß gegen

[393] *Assmann*, AG 1997, S. 51.
[394] *Assmann*, in: Assmann/Schneider (Hrsg.), § 13 Rdnr. 36.
[395] *Assmann*, in: Assmann/Schneider (Hrsg.), § 13 Rdnr. 33.
[396] *Assmann*, AG 1998, S. 438; *ders.*, in: Assmann/Schneider (Hrsg.), § 13 Rdnr. 34a und 33d.
[397] BGH, AG 1997, S. 40.
[398] Hess. VGH, AG 1998, S. 436 ff.

§ 14 WpHG hat, von Personen, die Kenntnis von einer Insidertatsache haben, Auskünfte über andere Personen verlangen, die ebenfalls von solchen Tatsachen Kenntnis haben. Der Antragsteller stellte sich jedoch auf den Standpunkt, sein Informant habe ihm nur ein Gerücht mitgeteilt, weshalb er zur Auskunft nicht verpflichtet sei.

Der Hessische Verwaltungsgerichtshof[399] vertritt die Auffassung, daß als Tatsachen ganz allgemeinen die der äußeren Wahrnehmung zugänglichen Geschehnisse oder Zustände anzusehen seien. Die Frage der Beweisbarkeit spiele bei der Definition des Begriffs keine Rolle, weshalb das Gegenstück zur Tatsache die Meinung oder das Werturteils sei. Dies habe der Gesetzgeber auch so gesehen, da die Weitergabe von Werturteilen nicht unter das Verbot des § 14 Abs. 1 Nr. 2 WpHG falle.

Das Gerücht über eine geplante Übernahme beispielsweise stelle eine Insidertatsache dar, wenn sich der Wahrheitsgehalt der Mitteilung schon kurze Zeit später in eindrucksvoller Weise bestätige. Zudem könne nicht eingewandt werden, daß es sich bei einem Übernahmeangebot um ein bloßes Gerücht gehandelt habe. Auf den Umstand, ob sich die Mitteilung verifizieren lasse oder noch vage und unbestimmte sei, komme es nicht an. Letzteres werde bei Insidertatsachen häufig der Fall sein, da es sich dabei um nicht öffentlich bekannte Tatsachen handeln müsse.

b) Am 9. November 1999 befaßte sich das Landgericht Frankfurt am Main[400] im Rahmen einer ablehnenden Entscheidung über die Eröffnung des Hauptverfahrens gegen den Börsenjournalist Egbert Prior als zweites Gericht mit der Auslegung des Begriffs der Insidertatsache. Die Staatsanwaltschaft legte Prior zur Last, gegen das Verwertungsverbot des § 14 Abs. 1 Nr. 1 WpHG verstoßen zu haben, weil er Wertpapiere öffentlich zum Kauf empfohlen und die dadurch entstandenen Kursschwankungen durch eigene Transaktionen ausgenutzt habe[401].

Nach Ansicht des Landgerichts Frankfurt am Main[402] seien Tatsachen ganz allgemein die der äußeren Wahrnehmung zugängliche Geschehnisse oder Zustände der Außenwelt und des menschlichen Innenlebens. Auch die Absicht, in Zukunft etwas zu unternehmen, sei eine innere Tatsache, unabhängig davon, ob man als innere Tatsache nur das ansehe, was auch dem Beweis zugänglich und damit verifizierbar sei oder ob man die Frage der Beweisbarkeit als für die begriffliche Definition unerheblich ansehe.

---

399 Hess. VGH, AG 1998, S. 436.
400 LG Frankfurt am Main, NJW 2000, S. 301 f.
401 Vgl. neuntes Kapitel II. 9 d).
402 LG Frankfurt am Main, NJW 2000, S. 302.

3. Stellungnahme

Bei diesen verschiedenen Ansichten über den Tatsachenbegriff ist eine systematische Auseinandersetzung geboten. Die Insiderrichtlinie definiert in Art. 1 Nr. 1 eine Insider-Information als „eine nicht öffentlich bekannte präzise Information, die einen oder mehrere Emittenten von Wertpapieren betrifft und die, wenn sie öffentlich bekannt würde, geeignet wäre, den Kurs dieses Wertpapiers oder dieser Wertpapiere beträchtlich zu beeinflussen“[403]. Der nationale Gesetzgeber hat den in der Insiderrichtlinie verwendeten Terminus „präzise Information“ in § 13 Abs. 1 WpHG durch den Begriff „Tatsache“ ersetzt. Hätte der nationale Gesetzgeber diesen Begriff anders als nach gefestigten juristischen Sprachgebrauch definieren wollen, hätte es nahe gelegen, den von der Insiderrichtlinie verwandten Begriff der präzisen Information beizubehalten. Dies ist jedoch nicht geschehen, so daß der allgemein gängige Tatsachenbegriff im Rahmen des § 13 Abs. 1 WpHG nicht zu relativen ist. Tatsachen sind demnach alle dem Beweis zugängliche, konkrete äußere und innere Geschehnisse oder Zustände der Vergangenheit oder Gegenwart[404].

Den Gegensatz zu Tatsachen stellen Meinungsäußerungen oder Werturteile, die jeglichen Tatsachenkerns entbehren, dar[405]. Ebenfalls nicht zu den Tatsachen zählen Geschehnisse, die noch in der Zukunft liegen. Jedoch ist die Absicht, etwas in der Zukunft zu tun, schon eine gegenwärtige Tatsache[406], so daß auch Pläne und Vorhaben Dritter als Tatsachen anzusehen sind.

Die Verwendung der allgemein gängigen Begriffsdefinition ist sachgerecht. Die Marktteilnehmer können ihr Kapital an den Börsen entweder langfristig im Sinne einer Unternehmensbeteiligung anlagen oder nur auf einem sehr kurzen Zeithorizont spekulieren. Ein Beispiel für letzteres ist das sogenannte Day-Trading, bei dem die täglichen Kursschwankungen zur Gewinnerzielung ausgenutzt werden. Nährboden für die kurzfristigen Spekulationsgeschäfte sind nicht Fakten, sondern im großen Umfang Einschätzungen und Annahmen des Anlegerverhaltens. Gerüchte und Prognosen sind für das heutige Börsengesehen ein wesentlicher Funktionsbestandteil. Würden nicht öffentliche bekannte Gerüchte und Prognosen als Insidertatsachen zu qualifizieren sein, bestünde die Gefahr, die Börse in ihrer gegenwärtigen Funktion zu schützen und nicht in ihrer objektiv verstandenen Funktionsfähigkeit. Wer sich bei Börsengeschäften auf Prognosen und Gerüchte verläßt, die nicht überprüfbar sind, hat das Geschäfts-

---

[403] ABl. EG Nr. L 334/30 vom 18. November 1989, S. 30.
[404] Vgl. nur *Otto*, Die einzelnen Delikte, § 51 III. 1.
[405] *Otto*, Die einzelnen Delikte, § 51 III. 1.
[406] RG 66, 58.

risiko selbst zu tragen. Nicht jede Information, die die Börse erschüttern und die Marktteilnehmer nervös machen könnte, darf in den Anwendungsbereich der Insiderhandelsverbote einbezogen werden, sondern nur diejenigen, die sich mit Fakten untermauern und überprüfen lassen. Gerüchte und Prognosen scheiden damit als mögliche Tatsachen aus, da diese regelmäßig nicht einem Beweis zugänglich sind, sondern sich auf zukünftige Entwicklung beziehen bzw. subjektive Auffassungen wiedergeben.

Schwieriger zu beurteilen ist die Frage, ob Pläne und Vorhaben Dritter den Tatsachenbegriff erfüllen. Eine Tatsache grenzt sich von einem Gerücht durch die inhaltliche Genauigkeit der Information ab und damit letztlich von der Zuverlässigkeit der Informationsquelle[407]. Wer aus eigener Anschauung von Plänen oder Vorhaben Dritter weiß, hat Kenntnis von einer Tatsache. Wer von demselben Plan aus unzuverlässiger Quelle erfährt, ohne daß ihm weitere Einzelheiten mitgeteilt wurden, die eine Überprüfung ermöglichen, hat lediglich Kenntnis von einem Gerücht[408]. Die Frage nach der Wahrscheinlichkeit der Planverwirklichung ist erst in einem zweiten Schritt zu beantworten. Sie betrifft das Kursbeeinflussungspotential des Vorhabens. Eine bereits in Angriff genommene Fusion wird im Falle ihres Bekanntwerdens stärkere Kursbewegungen auslösen als ein entsprechender Plan, der sich im Stadium der Prüfung und Vorbereitung befindet[409]. Die Tatsacheneigenschaft des Vorhabens hängt von diesem Potential, den Kurs zu beeinflussen, nicht ab[410]. Bei der Bestimmung des Begriffs der Tatsache ist dieses Beeinflussungspotential somit ohne Bedeutung.

Wer aus zuverlässiger Quelle von einem Plan oder Vorhaben erfährt und auf dieser Grundlage Wertpapiertransaktionen durchführt, handelt nicht aufgrund von Gerüchten, sondern richtet sich nach einer Tatsache[411]. Der Grad der Verwirklichungswahrscheinlichkeit spielt insoweit keine Rolle. Der Umstand, daß die Realisierung des Vorhabens nicht feststeht, ändert nichts daran, daß der zuverlässig Informierte Sonderwissen von einem tatsächlich bestehenden Plan hat. Das Kursbeeinflussungspotential eines unter Vorbehalt stehenden Plans mag geringer sein, als das eines Vorhabens, dessen Verwirklichung nichts mehr im Wege steht. In beiden Fällen handelt es sich jedoch um eine Tatsache.

Die inhaltliche Unbestimmtheit der Information und die Unzuverlässigkeit des Informanten einerseits sowie die Unsicherheit der Verwirklichung andererseits sind keine beliebig austauschbaren Faktoren, die stets zu einer Spekulation ohne

---

407 *Cahn*, ZHR 162 (1998), S. 14.
408 *Schwarze*, BFuP 1994, S. 134; *Weber*, BB 1995, S. 163.
409 *Cahn*, ZHR 162 (1998), S. 14.
410 *Caspari*, in: Baetge (Hrsg.), S.85; *Happ*, JZ 1994, S. 242, *Pananis*, WM 1997, S. 462.
411 *Cahn*, ZHR 162 (1998), S. 15.

Tatsachengrundlage führen würden[412]. Wer sichere Kenntnis von einem Plan hat - selbst wenn dessen Verwirklichung ungewiß ist - handelt aufgrund einer Tatsache. Eine sachgerechte Auslegung des Tatsachenbegriffs kann daher nur zu dem Ergebnis gelangen, daß auch Pläne und Vorhaben im Gegensatz zu Gerüchten als Tatsachen anzusehen sind.

4. Ergebnis

Als Ergebnis bleibt festzuhalten, daß bei der Bestimmung des insiderrechtlichen Tatsachenbegriffs auf die allgemein gängige Definition im Rahmen des Betruges zurückgegriffen werden kann. Tatsachen i.S.d. § 13 Abs. 1 WpHG sind demnach alle dem Beweis zugängliche, konkrete äußere und innere Geschehnisse oder Zustände der Vergangenheit oder Gegenwart. Von den Tatsachen grenzen sich Gerüchte, Meinungsäußerungen und Prognosen ab, da diese nicht einem Beweis zugänglich sind. Pläne, Absichten und Vorhaben können nur dann Insidertatsachen darstellen, wenn die Information aus zuverlässigen Quelle stammen.

II. Öffentliche Unbekanntheit der Tatsache

Eine Tatsache, die sich auf einen oder mehrere Emittenten von Insiderpapieren oder auf Insiderpapiere bezieht, unterliegt dann nicht mehr den Insiderhandelsverboten des § 14 WpHG, wenn sie öffentlich bekannt ist. Voraussetzung dafür ist, daß es einer unbestimmten Zahl von Personen möglich ist, von ihr Kenntnis zu nehmen[413]. Dies ist dann gegeben, wenn die Information entsprechend der börsenrechtlichen Bestimmungen veröffentlicht oder die sogenannte Bereichsöffentlichkeit hergestellt wurde. Letztere liegt vor, wenn die Marktteilnehmer von der Tatsache Kenntnis nehmen können. Die Möglichkeit der Kenntnisnahme ist bei Verbreitung der Information über allgemein zugängliche Informationssysteme gegeben. Es kommt jedoch nicht darauf an, ob im konkreten Fall von dem Informationsangebot tatsächlich Gebrauch gemacht wurde.

Entscheidend für diese Auslegung ist die Zielrichtung der Insiderhandelsverbote, nämlich der Schutz der Funktionsfähigkeit der Wertpapiermärkte. Haben die Marktteilnehmer von der Tatsache Kenntnis genommen, können sie die

---

[412] *Cahn*, ZHR 162 (1998), S. 15.
[413] BT-Drucks. 12/6679 vom 27. Januar 1994, S. 46.

Information in ihre Dispositionen einfließen lassen, mit der Folge, daß sich die Information in den Börsen- oder Marktpreisen niederschlägt. Es ist im Hinblick auf die Schutzrichtung nicht erforderlich, daß das breite Anlegerpublikum ebenfalls Gelegenheit hat, die Information zur Kenntnis zu nehmen. Ausreichend für die Wahrung der Chancengleichheit ist, daß jeder Anleger die theoretische Möglichkeit hat, sich die Information zu besorgen. Diese besteht bereits bei der Bereichsöffentlichkeit, da alle Anleger für Transaktionen an den Börsen einen Wertpapierhändler einschalten müssen. Wertpapierhändler haben über branchenübliche Informationssysteme Zugriff auf alle wesentlichen Informationen, so daß sie diese an die Anleger weitergegeben können. Durch die notwendige Einschaltung eines Wertpapierhändlers ist sichergestellt, daß alle Anleger auch an diejenigen Information gelangen können, die nur in speziellen Informationssystemen veröffentlicht wurden. Es ist daher nicht erforderlich, den Strafrechtschutz solange aufrecht zu erhalten, bis die Information auch in anderen Medien veröffentlicht wurde.

Es bleibt somit festzuhalten, daß eine Tatsache bereits dann öffentlich bekannt ist, wenn sie über branchenübliche Informationssysteme veröffentlicht wurde und damit die sogenannte Bereichsöffentlichkeit hergestellt wurde.

III. Eignung zur erheblichen Kursbeeinflussung

Die Unbekanntheit der Tatsache reicht nicht aus, um den Anwendungsbereich der Insiderhandelsverbote auf die tatsächlich strafwürdigen und strafbedürftigen Fälle einzugrenzen, da jede nicht veröffentlichte Tatsache eine Insidertatsache i.S.d. § 13 Abs. 1 WpHG darstellen würde. Das Tatbestandsmerkmal der erheblichen Kursbeeinflussung dient nach dem Willen des Gesetzgebers der notwendigen Eingrenzung strafbaren Insiderhandels.

1. Amtliche Begründung zum Wertpapierhandelsgesetz

Die Amtlichen Begründung gibt nur mittelbar einen Hinweis darauf, was unter dem Merkmal „erhebliche Kursbeeinflussung“ zu verstehen ist. Es wird angeführt, daß die Marktteilnehmer selbst bei bestimmten Marktkonstellationen von erheblichen Kursbewegungen sprechen[414]. Ein Kursmakler sei beispielsweise verpflichtet, bei Vorliegen eines bestimmten Orderaufkommens die daraufhin zu

[414] BT-Drucks. 12/6679 vom 27. Januar 1994, S. 47.

erwartenden Kursschwankungen mit Plus- oder Minuszeichen anzukündigen. Die veränderte Situation solle damit nach außen kenntlich gemacht werden, um den Marktteilnehmern Gelegenheit zu geben, ihr weiteres Handeln den veränderten Daten anzupassen. Plus- oder Minusankündigungen würden demnach von den Marktteilnehmern selbst nicht mehr als übliche Kursschwankungen angesehen. In aller Regel seien die angeführten Tatsachen - beispielsweise die Änderung des Dividendensatzes, der Ankauf größerer Aktienpositionen oder eine Kursaussetzung - geeignet, den Kurs über dieses übliche Maß zu beeinflussen[415]. Die Amtlichen Begründung zum Wertpapierhandelsgesetz sieht somit die Erheblichkeitsschwelle dann als überschritten an, wenn der Kursausschlag mindestens 5% beträgt[416].

2. Literaturmeinungen

In der Literatur zum Insiderrecht ist umstritten, wie das Tatbestandsmerkmal der Eignung zu einer erheblichen Kursbeeinflussung auszulegen ist.

a) Ein Teil der insiderrechtlichen Literatur[417] hat sich der Amtlichen Begründung zum Wertpapierhandelsgesetz angeschlossen und sieht das Tatbestandsmerkmal der erheblichen Kursbeeinflussung dann als erfüllt an, wenn ein verständiger Investor auf der Grundlage allgemeiner Erfahrungssätze ex ante davon ausgehen könne, daß das öffentliche Bekanntwerden der betreffenden Tatsache einen Kursausschlag von mindestens 5% zur Folge haben werde.

b) *Claussen*[418] interpretiert das Merkmal der Eignung zur Kursbeeinflussung als tatsächliche Kursveränderung. Eine Insidertatsache liege dann vor, wenn der Wert des Kurses bei Veröffentlichung der Information von dem zuvor festgestellten Wert abweiche. Bei einer Abweichung von mehr als 15% im Vergleich zur Kursnotiz vor dem allgemeinen Bekanntwerden der Tatsache ging *Claussen*[419] zunächst von einer erheblichen Beeinflussung aus. Später setzte er dann die Abweichungsgrenze erst auf 10%[420] und schließlich auf 5%[421] im

---

[415] BT-Drucks. 12/6679 vom 27. Januar 1994, S. 47.
[416] Vgl. § 8 Abs. 1 der Bedingungen für Geschäfte an den deutschen Wertpapierbörsen.
[417] *Assmann*, in: Assmann/Schneider (Hrsg.), § 13 Rdnr. 68 f.; *ders.*, AG 1994, S. 244; *ders.*, ZGR 1994, S. 514 f.; *Caspari*, in: Baetge (Hrsg.), S.73 f.; *Möller*, BFuP 1994, S. 105 f.; *Weber*, DB 1995, S. 164.
[418] *Claussen*, ZBB 1992, S. 278.
[419] *Claussen*, ZBB 1992, S. 278.
[420] *Claussen*, DB 1994, S. 30.
[421] *Claussen*, AG 1996, S. 287.

Vergleich zum ursprünglichen Kurswert herab, ohne jedoch seinen Ansatz prinzipiell zu verändern. *Claussen* geht somit davon aus, daß die Insidertatsachenqualität einer Nachricht von der tatsächlich bei ihrer Veröffentlichung hervorgerufenen Kursentwicklung abhängt. Der Kurs des Wertpapiers nach der Veröffentlichung lasse also die Information zu einer Insidertatsache werden.

c) *Hopt*[422] schlägt vor, das Merkmal der Kursbeeinflussung im Sinne eines objektiven Markteinflußtests auszulegen. Es sei daher auf die bloße objektive Eignung der Information zur Kursbeeinflussung abzustellen. Ausschlaggebend sei ihre potentielle Wirkung, nicht hingegen die dann tatsächlich eintretende Kursreaktion[423]. Aus diesem Grunde müsse eine Qualifikation der Wirkung der Information vorgenommen werden und keine Wissensqualifikation. Aus der Sicht eines vernünftigen Durchschnittsanleger sei zu beurteilen, ob die Information bei einer Veröffentlichung zu einer erheblichen Kursveränderung führen könne. Bei einer möglichen Schwankung in Höhe von 5% bejaht *Hopt*[424] grundsätzlich eine erhebliche Beeinflussung.

d) Nach Ansicht *Loesches*[425] stellt die Auslegung des Tatbestandsmerkmals der erheblichen Kursbeeinflussung ein mit rein rechtlichen Mitteln nicht zu bewältigendes Problem dar. Aus diesem Grunde greift er bei seinem Lösungsvorschlag auf Erkenntnisse der Finanzmathematik zurück. Ausgangspunkt für die Konkretisierung der Erheblichkeitsgrenze sei die Berücksichtigung der natürlichen Schwankungen des Wertbereichs eines Insiderpapiers. Es sei deshalb die Ober- und Untergrenze des üblichen Renditeschwankungsbereichs des Wertpapiers zu berechnen und damit seine Volatilität zu erfassen. Eine prognostizierte Überschreitung der so errechneten Grenzwerte sei bei diesem Wertpapier außergewöhnlich und somit als erhebliche Kursveränderung anzusehen.

e) Ebenfalls einen anderen Ansatzpunkt wählt *Tippach*[426], indem er nicht von einem starren Grenzwert ausgeht, bei dessen Überschreitung das Tatbestandsmerkmal der erheblichen Kursbeeinflussung erfüllt ist. Eine Information sei vielmehr dann geeignet, zu einer erheblichen Kursveränderung zu führen, wenn kumulativ folgende zwei Bedingungen erfüllt seien: Erstens müsse es sich um eine nach europäischen Recht publizitätspflichtige Information handeln. Unter diesem Gesichtspunkt sei eine Information generell zu einer Kursveränderung

---

[422] *Hopt*, ZGR 1991, S. 32.

[423] *Hopt*, ZGR 1991, S. 32.

[424] *Hopt*, ZHR 159 (1995), S. 154; *ders.*, in: Hadding/Hopt/Schimansky (Hrsg.), S. 14 f.; *ders.*, ZGR 1997, S. 8.

[425] *Loesche*, WM 1998, S. 1852.

[426] *Tippach*, Insider-Handelsverbot und die besonderen Rechtspflichten der Banken, S. 153.

geeignet. Zweitens dürfe ihr Inhalt im Zeitpunkt der Tat vom Markt nicht erwartet und deshalb noch nicht im Kurs des Wertpapiers berücksichtigt sein. Liegen diese Voraussetzungen vor, so komme es auf eine tatsächliche Kursreaktion bei der Veröffentlichung der Insiderinformation nicht mehr an. Ebenso sei es unerheblich, ob der zuständige Kursmakler am Tage der Publikation der Nachricht einen Kurszusatz anbringe oder nicht.

3. Stellungnahme

Es stellt sich somit die Frage, ob die Eignung einer Tatsache zur erheblichen Kursbeeinflussung eines Wertpapiers von einem festen Grenzwert oder von anderen Kriterien abhängt. Die Festlegung einer fixen Größe ist im Hinblick auf die Strafsanktion des § 38 WpHG problematisch. Das Merkmal der Eignung zur erheblichen Kursbeeinflussung trägt schon in objektiver Hinsicht ein prognosebedingtes Unsicherheitselement in den Tatbestand der Insidertatsache des § 13 Abs. 1 WpHG[427]. Die Pflicht eines Kursmaklers zur Vornahme einer Plus- oder Minusankündigung, die der 5% Grenze entlehnt ist, knüpft an einen nicht vergleichbaren Tatbestand an. Ein Kursmakler stützt seine Erwartung über eine Kursentwicklung auf das Orderaufkommen und damit auf eine vergleichsweise sichere Grundlage. Demgegenüber hat die Einschätzung, welche Kursbewegungen die Veröffentlichung einer den Emittenten betreffenden Tatsache auslösen könnte, spekulativen Charakter[428]. Die damit verbundenen Normanwendungsschwierigkeiten werden noch dadurch verstärkt, daß dem Insider hinsichtlich der objektiven Tatbestandsmerkmale, auch hinsichtlich der Erheblichkeit der Kursbeeinflussung, Vorsatz nachgewiesen werden muß. Es läßt sich jedoch kaum mit dem nach strafprozessualen Grundsätzen notwendigen Grad an Sicherheit aufzeigen, daß der Insider sich Vorstellungen darüber gemacht hat, die Tatsache werde zu Kursschwankungen von mindestens 5% führen[429]. Dies gilt um so mehr, als nach dem heutigen Stand der Kapitalmarkttheorie zuverlässige ex-ante-Aussagen zumindest über kurzfristige Veränderungen von Aktienkursen aufgrund neuer Informationen nicht möglich sind[430]. Eine Konkretisierung des Erheblichkeitsmerkmals in § 13 Abs. 1 WpHG durch einen festen Richtwert führt daher nur zu einer Scheingenauigkeit, welche den

---

[427] *Caspari*, in: Baetge (Hrsg.), S. 72 zu der insoweit gleichgelagerten Problematik im Rahmen des § 15 WpHG.

[428] *Tippach*, Insider-Handelsverbot und die besonderen Rechtspflichten der Banken, S. 124.

[429] *Dickersbach*, Das neue Insiderrecht der Bundesrepublik Deutschland vor dem Hintergrund des Europäischen Gemeinschaftsrechts, S. 170 ff.; *Tippach*, Insider-Handelsverbot und die besonderen Rechtspflichten der Banken, S. 126 ff.

[430] *Fürhoff/Wölk*, WM 1997, S. 455; *Pellens/Fülbier*, in: Baetge (Hrsg.), S. 29.

Nachweis des Tätervorsatzes und damit eine Ahndung von verbotenen Insidergeschäften nahezu unmöglich macht[431].

Darüber hinaus spricht auch der Wortlaut des § 13 Abs. 1 WpHG gegen die Konkretisierung des Erheblichkeitsmerkmals anhand eines festen Richtwerts. Die Insidertatsache muß nach dem Willen des Gesetzgebers nur „geeignet sein", im Falle ihres öffentlichen Bekanntwerdens den Kurs der Insiderpapiere erheblich zu beeinflussen. Ob diese erhebliche Beeinflussung nach dem Bekanntwerden der Tatsache auch tatsächlich eintritt, ist nach der grammatischen Auslegung des § 13 Abs. 1 WpHG für die Qualifizierung einer Tatsache als Insidertatsache unerheblich.

Der Gesetzeswortlaut steht auch einer Berechnung der Volatilitätsgrenzen auf der Grundlage der Renditeentwicklung des Insiderpapiers entgegen. § 13 Abs. 1 WpHG fordert ausdrücklich, daß die nicht öffentlich bekannte Tatsache geeignet sein muß, den „Kurs der Insiderpapiere" erheblich zu beeinflussen. Der Gesetzgeber stellt damit eindeutig auf eine Veränderung des Wertpapierkurses ab und nicht auf Renditeschwankungen.

Die Ansicht, es müsse sich bei der als Insidertatsache zu qualifizierenden Information zunächst um eine nach dem europäischen Recht publizitätspflichtige Tatsache handeln, findet im Wortlaut des § 13 Abs. 1 WpHG ebenfalls keine Stütze. Das Wertpapierhandelsgesetz spricht in § 13 Abs. 1 lediglich vom „Falle ihres öffentlichen Bekanntwerdens". Es ist damit aber nicht zwingend notwendig, von einer Bekanntgabe im Rahmen der Erfüllung einer insiderrechtlichen Publizitätspflicht auszugehen. Zudem verlangt auch die Insiderrichtlinie von einer Insiderinformation nur eine Beeinträchtigung des Kurses, „wenn sie öffentlich bekannt würde"[432]. Weder die Insiderrichtlinie noch der § 13 Abs. 1 WpHG gehen somit davon aus, daß eine Insidertatsache nur eine Nachricht sein kann, die zu einem späteren Zeitpunkt publizitätspflichtig ist.

Im Hinblick auf die Notwendigkeit einer restriktiven Auslegung des § 13 Abs. 1 WpHG ist dieser Ansicht dennoch ein sinnvoller Ansatzpunkt zu entnehmen. Die Publizitätspflicht des § 15 WpHG soll es dem Anleger ermöglichen, seine Investitionsalternativen umfassend zu beurteilen. Aus normativer Sicht impliziert die Entscheidung des Gesetzgebers, eine bestimmte Information der Publizitätspflicht zu unterwerfen, eine vorweggenommene ökonomische Wertung. Der Publizitätspflicht unterliegen nämlich nur solche Informationen, die für die

---

[431] *Cahn*, ZHR 162 (1998), S. 18.
[432] ABl. EG Nr. L 334/30 vom 18. November 1989, S. 30.

Beurteilung der Gesellschaft und mithin ihrer Wertpapiere von Bedeutung sind[433]. Anderenfalls wäre es nutzlos, sie einer Publizitätspflicht zu unterwerfen.

Dieser Ansatzpunkt kann nun auf das Tatbestandsmerkmal der Eignung zur erheblichen Kursbeeinflussung übertragen werden. Einer Tatsache ist diese Eigenschaft zuzusprechen, wenn sie für den Anleger von Bedeutung ist. Die Bedeutung einer solchen Tatsache kann an der Reaktion des Anlegerpublikums gemessen werden. Entscheidend ist, ob das Anlegerpublikum durch Kauf oder Verkauf des betreffenden Wertpapiers auf das Bekanntwerden der Tatsache und die damit verbundenen Kursbewegungen reagieren würde[434]. Nur dann ist von einem erheblichen Kursbeeinflussungspotential zu sprechen. Informationen, die einen rational handelnden Anleger in Ansehung der mit einer Transaktion verbundenen Kosten nicht zum Erwerb bzw. zur Veräußerung des Insiderpapiers veranlassen, stellen keine Insidertatsachen i.S.d. § 13 Abs. 1 WpHG dar. Eine Differenzierung nach der Art des jeweiligen Wertpapiers ist insoweit nicht geboten. Zwar trifft es zu, daß das Kursbeeinflussungspotential einer Insiderinformation von der Volatilität des betreffenden Wertpapiers abhängt[435]. Dies ändert jedoch nichts daran, daß der Erheblichkeitsmaßstab unabhängig von der Art des Insiderpapiers zu bestimmen ist[436].

4. Ergebnis

Als Ergebnis bleibt festzuhalten, daß das Tatbestandsmerkmal der Eignung zur erheblichen Beeinflussung des Kurses erfüllt ist, wenn die für den Fall des Bekanntwerdens der Tatsache zu erwartenden Kursbewegungen ausreichend sind, um einen rational handelnden Anleger in Hinblick auf die mit einer solchen Transaktion verbundenen Kosten und Risiken zum Erwerb bzw. zur Veräußerung des betreffenden Wertpapiers zu veranlassen.

III. Zusammenhang zwischen Insidertatsache und Insiderpapier

Schließlich stellt sich im Rahmen der Auslegung des Begriffs der Insidertatsache die Frage, ob es sachgerecht ist, auch dann von einer Insidertatsache zu sprechen,

---

[433] *Tippach*, Insider-Handelsverbot und die besonderen Rechtspflichten der Banken, S. 137.
[434] *Cahn*, ZHR 162 (1998), S. 17; *Kümpel*, WM 1994, S. 2141.
[435] *Wittich*, AG 1997, S. 3; *Wölk*, AG 1997, S. 79.
[436] *Cahn*, ZHR 162 (1998), S. 17.

wenn sich diese Tatsache nur auf ein anderes Insiderpapier - beispielsweise das eines Konkurrenzunternehmens - bezieht. Eine Insidertatsache ist eine nicht öffentlich bekannte Tatsache, die sich auf einen Emittenten von Insiderpapieren oder auf Insiderpapiere bezieht. Nach dem Wortlaut des § 13 Abs. 1 WpHG ist es ausreichend, daß sich die Tatsache auf irgendein Insiderpapier bezieht. Ein Zusammenhang zwischen der Tatsache und dem Emittenten der Wertpapiere ist nach dem Gesetzeswortlaut nicht erforderlich.

Die Insiderhandelsverbote des § 14 WpHG selbst verlangen ebenfalls keinen Bezug der Insidertatsache zum Insiderpapier. Das Verwertungsverbot des § 14 Abs. 1 Nr. 1 WpHG bestimmt lediglich, daß es einem Insider verboten ist, unter Ausnutzung seiner Kenntnis von einer Insidertatsache Insiderpapiere zu erwerben oder zu veräußern. Folgt man der grammatischen Auslegung, würde das Insiderhandelsverbot auch den Handel mit denjenigen Wertpapieren erfassen, auf die sich die Insiderinformationen nur mittelbar beziehen, weil es sich um Aktien eines Konkurrenten, eines verbundenen Unternehmens oder eines in derselben Branche tätigen Unternehmens handelt[437]. Gleiches würde für das Empfehlungs- und das Verwertungsverbot für Sekundärinsider der §§ 14 Abs. 1 Nr. 3 und 14 Abs. 2 WpHG gelten.

1. Vorgaben der Insiderrichtlinie

Die Insiderrichtlinie enthält einen mit § 13 Abs. 1 WpHG vergleichbaren weit gefaßten Insider-Informationsbegriff. Eine Insider-Information ist nach Art. 1 Nr. 1 der Insiderrichtlinie jede „nicht öffentlich präzise Information, die einen oder mehrere Emittenten von Wertpapieren oder mehrere Wertpapiere betrifft“[438]. Einen Bezug zwischen der Insider-Information und einem Wertpapier fordert die Insiderrichtlinie jedoch im Rahmen der Vorgaben für das Verwertungsverbot. Sie untersagt in Art. 2 Abs. 1 bestimmten Personen, die über eine Insider-Information verfügen, unter Ausnutzung derselben in Kenntnis der Sache „Wertpapiere des bzw. der von dieser Information betroffenen Emittenten zu erwerben oder zu veräußern“[439]. Die Insiderrichtlinie verlangt damit, daß die Wertpapiere, die Gegenstand des Insidergeschäfts sind, oder ihre Emittenten von der dem Insiderhandel zugrundeliegenden Information betroffen sind. Diesen Zusammenhang zwischen Insider-Information und Wertpapier setzen die Vorgaben der Insiderrichtlinie auch für das Weitergabe- und Empfehlungsverbot in Art. 3

---

[437] *Dickersbach*, Das neue Insiderrecht der Bundesrepublik Deutschland vor dem Hintergrund des Europäischen Gemeinschaftsrechts, S. 178.
[438] ABl. EG Nr. L 334/30 vom 18. November 1989, S. 30.
[439] ABl. EG Nr. L 334/30 vom 18. November 1989, S. 30.

voraus, weil der Wortlaut der Vorschrift lediglich von „dieser Insider-Information“ spricht[440].

2. Stellungnahme

Als verschärfende, weil den Anwendungsbereich der Insiderhandelsverbote erweiternde Regelung ist die Abweichung des nationalen Insiderrechts durch den fehlenden Bezug zwischen Insidertatsache und Insiderpapier nach Art. 6 der Insiderrichtlinie zulässig. Jeder Mitgliedstaat kann danach strengere Vorschriften erlassen, sofern sie allgemein gelten. Insbesondere kann ein Mitgliedstaat das Verbot nach Art. 2 der Insiderrichtlinie ausdehnen.

Es stellt sich die Frage, ob die Ausdehnung des Anwendungsbereichs der Insiderhandelsverbote durch den nationalen Gesetzgeber sachgerecht ist. Bei wörtlicher Umsetzung der Insiderrichtlinie ist es möglich, eine kursrelevante und noch nicht öffentlich bekannte Information über ein bestimmtes Unternehmen ohne Verstoß gegen das Verwertungsverbot dadurch auszunutzen, daß in die Aktien anderer Unternehmen der gleichen Branche oder verbundener Unternehmen, gegebenenfalls auch in die Aktien von Konkurrenzunternehmen investiert wird[441]. Möchte ein Anleger sein Kapital beispielsweise in Aktien des Emittenten A anlegen, werden ihm aber noch vor Durchführung der Investition negative Informationen über den Emittenten A bekannt, kann er nach den Vorgaben der Insiderrichtlinie sein Kapital in Aktien des konkurrierenden Emittenten B investieren, ohne eine strafrechtliche Ahndung befürchten zu müssen.

Einerseits kann man argumentieren, daß der Insider hinsichtlich der geplanten Investition in Aktien des Emittenten A lediglich eine Wertpapiertransaktion unterläßt und dieses Unterlassen nicht vom Verwertungsverbot erfaßt wird. Andererseits nutzt der Insider aber in dem geschilderten Fall seinen Informationsvorsprung aus, der das Vertrauen der Anleger in das ordnungsgemäße Funktionieren des Kapitalmarkts zu erschüttern vermag. Den Anlegern kann bei Zulassung solcher Wertpapiertransaktionen keine Zusicherung gegeben werden, daß sie gleichgestellt sind und gegen die unrechtmäßige Verwendung von Insiderinformationen umfassend geschützt werden. Der Sinn und Zweck eines Insiderhandelsverbots erfordert keine restriktive Auslegung des § 13 Abs. 1

---

[440] ABl. EG Nr. L 334/30 vom 18. November 1989, S. 30.

[441] *Dickersbach*, Das neue Insiderrecht der Bundesrepublik Deutschland vor dem Hintergrund des Europäischen Gemeinschaftsrechts, S. 179.

WpHG dahingehend, daß ein unmittelbarer Bezug zwischen Insidertatsache und Insiderpapier erforderlich ist. Vielmehr ist eine Ausdehnung des sachlichen Anwendungs-bereichs der Handelsverbote aus Gründen eines umfassenden Schutzes der Sekundärmärkte für Wertpapiere geboten.

3. Ergebnis

Als Ergebnis bleibt festzuhalten, daß der Insidertatsachenbegriff des § 13 Abs. 1 WpHG zutreffenderweise auf einen Zusammenhang zwischen Tatsache und Insiderpapier verzichtet. Die damit verbundene Ausweitung des sachlichen Anwendungsbereichs der Insiderhandelsverbote ist im Interesse eines effektiven Rechtsgüterschutzes gerechtfertigt.

Neuntes Kapitel

Verwertungsverbot, § 14 Abs. 1 Nr. 1 WpHG

Das in § 14 Abs. 1 Nr. 1 WpHG normierte Verwertungsverbot wird als der Grundtatbestand des Insiderrechts angesehen[442]. Es untersagt einem Primärinsider, unter Ausnutzung seiner Kenntnis von einer Insidertatsache Insiderpapiere für eigene oder fremde Rechnung oder für einen anderen zu erwerben oder zu veräußern.

I. Erwerb und Veräußerung

Die Begriffe „Erwerb und Veräußerung" sind im Sinne der Durchführung einer Wertpapiertransaktion zu verstehen[443]. Aus dieser Definition ergibt sich, daß der alleinige Abschluß eines schuldrechtlichen Vertrags mit dem Inhalt, eine Transaktion durchzuführen, zur Erfüllung des objektiven Tatbestandsmerkmals nicht ausreicht[444]. Die Durchführung der Wertpapiertransaktion erfordert aber auch nicht den Vollerwerb auf der einen Vertragsseite und einen entsprechenden Rechtsverlust auf der anderen Vertragsseite. Eine Wertpapiertransaktion ist vielmehr bereits dann i.S.d. § 14 Abs. 1 Nr. 1 WpHG durchgeführt, wenn mit ihr die Verschiebung der Verfügungsgewalt über die Wertpapiere einhergeht.

Diese Definition hängt mit der Entwicklung unterschiedlicher Transaktionsformen im Wertpapiergeschäft zusammen, die nicht zweifelsfrei in zivilrechtlich bekannte Institute eingeordnet werden können. Der objektive Tatbestand des Verwertungsverbots erfaßt daher beispielsweise auch die Wertpapierleihe, ohne daß es auf deren zivilrechtliche Einordnung als Leihe, Darlehen oder Kauf mit Rückkaufverpflichtung ankommt[445].

---

[442] BR-Drucks. 793/93 vom 5. November 1993, S. 175.

[443] *Assmann/Cramer*, in: Assmann/Schneider (Hrsg.), § 14 Rdnr. 6; *Assmann*, AG 1994, S. 246; *Claussen*, ZBB 1992, S. 281; *Hopt*, ZGR 1991, S. 42; *Kümpel*, WM 1996, S. 656.

[444] *Assmann/Cramer*, in: Assmann/Schneider (Hrsg.), § 14 Rdnr. 6.

[445] *Steuer/Baur*, WM 1996, S. 1483.

II. Unterlassen von Wertpapiertransaktionen

Insiderwissen wird nicht nur durch den Erwerb oder die Veräußerung von Wertpapieren ausgenutzt. Vielmehr kann ein derartiges Spezialwissen einen Insider auch dazu veranlassen, eine geplante Wertpapiertransaktion nicht durchzuführen.

1. Literaturmeinungen

In der Literatur ist umstritten, ob das auf Insiderwissen beruhende Unterlassen eines Erwerbs- oder Veräußerungsvorhaben den objektiven Tatbestand des Verwertungsverbot erfüllt.

a) Ausgehend von der Begriffsbestimmung, die einen rechtsgeschäftlichen Vorgang voraussetzt, gelangen *Assmann* und *Cramer*[446] zu dem Ergebnis, daß ein durch Insiderwissen veranlaßtes Unterlassen einer Wertpapiertransaktion dem Verwertungsverbot nicht zuwiderlaufe. Sehe jemand aufgrund einer Insiderinformation von dem Erwerb oder der Veräußerung eines Insiderpapiers ab, liege kein verbotener Insiderhandel vor, weil es an einem rechtsgeschäftlichen Vorgang fehle. Zudem sei die Kausalität einer Insiderinformation für das Unterlassen der Wertpapiertransaktion nur unter außergewöhnlichen Umständen nachweisbar und trete kaum nach außen in Erscheinung[447].

b) *Claussen*[448] geht zwar gleichfalls davon aus, daß das Tatbestandsmerkmal des Erwerbs und der Veräußerung alle wertpapierrechtlich relevanten Transaktionen erfasse. Im Gegensatz zu *Assmann* und *Cramer* sieht er jedoch im Unterlassen von Wertpapierkäufen und -verkäufen auf der Grundlage einer Insiderinformation ein verbotenes Insidergeschäft. Eventuelle Beweisschwierigkeiten dürften bei der Frage nach einer generellen Strafbarkeit des Unterlassens keine Berücksichtigung finden[449].

c) *Hopt*[450] wählt einen dritten Weg, indem er sich zwar an den Wortlaut des § 14 Abs. 1 Nr. 1 WpHG hält und ein Unterlassen geplanter Wertpapiertransaktionen nicht als Verstoß gegen das Verwertungsverbot ansieht. Eine Insiderregelung

---

[446] *Assmann/Cramer*, in: Assmann/Schneider (Hrsg.), § 14 Rdnr. 9.
[447] *Assmann*, AG 1994, S. 247.
[448] *Claussen*, ZBB 1992, S. 281.
[449] *Claussen*, ZBB 1992, S. 281.
[450] *Hopt*, in: Festschrift für Heinsius, S. 293.

büße aber nur dann nicht an Glaubwürdigkeit ein, wenn jedenfalls für Kreditinstitute das Ausnutzen von Insidertatsachen durch Unterlassen einer Transaktion als unzulässig angesehen werde[451]. Grundlage hierfür sei dann zwar nicht das Insiderrecht, sondern das Bankaufsichtsrecht, weil ein solches Unterlassen unvereinbar mit guten Bankpraktiken sei[452].

2. Stellungnahme

Zur Beantwortung der Frage, ob das Unterlassen einer Wertpapiertransaktion den objektiven Tatbestand des Verwertungsverbots erfüllt, ist die Norm zunächst ihrem Wortlaut nach auszulegen, weil dieser einer anderweitigen Auslegung enge Grenzen setzt. Der Gesetzgeber hat explizit nur den Erwerb und die Veräußerung von Insiderpapieren sanktioniert. Der objektive Tatbestand des Verwertungsverbots verlangt somit einen rechtsgeschäftlichen Vorgang. An diesem fehlt es aber, wenn ein Insider aufgrund seines Spezialwissens den Erwerb oder die Veräußerung von Wertpapieren unterläßt.

Die Regelung des § 14 Abs. 1 Nr. 1 WpHG entspricht zudem den gemeinschaftsrechtlichen Vorgaben. Art. 2 der Insiderrichtlinie verlangt ausdrücklich nur eine Erwerbs- oder Veräußerungsuntersagung von Insiderpapieren und damit die Untersagung eines rechtsgeschäftlichen Vorgangs[453].

Zu berücksichtigen ist aber, daß die Vorgaben der Insiderrichtlinie nur Mindestvoraussetzungen darstellen. Art. 6 der Insiderrichtlinie eröffnet jedem Mitgliedstaat die Möglichkeit, zusätzliche Vorschriften zu erlassen, sofern diese allgemein gelten. Es schließt sich somit die Frage an, ob es de lege ferenda wünschenswert wäre, das Unterlassen von Wertpapiertransaktionen auf der Grundlage von Insiderwissen zu sanktionieren. Das Argument, unterlassene Wertpapiertransaktionen seien deshalb nicht zu sanktionieren, weil sie nach außen hin nicht in Erscheinung treten würden, vermag nicht zu überzeugen. Zugegebenermaßen ist der Beweis, daß eine Insidertatsache kausal für ein Unterlassen war, schwierig zu führen. Ebenso schwierig ist die Beweisführung im Falle der Durchführung einer Wertpapiertransaktion, wenn dem Insider neben der Insidertatsache noch weitere, öffentlich zugängliche Informationen bekannt waren. Auch dann ist der nicht einfache Nachweis zu führen, daß die Insiderinformation für die Durchführung der Wertpapiertransaktion kausal war.

---

[451] *Hopt*, ZGR 1991, S. 45; *ders.*, in: Festschrift für Heinsius, S. 293.

[452] *Hopt*, in: Festschrift für Heinsius, S. 293.

[453] ABl. Nr. L 334/30 vom 18. November 1989, S. 30.

Eine unterschiedliche strafrechtliche Behandlung dieser beiden Verhaltensweisen durch eine Insiderregelung ist daher aus Gründen der Beweisführung nicht zu rechtfertigen.

Das Unterlassen einer Wertpapiertransaktion stellt vielmehr wertungsmäßig ebenso ein Insidergeschäft dar wie der Erwerb oder die Veräußerung eines Insiderpapiers[454]. Ein Insider, der aufgrund seines Spezialwissens eine Transaktion mit Wertpapieren unterläßt, vermeidet einen Verlust. In dieser Vermeidung ist die Erlangung eines Sondervorteils zu sehen, der durch eine Insiderregelung gerade verhindert werden soll.

Des weiteren ist auch der Sinn und Zweck zu beachten, der hinter dieser Vermeidung von Sondervorteilen steht. Geschütztes Rechtsgut der gesetzlichen Insiderregelung des § 14 WpHG sind die Sekundärmärkte für Wertpapiere, die bei der Finanzierung der Wirtschaftssubjekte eine wichtige Rolle spielen. Die effiziente Wahrnehmung dieser Aufgabe hängt vom reibungslosen Funktionieren der Märkte und damit vom Vertrauen der Anleger ab[455]. Dieses Vertrauen richtet sich auf die Zusicherung, daß alle Anleger gleichgestellt sind und daß sie gegen die unrechtmäßige Verwendung einer Insiderinformation geschützt sind[456]. Das Vertrauen des Anlegerpublikums als Funktionselement der Wertpapiermärkte kann aber nicht dadurch gestärkt werden, daß aus reinen Praktikabilitätsgründen auf die Erfassung einer unterlassenen Wertpapiertransaktion verzichtet wird. Im Sinne eines effektiven Schutzes des Kapitalmarkts ist die insiderrechtliche Erfassung des Unterlassens von Wertpapiertransaktionen aufgrund von Insiderinformationen somit geboten.

3. Ergebnis

Als Ergebnis bleibt festzuhalten, daß die Begriffe des Erwerbs und der Veräußerung so zu verstehen sind, daß ein rechtsgeschäftlicher Vorgang stattgefunden haben muß. Von einem solchen Vorgang kann bereits dann gesprochen werden, wenn die Verfügungsgewalt über das Wertpapier zwischen den Vertragsparteien verschoben wurde. Das Unterlassen einer geplanten Wertpapiertransaktion verstößt nicht gegen das Verwertungsverbot, da ein rechtsgeschäftlicher Vorgang eben nicht stattgefunden hat. Aus Gründen eines

---

[454] *Hopt*, ZGR 1991, S. 45; *ders.*, in: Festschrift für Heinsius, S. 293.
[455] BT-Drucks. 12/6679 vom 27. Januar 1994, S. 33.
[456] BT-Drucks. 12/6679 vom 27. Januar 1994, S. 33.

effektiven Rechtsgüterschutzes ist die Erfassung dieser Verhaltensweise de lege ferenda aber geboten.

III. Ausnutzen der Insidertatsache

Der subjektive Tatbestand des Verwertungsverbots verlangt sowohl eine zumindest bedingt vorsätzliche Begehung als auch die Ausnutzung der Kenntnis von einer Insidertatsache.

1. Definition

Das Ausnutzen setzt voraus, daß die Insidertatsache zu dem Zweck verwertet wird, einen wirtschaftlichen Vorteil für sich oder andere zu erlangen, den der Insider, wäre die Tatsache öffentlich bekannt, so nicht hätte erzielen können[457]. Dies erfordert zum einen das Wissen um die Eigenschaft der Insidertatsache als solche. Zum anderen muß der Täter gehandelt haben, um sich oder einem anderen einen Sondervorteil zu verschaffen, der auf der mangelnden öffentlichen Bekanntheit der Tatsache und in der Verletzung der Gebote zur Wahrung der Chancengleichheit der Anleger am Wertpapiermarkt beruht. Nicht erforderlich ist hingegen, daß der Insider, über die Ausrichtung seines Handels hinaus, tatsächlich einen Vorteil erzielt hat[458].

2. Tätigkeitsfeld amtlicher Kursmakler

Im Anschluß an die Begriffsbestimmung stellt sich nun die Frage, wie das subjektive Tatbestandsmerkmal „unter Ausnutzung der Kenntnis von einer Insidertatsache" für Personenkreise, die naturgemäß über Insiderinformationen verfügen, auszulegen ist. Bestimmte Tätigkeiten dieser Personen erzeugen einen Interessenkonflikt zwischen dem Verwertungsverbot und der Berufsausübung. Besonders interessant ist hierbei zunächst das Tätigkeitsfeld amtlicher Kursmakler.

---

[457] *Assmann/Cramer*, in: Assmann/Schneider (Hrsg.), § 14 Rdnr. 24; *Assmann*, AG 1994, S. 246; *ders.*, ZGR 1994, S. 517 f.; *Caspari*, ZGR 1994, S. 542; *Claussen*, ZBB 1992, S. 281; *Hopt*, ZGR 1991, S. 42.

[458] *Assmann*, AG 1994, S. 246.

a) Amtliche Begründung zum Wertpapierhandelsgesetz

Für die Auslegung des Tatbestandsmerkmals des Ausnutzens sind nach der Amtlichen Begründung zum Wertpapierhandelsgesetz vorrangig die Erwägungsgründe der Insiderrichtlinie heranzuziehen[459]. Ein Ausnutzen von Insiderwissen liege jedoch nicht vor, wenn jemand aufgrund seiner beruflichen Tätigkeit zwangsläufig über insiderrelevante Daten verfüge und sie bei der Ausübung seiner Tätigkeit ausschließlich rechtskonform verwende[460]. Dies sei insbesondere für Kursmakler, Freimakler sowie für „market maker" an der deutschen Terminbörse wichtig, die naturgemäß über Informationen verfügten, die geeignet seien, im Falle des öffentlichen Bekanntwerdens den Kurs des betreffenden Wertpapiers zu beeinflussen. Nach der Amtlichen Begründung zum Wertpapierhandelsgesetz fallen diese Personen nicht unter das Verbot des § 14 Abs. 1 Nr. 1 WpHG, wenn sie sich bei der Ausübung ihres Berufs innerhalb des börsenrechtlich vorgegebenen Rahmens halten. Das subjektive Tatbestandsmerkmal des Verwertungsverbots ist daher nicht erfüllt, wenn jemand aufgrund seiner Tätigkeit Kenntnis von einer Insidertatsache erlangt, diese indes seinen beruflichen Pflichten entsprechend verwendet[461].

b) Abschluß von Eigengeschäften

Es schließt sich somit unmittelbar die Frage an, welche Geschäfte zu den beruflichen Tätigkeiten eines amtlichen Kursmaklers gehören, bei denen eine Verwertung von Insiderwissen straffrei möglich ist. Das Tätigkeitsfeld eines Kursmaklers umfaßt gemäß den §§ 29 Abs. 1, 32 Abs. 1 S. 1 BörsG hauptsächlich zwei Aufgabenbereiche: Zum einen ist er als Vermittler zwischen Börsenhändlern tätig und führt somit Angebot und Nachfrage zusammen. Neben dieser Vermittlerfunktion ist der Kursmakler in Ausführung seines öffentlichen Amts zum anderen für die marktgerechte Kursfeststellung des Wertpapiers verantwortlich[462]. Aufgrund dieser Tätigkeiten verfügt ein Kursmakler naturgemäß über Informationen, die geeignet sind, im Falle ihres Bekanntwerdens den Kurs des betreffenden Wertpapiers zu beeinflussen.

---

[459] BT-Drucks. 12/6679 vom 27. Januar 1994, S. 47.

[460] BT-Drucks. 12/6679 vom 27. Januar 1994, S. 47.

[461] *Assmann/Cramer*, in: Assmann/Schneider (Hrsg.), § 14 Rdnr. 36 ff.; *Assmann*, AG 1994, S. 246; *ders.*, ZGR 1994, S. 518; *Caspari*, ZGR 1994, S. 543; *Hopt*, ZGR 1991, S. 46; *ders.*, in: Festschrift für Heinsius, S. 290 f.; *Kümpel*, Bank- und Kapitalmarktrecht, Rdnr. 14.175 ff; *Weber*, BB 1995, S. 162.

[462] *Schwarze*, WM 1997, S. 1564.

Um Interessenkollisionen zu vermeiden, ist einem amtlichen Kursmakler der Abschluß von Handelsgeschäften mit zugeteilten Wertpapieren für eigene Rechnung oder in eigenem Namen grundsätzlich verboten. Ausnahmsweise darf ein Makler nach § 32 Abs. 2 S. 1 BörsG Eigengeschäfte abschließen, soweit dies zur Ausführung der ihm erteilten Aufträge notwendig ist.

aa) Spitzenausgleich

Eine wirtschaftliche Notwendigkeit und damit die Zulässigkeit eines Eigengeschäfts nach § 32 Abs. 2 S. 1 BörsG ist beim sog. Spitzenausgleich anzunehmen[463]. Dieser stellt eine Regulierungsmaßnahme zur Beseitigung von Angebots- oder Nachfrageüberhängen im Orderbuch eines Kursmaklers dar. Nur selten sind die bei einem Kursmakler auflaufenden Order vollständig miteinander zu kompensieren. Um das Börsengeschäft dennoch abwickeln zu können, muß es einem Kursmakler erlaubt sein, den jeweiligen Überhang zu übernehmen[464]. Ein Makler kann daher durch Käufe bzw. Verkäufe im eigenen Namen oder Käufe bzw. Verkäufe, die durch Dritte für seine Rechnung abgeschlossen werden, den jeweiligen Überhang übernehmen, solange dieser kleiner ist als der deckungsfähige Anteil[465]. Übernimmt der Kursmakler hingegen den größeren Teil, liegt darin eine unzulässige Verstärkung eines Marktungleichgewichts[466].

Tätigt der Kursmakler nun im Rahmen eines zulässigen Spitzenausgleichs Wertpapiertransaktionen mit Insiderpapieren, dann liegt selbst beim Ausnutzen von Insiderwissen kein Verstoß gegen das Verwertungsverbot vor. Mit der Ausübung dieser Tätigkeit hält der amtliche Kursmakler den börsenrechtlich vorgegebenen Rahmen ein[467].

Diese Auslegung des Begriffs „unter Ausnutzung der Kenntnis von einer Insidertatsache" dient dem Sinn und Zweck einer Insiderregelung. Wäre der Kursmakler trotz seines Insiderwissens nicht in der Lage, Spitzen auszugleichen, könnte er Kundenweisungen nicht vollständig durchführen. Er würde sich damit auf Dauer dem Vorwurf der Unfähigkeit aussetzen. Brächte er häufiger keine Abschlüsse zustande, verlöre er Marktanteile an freie Börsenmakler, an den außerbörslichen Bereich oder an ausländische Börsenplätze[468]. Dies würde zu

---

[463] *Schwark*, Börsengesetz, § 32 Rdnr. 7.
[464] *Schwark*, Börsengesetz, § 32 Rdnr. 7.
[465] *Mühlhausen*, WM 1983, S. 435.
[466] *Mühlhausen*, WM 1983, S. 436.
[467] *Schwarze*, WM 1997, S. 1564 f.
[468] *Haouache*, Börsenaufsicht durch Strafrecht, S. 106.

einer Beeinträchtigung der Funktion eines amtlichen Kursmaklers führen. Letztendlich wäre dadurch auch die Funktionsfähigkeit der Kapitalmärkte beeinträchtigt, um deren Schutz es bei einer Insiderregelung gerade geht.

bb) Kursglättung

Weiterhin liegt ein Ausnutzen von Insiderwissen nicht vor, wenn ein Kursmakler durch Eigengeschäfte den Versuch einer Kursglättung unternimmt, da er sich auch hierbei im börsenrechtlich vorgegebenen Rahmen hält[469]. Nach geltendem Recht ist der Kursmakler zwar nicht verpflichtet, bei größeren Kursschwankungen Eigengeschäfte zu tätigen, um den Kurs zu beruhigen oder gar eine Kursstützung gegen den Markttrend zu betreiben[470]. Es bleibt vielmehr seine Entscheidung, ob er eine eigene Verpflichtung übernehmen will. Tätigt ein Kursmakler jedoch zum Zwecke einer Kursglättung Eigengeschäfte, so nimmt er lediglich ein ihm zustehendes Recht wahr. Durch ein Eintreten auf der Gegenseite mildert der amtliche Kursmakler starke Ausschläge des Kurses ab, um damit den Markt wieder in ein Gleichgewicht zu bringen. Die Wahrnehmung dieses Rechts muß ohne Verstoß gegen das Verwertungsverbot möglich sein. Es ist im Anlegerinteresse, einen Teil der vorherrschenden Spekulation aus dem Börsenhandel herauszunehmen und auf diese Weise eine bestimmte Stringenz für Daueranlagen zu schaffen[471].

c) Ergebnis

Als Ergebnis bleibt damit festzuhalten, daß der Spitzenausgleich und die Kursglättung keine insiderrechtlich relevanten Wertpapiertransaktionen darstellen. Diese Eigengeschäfte liegen im börsenrechtlich vorgegebenen Rahmen, so daß auch die Verwertung von Insiderwissen durch diese Transaktionen in der Ausübung der Tätigkeit eines Kursmaklers geschieht. Im Hinblick auf die Erhaltung der Funktionsfähigkeit der Wertpapiermärkte ist es geboten, den Begriff des Ausnutzens so auszulegen, daß ein amtlicher Kursmakler diese Eigengeschäfte mit Insiderpapieren tätigen darf, ohne gegen das Verwertungsverbot des § 14 Abs. 1 Nr. 1 WpHG zu verstoßen.

---

[469] *Haouache*, Börsenaufsicht durch Strafrecht, S. 106.
[470] *Schwark*, Börsengesetz, § 32 Rdnr. 10
[471] *Ledermann*, Die Rechtsstellung des Kursmaklers an den deutschen Wertpapierbörsen, S. 98.

3. Ausführung von Kundenaufträgen durch Wertpapierhändler

Die Berufsgruppe der Wertpapierhändler verfügt aufgrund ihrer Teilnahme am Börsenhandel über Sonderwissen, das den Kurs eines Wertpapiers erheblich beeinflussen kann. Ob sich ein Wertpapierhändler mit der Ausführung von Kundenaufträgen strafbar macht, ist jedoch strittig.

a) Amtliche Begründung zum Wertpapierhandelsgesetz

Nach der Amtlichen Begründung zum Wertpapierhandelsgesetz stellt nicht jede Verwertung von Insiderwissen das Ausnutzen der Kenntnis von einer Insidertatsache dar[472]. Ein Ausnutzen liege nicht vor, wenn der Händler eines Kreditinstituts weisungsgemäß eine Kundenorder ausführe und bei der Ausführung seines Auftrags sein Insiderwissen nicht einfließen lasse. Anders verhalte es sich jedoch, wenn dem mit Insiderwissen ausgestattete Händler bekannt sei, daß auch sein Auftraggeber über Insiderinformationen verfüge. Es bestehe dann die Gefahr, daß der Wertpapierhändler sich im Falle der Durchführung des Auftrags der Beihilfe an der Insiderstraftat des Kunden schuldig mache. Erteile der Kunde die Order hingegen interessewahrend[473], solle der Wertpapierhändler in Anbetracht seines Insiderwissens den Auftrag an einen Nichtinsider abgeben, da er sonst Gefahr liefe, im Rahmen des eingeräumten Handlungsspielraums bei der Auftragsausführung sein Insiderwissen auszunutzen und damit gegen das in § 14 Abs. 1 Nr. 1 WpHG festgelegte Verbot zu verstoßen.

b) Literaturmeinungen

Bei allen Differenzen in der Begründung gelangen die neueren Literaturmeinungen zum Insiderrecht überraschenderweise zu dem einheitlichen Ergebnis der Straflosigkeit des Wertpapierhändlers.

---

[472] BT-Drucks. 12/6679 vom 27. Januar 1994, S. 47.

[473] Unter interessewahrend ist ein Kauf- oder Verkaufsauftrag zu verstehen, bei dem es der Kunde seinem Wertpapierhändler überläßt, ob der Auftrag ganz oder in Teilbeträgen bzw. an einem Börsentag oder über mehrere Tage verteilt ausgeführt wird, vgl. *Haouache*, Börsenaufsicht durch Strafrecht, S. 105.

aa) *Assmann* und *Cramer*[474] sehen in der Ausführung von Kundenaufträgen durch einen Wertpapierhändler grundsätzlich keinen Verstoß gegen das Verwertungsverbot. Wertpapierhändler, die Kenntnis von einer Insidertatsache hätten, nutzten diese nicht aus, wenn sie lediglich eingehende und von ihnen nicht beeinflußte Kundenorder in bezug auf die von ihrem Insiderwissen betroffenen Papiere durchführten. Nur wenn über die neutrale Handlung hinaus zusätzliche Unterstützungshandlungen physischer oder psychischer Art vorausgegangen oder hinzugetreten seien, bejahen *Assmann* und *Cramer* eine Strafbarkeit des Wertpapierhändlers wegen Beihilfe. Von einer psychischen Hilfestellung geht *Assmann* beispielsweise aus, wenn der Kunde in seinem Handeln bestärkt oder ihm auf eine andere Art und Weise das Gefühl der Sicherheit vermittelt wurde[475]. Gleichermaßen sei eine Beihilfe gegeben, wenn diesem zuvor durch den Wertpapierhändler die fraglichen Insiderkenntnisse vermittelt worden seien, und zwar selbst dann, wenn diese Mitteilung ohne Verstoß gegen das Weitergabeverbot erfolgte, weil der Informant nur Sekundärinsider gewesen sei[476].

bb) Nach *Casparis*[477] Ansicht dürfen Wertpapierhändler Kundenaufträge grundsätzlich auch dann ausführen, wenn sie über Insiderinformationen verfügten. So lange der Wertpapierhändler bei der Ausführung einer Kundenorder sein Spezialwissen nicht einfließen lasse, werde der Tatbestand des Ausnutzens nicht erfüllt[478]. Diese Ansicht decke sich mit den Erwägungsgründen der Insiderrichtlinie. Danach handele ein Börsenmakler, der über eine Insiderinformation verfüge, nicht in Ausnutzung dieser Information, wenn er lediglich den Kundenauftrag ausführe. Sollte der Wertpapierhändler allerdings wissen, daß der Auftraggeber selbst Kenntnis von einer Insidertatsache habe und dieses Wissen durch das Geschäft ausnutzen wolle, mit dessen Durchführung der Händler beauftragt worden sei, leiste der Wertpapierhändler Beihilfe zum Insidergeschäft[479].

cc) Die bloße Ausführung von Kundenaufträgen ist für *Hopt*[480] ebenfalls straffrei möglich. Er bezieht sich in seiner Begründung auf die Präambel der Insiderrichtlinie. Die dortigen Ausführungen seien zutreffend, weil es keinen Unterschied

---

474 *Assmann/Cramer*, in: Assmann/Schneider (Hrsg.), § 14 Rdnr. 36; *Assmann*, WM 1996, S. 1337; *Cramer*, AG 1997, S. 60.

475 *Assmann*, WM 1996, S. 1347.

476 *Assmann*, WM 1996, S. 1347. Hier macht sich sogar der „Hilfeleistende" als Mittäter strafbar, wenn er als Sekundärinsider die Insidertatsache weitergibt, um durch die Durchführung des Kundenauftrags einen eigenen wirtschaftlichen Vorteil zu erlangen, und sei es nur in Gestalt einer Provision oder in Erwartung einer Vertiefung der Kundenbindung.

477 *Caspari*, ZGR 1994, S. 543.

478 *Caspari*, ZGR 1994, S. 543.

479 *Caspari*, ZGR 1994, S. 543.

480 *Hopt*, ZGR 1991, S. 46; *ders.*, in: Festschrift für Heinsius, S. 299.

machen könne, ob die Kundentransaktion durch einen Wert-papierhändler ausgeführt werde, der Insiderinformationen habe, oder einen, der kein derartiges Wissen habe[481]. Dies gelte selbst für den Fall, daß der Wertpapierhändler wisse, die Order beruhe ihrerseits auf einer Insiderinformation des Kunden. Auch hier könne der Wertpapierhändler die Order ausführen, ohne sich einer Strafbarkeit wegen Beihilfe zu einem verbotenen Insidergeschäft auszusetzen. Jede andere Beurteilung dieses Falls liefe sonst darauf hinaus, daß der Wertpapierhändler für die Insidergeschäfte seiner Kunden mitverantwortlich gemacht werde. Die Folge wäre dann, daß ein Händler sicherstellen müßte, daß der Kunde nicht aufgrund von Insiderwissen handele. Dies wäre aufwendig und ineffizient.

Die Anwort auf die Frage nach der Strafbarkeit eines Wertpapierhändlers falle jedoch anders aus, wenn dem Kunden speziell zu dem Zweck Kredit gewährt wird, um die vom Kunden als Insidergeschäft geplante und vom Wertpapierhändler als solche erkannte Transaktion überhaupt erst zu ermöglichen[482].

dd) Für *Hassemer*[483] schließlich ist die Durchführung von Kundenaufträgen eine neutrale Leistung, die von einem Wertpapierhändler regelmäßig und legalerweise angeboten werde. Derartige Leistungen stellten keine beihilfefähige Handlung dar, weil der Kunde sie von jedem anderen Wertpapierhändler erhalten könne. Als neutral werden diejenigen Handlungen angesehen, die aus Sicht eines beliebigen Beobachters keine objektive Unrechtstendenz hätten und eine solche erst durch Zusatzinformationen erhielten[484]. Insbesondere zähle die Durchführung fremdveranlaßter Kundenaufträge im Wertpapiergeschäft zu diesen neutralen Handlungen, wenn mit der Durchführung die Verfolgung eines fremden Insidervergehens weder verschleiert noch vereitelt werde.

c) Berufstypische Verhaltensweisen

Die dogmatischen Begründungen für die grundsätzliche Ablehnung der Beihilfestrafbarkeit eines Wertpapierhändlers wegen der Durchführung einer Kundenorder sind sehr unterschiedlich. Sie laufen im Kern aber auf eine Ausgrenzung berufstypischer Verhaltensweisen aus dem Bereich strafbarer Beihilfe hinaus.

---

[481] *Hopt*, in: Festschrift für Heinsius, S. 299.
[482] *Hopt*, in: Festschrift für Heinsius, S. 299.
[483] *Hassemer*, wistra 1995, S. 42.
[484] Hassemer, wistra 1995, S. 42.

aa) Literaturmeinungen

aaa) Ausgangspunkt für diese strafrechtliche Sonderbeurteilung ist die von *Welzel*[485] begründete Lehre der Sozialadäquanz. Danach seien Verhaltensweisen, die sich im Rahmen der normalen geschichtlich gewordenen sozialen Ordnung des Lebens hielten, auch dann keine tatbestandsmäßigen Verletzungshandlungen, wenn in ihrem Gefolge eine Rechtsgutsverletzung eintrete. *Welzel* bezeichnet ausdrücklich diejenigen Geschäfte als sozialadäquat, die sich im Rahmen ordnungsgemäßer Geschäftsführung halten, selbst wenn sie nachteilig ausschlagen würden[486].

bbb) Aus dieser Lehre wurden besonders für die Strafbarkeit von Bankangestellten wegen Beihilfe zur Steuerhinterziehung Schlußfolgerungen gezogen. *Philipowski*[487] schließt eine Strafbarkeit von Bankangestellten aus, wenn diese bei ihrer Tätigkeit die in dem relevanten Bereich geltenden Regeln eingehalten hätten. Auf der gleichen Linie liegen auch die Erwägungen *Gallandis*, *Kniffkas* und *Meyer-Arndts*[488], die auf das an sich ordnungsgemäße Verhalten des Bankangestellten oder auf die neutrale Handlung innerhalb einer geschäftlichen Beziehung abstellen.

ccc) *Otto*[489] hat zunächst die Strafbarkeit eines Bankangestellten bei der Steuerhinterziehung eines Kunden näher untersucht. Ausgehend von *Philipowskis* Gedanken zur Einhaltung des erlaubten Risikos geht er davon aus, daß ein Bankangestellter bei der Vornahme berufstypischer Bankgeschäfte keiner Beihilfe zur Strafbarkeit des Kunden schuldig sei, wenn er die rechtlichen Regeln nicht verletze, die die Durchsetzung eines Steueranspruchs sicherstellen sollten. Ob der Bankangestellte bei diesen Tätigkeiten in Kenntnis der Steuerhinterziehung handele oder sogar aus Anlaß und im Hinblick auf die Steuerhinterziehung, sei irrelevant.

Diese Ansicht hat *Otto*[490] später für berufstypische Verhaltensweisen verallgemeinert. Berufsspezifische Handlungen erfüllten den Tatbestand strafbarer Beihilfe nicht, wenn der Helfer die Haupttat weder kenne noch zu fördern beabsichtige, wohl aber mit dolus eventualis von ihrer Verwirklichung ausgehe.

---

[485] Vgl. *Welzel*, Das deutsche Strafrecht, S. 55 f.

[486] Vgl. *Welzel*, Das deutsche Strafrecht, S. 56.

[487] *Philipowski*, in: Kohlmann (Hrsg.), S. 142.

[488] *Gallandi*, wistra 1989, S. 127; *Kniffka*, wistra 1987, S. 310; *Meyer-Arndt*, wistra 1989, S. 287.

[489] *Otto*, ZgKrW 1994, S. 779.

[490] *Otto*, in: Festschrift für Lenckner, S. 225.

Solange der berufsspezifisch Handelnde nur die Gefahr einer Mitwirkung an einer Straftat zu erkennen meine, wahre er das höherrangige Interesse durch Wahrnehmung seiner Berufstätigkeit, das dem Interesse, unter Umständen eine Straftat zu ermöglichen oder zu erleichtern, vorgehe.

ddd) Speziell mit der Verantwortung von Bankangestellten bei illegalen Kundengeschäften hat sich auch *Löwe-Krahl*[491] auseinandergesetzt. Er gelangt zu dem Ergebnis, daß der Angestellte sich der Beihilfe zur Haupttat des Kunden strafbar mache, wenn er seine Berufsausübung an die Tat des Kunden anpasse, einen Monopolbeitrag liefere oder eine Garantenstellung einnehme. Hingegen habe die Einhaltung der einschlägigen Regeln und Vorschriften bei der Berufsausübung keinen unmittelbaren Einfluß auf die Strafbarkeit. Der Angestellte mache sich nicht strafbar, wenn er beruflich so tätig werde, daß der Kunde einen vergleichbaren Tatbeitrag auch an anderer Stelle abrufen könne, ohne Argwohn zu erregen.

eee) *Jakobs*[492] knüpft an die Lehre vom Regreßverbot an, indem er denjenigen von der strafrechtlichen Haftung freistellen will, dessen Verhalten zur Zeit des Vollzugs nicht davon abhänge, daß die tatbestandsverwirklichende Handlung des Ausführenden überhaupt nachfolge. Eine Haftung des Beteiligten entfalle, wenn dieser zusammen mit dem Täter handele, sich der soziale Kontakt aber in der Leistung des einen Gegenstands erschöpfe, und die Realisierung der ansonsten subjektiv verfolgten Ziele je eigene Sache des Beteiligten bliebe. Das deliktische Handeln werde nicht gemeinsamer Handlungssinn. Der reibungslose Informations- und Warenaustausch zwischen Personen mit höchst unterschiedlichen Präferenzen sei überhaupt nur bei Isolierung der Zweckverfolgung und damit der Isolierung des jeweiligen Handlungssinns möglich. Als Beispiele für eine entsprechende Situation nennt *Jakobs* die Austauschgeschäfte des täglichen Lebens.

fff) Einen den Überlegungen *Jakobs* vergleichbaren Weg beschreitet *Frisch*[493], der den normalen Geschäften des täglichen Lebens selbst dann die Qualität als tatbestandsmäßiges Verhalten abspricht, wenn sie die Begehung von Delikten erst ermöglichen oder Dritten ihre Durchführung erleichtern. Ihnen sei dann keine mißbilligte Risikoschaffung eigen. Die insgeheim beabsichtigte Ermöglichung oder Förderung einer Straftat sei der bewußten Kenntnis der Förderung oder Erleichterung der Straftat keineswegs gleichzusetzen.

---

[491] *Löwe-Krahl*, Steuerstrafrechtliche Risiken typischer Banktätigkeiten, S. 114 ff.
[492] Vgl. *Jakobs*, Strafrecht Allgemeiner Teil, Rdnr. 24/15.
[493] *Frisch*, Tatbestandsmäßiges Verhalten und Zurechnung des Erfolgs, S. 295 ff.

ggg) Aus dem Prinzip der Selbstverantwortung, das der strafrechtlichen Zurechnung zugrunde liege und das die Verantwortung des Handelnden grundsätzlich auf das eigene Verhalten beschränke, leitet *Schumann*[494] die Straflosigkeit berufstypischer Handlungen her. Ausnahmsweise sei die Strafbarkeit der Teilnahme zwar als Durchbrechung des Verantwortungsprinzips zu verstehen. Das Wesen der Beihilfe sieht *Schumann* jedoch darin, daß der Teilnehmer sich durch seinen Beitrag mit dem Unrecht solidarisiere und nicht in der bloßen Teilnahme am Unrecht des Haupttäters. Kriterien dieser Solidarisierung seien neben der Nähe des Beitrags zur Haupttat auch die Abweichung des Geschehens vom alltäglichen und üblichen Verhalten[495].

bb) Rechtsprechung

Im Jahre 1985 hat der Bundesgerichtshof[496] festgestellt, daß eine Beihilfe auch durch äußerlich neutrale Handlungen geleistet werden könne. Drei Jahre später stufte er die unterlassene Anmeldung von Umsätzen aus Goldgeschäften als Beihilfe zur Steuerhinterziehung ein[497]. Zwar sei nicht jede Mitwirkung eines Arbeitnehmers beim Umsatz in Kenntnis der diesem nachfolgenden Umsatzsteuerhinterziehung durch den Steuerpflichtigen als Beihilfe zu würdigen. Eine für die Wertung als Beihilfe besondere Sachlage könne aber dann gegeben sein, wenn das ganze Unternehmen, an dem ein Helfer mitgewirkt habe, ausschließlich darauf abziele, einen Gewinn durch Steuerhinterziehung zu erzielen. In einem solchen Falle könne die dem Umsatzgeschäft nachfolgende Hinterziehung der darauf zu zahlenden Steuer rechtlich nicht losgelöst von jenem betrachtet werden; vielmehr stelle sich das Umsatzgeschäft lediglich als eine zur Zielerreichung unerläßliche Vorbereitung der angestrebten Steuerhinterziehung dar.

In seiner Entscheidung vom 20. September 1999 hat der Bundesgerichtshof[498] sich auf die allgemeinen Grundsätze der Rechtsprechung[499] zur Strafbarkeit von berufstypischen neutralen Handlungen bezogen. Ziele das Handeln des Haupttäters ausschließlich darauf ab, eine strafbare Handlung zu begehen, und wisse dies der Hilfeleistende, so sei sein Tatbeitrag als Beihilfehandlung zu werten. In

---

[494] *Schumann*, Strafrechtliches Handlungsunrecht und das Prinzip des Selbstverantwortung des Anderen, S. 49 ff.
[495] *Schumann*, Strafrechtliches Handlungsunrecht und das Prinzip des Selbstverantwortung des Anderen, S. 49 ff.
[496] HFR 1985, 429.
[497] BGH bei *Holtz*, MDR 1988, S. 818.
[498] BGHSt, NStZ 2000, 34.
[499] Vgl. BGHR, StGB § 27 Abs. 1 Rdnr. 3.

diesem Falle verliere sein Tun stets den Alltagscharakter; es sei als Solidarisierung mit dem Täter zu deuten und dann auch nicht mehr als sozialadäquat anzusehen. Wisse der Hilfeleistende dagegen nicht, wie der von ihm geleistete Beitrag vom Haupttäter verwendet werde, halte er es lediglich für möglich, daß sein Tun zur Begehung einer Straftat genutzt werde, so sei sein Handeln regelmäßig noch nicht als strafbare Beihilfehandlung zu beurteilen, es sei denn, das von ihm erkannte Risiko strafbaren Verhaltens des von ihm Unterstützten wäre derart hoch, daß er sich mit seiner Hilfeleistung die Förderung eines erkennbar tatgeneigten Täters angelegen sein ließe.

Diese allgemeinen Grundsätze hat der Bundesgerichtshof in seiner aktuellsten Entscheidung vom 1. August 2000[500] bestätigt. Zudem wurde nochmals klargestellt, daß eine generelle Straflosigkeit von neutralen, beruftypischen oder professionell adäquaten Handlungen nicht in Betracht komme. Weder Alltagshandlungen noch berufstypische Handlungen seien in jedem Fall neutral. Fast jede Handlung könne in einen strafbaren Kontext gestellt werden. Die genannten Begriffe seien daher für sich allein nicht geeignet, strafbare Beihilfe von erlaubtem Handeln eindeutig abzugrenzen.

d) Stellungnahme

Die neueren Literaturmeinungen zum Insiderrecht plädieren durchgängig für eine Straffreiheit des Wertpapierhändlers, der eine eingehende vom ihm nicht beeinflußte Kundenorder in bezug auf die von Insiderwissen betroffenen Wertpapiere durchführt. Fragwürdig ist aber, ob die dogmatische Begründungen überzeugt, daß eine sozialadäquate Verhaltensweise, die weder staatliche Normen noch im relevanten Bereich herausgebildete Regeln verletzt, straffrei sein muß. Werden als einschlägige Normen und Regeln nur die speziell für den Bereich bestehenden Vorschriften angesehen, so wird mit dieser Behauptung die Begründung ersetzt[501]. Problematisch ist gerade, ob und wann eine berufstypische Verhaltensweise als sozialadäquat angesehen werden kann. Der Begriff des sozialadäquaten Verhaltens kennzeichnet keine begrifflich abgrenzbare Verhaltensweise[502]. Vielmehr setzt er bereits eine Wertung voraus, deckt aber nicht deren Kriterien auf. Der Rückgriff auf das alltägliche Geschäft knüpft gedanklich an strafrechtlich irrelevante Sachverhalte an. Er gibt aber keinen

---

[500] BGHSt, NJW 2000, 3011.
[501] *Otto*, in: Festschrift für Lenckner, S. 201; *ders.*, ZgKrW, 1994, S. 777.
[502] *Otto*, in: Festschrift für Lenckner, S. 201; *ders.*, ZgKrW, 1994, S. 777.

Anhaltspunkt dafür, wann ein üblicherweise strafrechtlich irrelevanter Sachverhalt einmal strafrechtlich relevant sein kann.

Die Lehre vom Regreßverbot, die denjenigen von einer strafrechtlichen Haftung freistellen will, dessen Verhalten zur Zeit des Vollzugs nicht davon abhängt, ob die tatbestandsverwirklichende Handlung nachfolgt, erscheint ebenso fragwürdig. Nach *Jakobs* Auffassung haftet etwa der Bäcker nicht wegen Totschlagsteilnahme, wenn er beim Brötchenverkauf weiß, daß der Käufer das Produkt vergiften und sodann seinen Gästen servieren will. Gerade dieses Beispiel begründet erhebliche Zweifel an der Lehre vom Regreßverbot. Der Gesetzgeber knüpft mit dem Straftatbestand der Nichtanzeige geplanter Straftaten in § 138 Abs. 1 Nr. 6 StGB bereits an die sichere Kenntnis eines Totschlags strafrechtliche Konsequenzen. Die Straflosigkeit des Brötchenverkaufs, d.h. einer aktiven Unterstützungshandlung, ist damit aber keineswegs offensichtlich[503].

Frisch, der den normalen Geschäften des täglichen Lebens die Qualität als tatbestandsmäßiges Verhalten abspricht, sieht selbst die Grenzen der Tragweite der Konstruktion in Fällen, in denen bereits die Kenntnis der Situation eine Hilfs- oder Anzeigepflicht begründet oder in denen eine Garantenpflicht zur Abwendung bestimmter Erfolge besteht[504]. Zwar könne das taterleichternde Verhalten nicht - etwa rückwirkend - als mißbilligte Risikoschaffung qualifiziert werden. Durchaus fragwürdig erscheint aber auch *Frisch*, ob bei einer derartigen Sachlage lediglich eine Strafbarkeit nach § 138 StGB in Betracht kommt oder ob der solchermaßen Unterlassende wegen seines Vorverhaltens als Garant anzusehen ist und sich daher selbst durch Unterlassen strafbar macht[505]. Abgesehen von dieser selbst vorgebrachten Kritik an den eigenen Überlegungen bleibt auch bei *Frisch* offen, warum die normalen Geschäfte des täglichen Lebens dann keinen deliktischen Bezug haben, wenn ein Teilnehmer positiv weiß, daß das Geschäft der Erleichterung oder Ermöglichung einer Straftat dient. Der Gedanke, daß die Geschäfte des täglichen Lebens das Risiko für das geschützte Rechtsgut nicht erhöhen, kann nicht losgelöst von der Deliktssituation oder der konkreten Fallkonstellation verallgemeinert werden[506].

Die von *Schumann* aus dem Prinzip der Selbstverantwortung hergeleitete Straflosigkeit berufstypischer Handlungen ist zwar in der Lage, argumentativ weiterzuhelfen. Es ist vertretbar, das Wesen der Beihilfe in der Solidarisierung mit dem Unrecht des Haupttäters zu sehen. Für diese Solidarisierung können durchaus die von *Schumann* entwickelten Kriterien herangezogen werden, um

---

[503] *Frisch*, Tatbestandsmäßiges Verhalten und Zurechnung des Erfolgs, S. 320 ff.
[504] *Frisch*, Tatbestandsmäßiges Verhalten und Zurechnung des Erfolgs, S. 318.
[505] *Frisch*, Tatbestandsmäßiges Verhalten und Zurechnung des Erfolgs, S. 318.
[506] Vgl. *Otto*, in: Festschrift für Lenckner, S. 205 f.; *ders.*, ZgKrW 1994, S. 778.

eine bildhafte Vorstellung für eine Abgrenzung zu schaffen. Entscheidend ist aber, daß *Schumann* keine Kriterien anführen kann, die geeignet sind, diese Abgrenzung ausreichend scharf vorzunehmen. Wenn beispielsweise im Verkauf einer Waffe an einen Kunden, der ein Attentat plant, eine Solidarisierung mit dem Kunden gesehen wird, ist es nur konsequent, dies auch beim Verkauf eines Schraubenziehers an einen Einbrecher zu sehen[507]. Gerade hier läßt *Schumann* aber die notwendigen Differenzierungen vermissen.

Ausgangspunkt für eine strafrechtliche Beurteilung des berufsspezifischen Verhaltens muß vielmehr das durch die Art. 2 Abs. 1, 12 Abs. 1 GG gewährleistete Recht auf Berufsausübung sein. Dieses Recht würde nicht mehr akzeptabel ausgehöhlt, wenn seine strafrechtlich relevanten Grenzen stets dann überschritten wären, wenn der Handelnde berufsspezifische Leistungen erbringt, obwohl er die konkrete Gefahr der Nutzung dieser Leistung bei der Begehung einer Straftat durch den Leistungsempfänger zu erkennen glaubt[508]. Weder der Pfandleiher, der aufgrund des Aussehens und des Gehabes eines Kunden den Verdacht faßt, er habe einen Hehler vor sich, noch der Bankmitarbeiter, bei dem Geld auf ein Sparkonto eingezahlt wird und der zu erkennen meint, es handele sich um Geld aus einer Steuerhinterziehung, sind rechtlich verpflichtet, das Geschäft abzulehnen. Der bloße Verdacht, es stehe eine Rechtsgutsbeeinträchtigung vor, vermag den Handlungsspielraum nicht einzugrenzen, soweit der Gesetzgeber nicht selbst an bestimmte Verdachtssituationen rechtliche Konsequenzen knüpft. Das Verhalten bleibt normales, neutrales, sozial akzeptiertes und regelgeleitetes berufliches Handeln, welches sich vor strafrechtlicher Analyse und Beurteilung nicht zu verstecken braucht, weil es Strafrechtsnormen nicht neutralisiert, sondern ergänzt und auf bestimmte soziale Handlungsfelder bezieht, ohne dabei strafrechtlichen Geboten zu widersprechen[509]. Der bloße Verdacht, selbst wenn er ausreicht, daß die Voraussetzungen des dolus eventualis vorliegen, ändert den Sinngehalt des Geschehens nicht. Erst das Wissen oder die beabsichtigte Deliktsförderung gibt dem Verhalten einen verbrecherischen Sinngehalt. Solange der berufsspezifisch Handelnde hingegen nur die Gefahr einer Mitwirkung an einer Straftat zu erkennen meint, wahrt er das höherrangige Interesse durch Wahrnehmung seiner Berufstätigkeit, das dem Interesse, unter Umständen eine Straftat zu ermöglichen oder zu erleichtern, vorgeht[510]. Er nimmt den ihm durch die Berufsausübung rechtlich gewährleisteten Handlungsspielraum wahr, soweit er die die Berufsausübung im einzelnen konkretisierenden Rechtsregeln im übrigen beachtet. Berufsspezifische Handlungen erfüllen den Tatbestand strafbarer Beihilfe somit

---

[507] *Otto*, ZgKrW 1994, S. 779.
[508] *Otto*, in: Festschrift für Lenckner, S. 214
[509] *Hassemer*, wistra 1995, S. 85.
[510] *Hefendehl*, Jura 1992, S. 377; *Otto*, in: Festschrift für Lenckner, S. 214.

nicht, wenn der Helfer die Haupttat weder kennt noch zu fördern beabsichtigt, wohl aber mit dolus eventualis von ihrer Verwirklichung ausgeht.

Hinsichtlich der Durchführung von Kundenaufträgen bedeutet dies für eine Beihilfestrafbarkeit des Wertpapierhändlers folgendes: Mit der Durchführung der Order durch den Wertpapierhändler hat der Kunde Insiderpapiere erworben oder veräußert. Der Kunde hat dadurch den objektiven Tatbestand des § 14 Abs. 1 Nr. 1 WpHG erfüllt. Der subjektive Tatbestand des Verwertungsverbots liegt bei ihm ebenfalls vor, weil die Wertpapiertransaktion vorsätzlich und unter Ausnutzung seiner Kenntnis von der Insidertatsache getätigt wurde. Eine teilnahmefähige Haupttat des Kunden ist somit gegeben.

Die Beihilfehandlung des Wertpapierhändlers liegt in der tatsächlichen Förderung der Haupttat durch physische Unterstützung. Mit der Durchführung des Auftrags hat der Wertpapierhändler die Haupttat des Kunden gefördert. Die Strafbarkeit des Wertpapierhändlers hängt nun von seinem Wissen und Wollen. Nur wenn der Wertpapierhändler - beispielsweise durch eine offene Unterredung - weiß, daß der Kunde eine Insiderinformation ausnutzen will, oder wenn er mit der Durchführung der Kundenorder das geschützte Rechtsgut zu beeinträchtigen beabsichtigt, ist eine Beihilfestrafbarkeit gegeben.

e) Ergebnis

Als Ergebnis bleibt festzuhalten, daß sich ein Wertpapierhändler mit der Durchführung einer Order nicht schon dann wegen Beihilfe strafbar macht, wenn er nur die Gefahr einer Mitwirkung an dem Insidervergehen des Kunden zu erkennen meint. Erst das Wissen um das Insidervergehen des Kunden oder die beabsichtigte Deliktsförderung gibt der Durchführung der Order den für eine Beihilfestrafbarkeit erforderlichen verbrecherischen Sinngehalt.

4. Weitergabe von Kundenaufträgen durch Wertpapierhändler

Neben der Durchführung stellt die Weitergabe der Order für einen Wertpapierhändler, der Kenntnis vom Insiderwissen des Kunden hat, eine weitere Handlungsalternative dar.

Erörterungswürdig im Rahmen der Weitergabe des Kundenauftrags ist nicht der Fall, daß der Kunde die Order interessewahrend erteilt hat und der Wertpapierhändler in Anbetracht des eingeräumten Handlungsspielraums Gefahr läuft, bei der Auftragsausführung sein Insiderwissen auszunutzen. Gibt der Wertpapierhändler in dieser Situation den Kundenauftrag an einen Nichtinsider weiter, so liegt kein Verstoß gegen die Straftatbestände des Wertpapierhandelsgesetzes vor, solange er keine Empfehlung i.S.d. § 14 Abs. 1 Nr. 3 WpHG ausspricht[511].

Aus strafrechtlicher Sicht interessant ist der Fall, daß der Wertpapierhändler, der Kenntnis vom Insiderwissen seines Kunden hat, den Auftrag zur Durchführung an einen Nichtinsider abgibt. Die strafrechtliche Beurteilung dieser Verhaltensweise ist in der einschlägigen Literatur bislang vernachlässigt worden. Einzig *Haouache*[512] deutet an, daß die Möglichkeit für den Wertpapierhändler, den Auftrag an einen Nichtinsider abzugeben, bedenklich erscheine, ohne jedoch eine genauere strafrechtliche Würdigung vorzunehmen.

Die Durchführung einer Wertpapiertransaktion unter Ausnutzung der Kenntnis von einer Insiderinformation erfüllt den in § 14 Abs. 1 Nr. 1 WpHG normierten Straftatbestand. Der Erwerb bzw. der Veräußerung von Insiderpapieren stellt eine vorsätzlich begangene rechtswidrige Haupttat des Kunden dar. In der Abgabe des Kundenauftrags ist eine physische Beihilfehandlung des Wertpapierhändlers zu sehen. Der Händler weiß auch, daß der Kunde mit der Wertpapiertransaktion eine Insiderinformation ausnutzen will. Nach den Grundsätzen des berufstypischen Verhaltens ist eine Beihilfestrafbarkeit des Wertpapierhändlers somit gegeben.

Es bleibt festzuhalten, daß der Wertpapierhändler sich der Beihilfe strafbar macht, wenn er in Kenntnis vom Insiderwissen des Kunden die Order zur Durchführung an einen anderen Händler abgibt.

5. Ablehnung von Kundenaufträgen durch Wertpapierhändler

Neben der Weitergabe hat ein Wertpapierhändler die Möglichkeit, den auf Insiderwissen beruhenden Auftrag des Kundenauftrags abzulehnen. Nimmt er diese Möglichkeit wahr, ohne in irgendeiner Weise aktiv zu werden, so stellt sich die Frage einer Strafbarkeit des Wertpapierhändlers wegen Beihilfe durch Unterlassen, wenn der Kunde seinen Auftrag durch einen anderen Händler ausführen läßt. Voraussetzung einer Strafbarkeit ist jedoch, daß der Wertpapierhändler eine Garantenstellung inne hat.

---

[511] BT-Drucks. 12/6679 vom 27. Januar 1994, S. 47; *Assmann/Cramer*, in: Assmann/ Schneider (Hrsg.), § 14 Rdnr. 37; *Assmann*, AG 1994, S. 246; *Caspari*, ZGR 1994, S. 543.

[512] *Haouache*, Börsenaufsicht durch Strafrecht, S. 108.

a) Literaturmeinung

Haouache[513] sieht die Möglichkeit, eine Garantenstellung aus der Verant-wortung für fremdes Handeln zu begründen. Gehe man davon aus, daß an den Börsen Insiderhandlungen unerwünscht seien und die Beteiligten untereinander erwarteten, daß alle Teilnehmer und insbesondere jene, die mit Wertpapieren handelten und daher besonders nahe am Insiderhandel lägen, mögliche Insiderverstöße verhindern, erscheine die Begründung einer Garantenstellung für Wertpapierhändler im Verhältnis zu ihren Kunden als potentielle Insider nicht fernliegend[514].

Darüber hinaus diskutiert *Haouche*[515] eine Garantenposition aus der Übernahme einer Schutzfunktion. Durch das Verbot von Insidergeschäften solle das Vermögen der Kleinanleger geschützt, das Vertrauen in den Kapitalmarkt gestärkt und die Funktionsfähigkeit des Kapitalmarkts gewährleistet werden. Wertpapierhändler seien kraft ihres Berufs besonders geeignet, vermeintliche Insiderverstöße zu erfassen, so daß eine Garantenstellung dieses Personenkreises vorstellbar sei[516].

b) Stellungnahme

Die Begründung einer Garantenstellung des Wertpapierhändlers erscheint jedoch fragwürdig. Bei einer Garantenstellung aus Verantwortung für fremdes Handeln vertraut die Allgemeinheit im Hinblick auf eine bestehende Autoritäts- und Aufsichtsstellung darauf, daß der Garantenpflichtige die Gefahren beherrscht, die von der zu überwachenden Person ausgehen[517]. Voraussetzung für eine derartige Garantenstellung ist zunächst eine Aufsichtsstellung des Pflichtigen. Wertpapierhändler haben jedoch keine solche Stellung gegenüber ihren Auftraggebern inne. Mit der Verabschiedung des Wertpapierhandelsgesetzes wurde nicht nur eine gesetzliche Insiderregelung eingeführt, sondern auch die rechtliche Grundlage für ein neu zu errichtendes Bundesaufsichtsamt für den Wertpapierhandel geschaffen. Das Bundesaufsichtsamt hat nach § 4 Abs. 1 S. 2 WpHG im Rahmen der ihm

---

[513] *Haouache*, Börsenaufsicht durch Strafrecht, S. 108.
[514] *Haouache*, Börsenaufsicht durch Strafrecht, S. 108.
[515] *Haouache*, Börsenaufsicht durch Strafrecht, S. 108.
[516] *Haouache*, Börsenaufsicht durch Strafrecht, S. 109.
[517] *Jescheck/Weigend*, Lehrbuch des Strafrechts, § 59 IV. 4. C).; *Otto*, Allgemeine Strafrechtslehre, § 9 III. 4.; *Schünemann*, Grund und Grenzen der unechten Unterlassungsdelikte, S. 323 ff.

zugewiesenen Aufgaben Mißständen entgegenzuwirken, welche die ordnungsgemäße Durchführung des Wertpapierhandels beeinträchtigen oder erhebliche Nachteile für den Wertpapiermarkt bewirken können. Die Verhinderung und Aufdeckung des Mißbrauchs von Insiderinformationen ist damit Aufgabe des Bundesaufsichtsamts[518]. Den Wertpapierhändlern ist eine gesetzliche Verpflichtung, ihre Kunden zu beaufsichtigen und zu kontrollieren, hingegen nicht auferlegt worden. Allein die eventuelle Erwartung der Börsenteilnehmer, daß Wertpapierhändler mögliche Insidervergehen verhindern, ist nicht mit einer rechtlichen Verpflichtung gleichzusetzen. Eine Garantenposition aus Verantwortung für fremdes Handeln kann somit nicht begründet werden.

Es stellt sich sodann die Frage, ob die Begründung einer Garantenstellung aus der Übernahme einer Schutzfunktion zu überzeugen vermag. Grundlage für die Begründung einer solchen Garantenposition ist die freiwillige Übernahme einer Schutzpflicht gegenüber den Gefährdeten[519]. Im Vertrauen auf die Einsatzbereitschaft des Garanten setzen sich Dritte einer größeren Gefahr als sonst aus oder verzichten ganz auf einen anderweitigen Schutz. Nur dieser Verzicht rechtfertigt eine strafrechtliche Haftung des Schutzpflichtigen. Mit dem Berufsbild eines Wertpapierhändlers ist die freiwillige Übernahme einer Schutzpflicht nicht in Einklang zu bringen. Zum einen fehlt es schon an einer tatsächlichen Übernahme den Anlegern gegenüber. Zum anderen setzen sich Anleger im Vertrauen auf die Einsatzbereitschaft der Wertpapierhändler keiner größeren Gefahr aus. Die Anleger haben sich entschieden, Wertpapiere zu erwerben oder zu veräußern. Die Beauftragung eines Wertpapierhändlers dient lediglich der Durchführung ihres Entschlusses, da nur ihnen der Handel an den Wertpapiermärkten erlaubt ist. Es kann daher keinesfalls davon ausgegangen werden, daß die Anleger bei dem Entschluß, ihr Kapital an der Börse zu investieren, auf die Einsatzbereitschaft der Wertpapierhändler vertraut haben.

c) Ergebnis

Als Ergebnis bleibt festzuhalten, daß eine Garantenstellung eines Wertpapierhändlers nicht begründet werden kann. Ein Wertpapierhändler setzt sich damit keiner Beihilfestrafbarkeit durch Unterlassen aus, wenn er die Durchführung eines auf Insiderwissen beruhenden Kundenauftrags ablehnt.

---

[518] *Kümpel*, WM 1994, S. 231.

[519] *Jescheck/Weigend*, Lehrbuch des Strafrechts, § 59 IV. 3. C).

6. Kurspflegemaßnahmen

Neben der Auslegung des Begriffs „unter Ausnutzung der Kenntnis von einer Insidertatsache“ für den Tätigkeitsbereich berufsbetroffener Personenkreise wirft dieses Tatbestandsmerkmal auch Probleme hinsichtlich einiger anderer Wertpapiertransaktionen auf. Dazu gehören beispielsweise die Kurspflegemaßnahmen.

Unter dem Begriff der Kurspflege werden Maßnahmen verstanden, die von dem am Kurswert eines Wertpapiers Interessierten ergriffen werden, um Kursschwankungen dieses Papiers zu vermeiden oder um den Kurs zu stützen[520]. Die Vornahme einer Kurspflegemaßnahme als solche stellt eine kursrelevante marktbezogene Insidertatsache dar[521]. Die Verwertung dieser Information durch Dritte, die hiervon Kenntnis erlangt haben, erfüllt somit das Tatbestandsmerkmal „unter Ausnutzung der Kenntnis von einer Insidertatsache“ und begründet einen Verstoß gegen § 14 Abs. 1 Nr. 1 WpHG. Problematisch sind hingegen die Fälle, in denen Kurspflegemaßnahmen durch die Urheber dieser Entscheidungen selbst ausgeführt werden.

a) Vorgaben der Insiderrichtlinie

Nach den Erwägungsgründen der Insiderrichtlinie stellten Entschlüsse, Pläne oder Vorhaben für ihre Urheber keine Insidertatsachen dar, die diese durch Wertpapiertransaktionen ausnutzen könnten[522]. Ein Insidergeschäft setze voraus, daß eine Insider-Information ausgenutzt wird. Der Umstand, daß ein „Marktmacher“, eine Stelle, die befugt ist, als „contrepartie“ zu handeln, oder ein Börsenbroker über eine Insider-Information verfüge, die beiden ersteren aber lediglich ihre normale Tätigkeit des An- und Verkaufs von Wertpapieren ausübten bzw. letzterer einen Auftrag ausführe, könne nicht schon als solcher als Ausnutzung dieser Insiderinformation gewertet werden. Gleichermaßen könne der Umstand, daß Transaktionen allein mit dem Ziel vorgenommen werden, den Kurs von neu emittierenden oder im Rahmen eines Sekundärangebots gehandelten Wertpapieren zu regulieren, nicht als solcher als Ausnutzung dieser Insiderinformation gewertet werden[523].

---

520 *Tippach*, Insider-Handelsverbot und die besonderen Rechtspflichten der Banken, S. 223.

521 *Assmann*, WM 1996, S. 1345; *Tippach*, Insider-Handelsverbot und die besonderen Rechtspflichten der Banken, S. 225.

522 ABl. EG Nr. L 334/30 vom 18. November 1989, S. 30.

523 ABl. EG Nr. L 334/30 vom 18. November 1989, S. 30.

b) Amtliche Begründung zum Wertpapierhandelsgesetz

Im Hinblick auf ihre Funktion als selbstgeschaffene Regulierungsmaßnahme sieht die Amtliche Begründung zum Wertpapierhandelsgesetz in Kurspflegemaßnahmen ebenfalls kein Ausnutzen der Kenntnis einer Insidertatsache[524]. Dies zumindest solange nicht, wie die Regulierungsmaßnahme unabhängig von sonstigem vorhandenem Insiderwissen ausgeführt werde.

c) Literaturmeinungen

In der insiderrechtlichen Literatur ist die Zulässigkeit von Kurspflegemaßnahmen umstritten.

aa) *Tippach*[525] sieht die Durchführung von Kurspflegemaßnahmen aufgrund der gegenwärtigen Gesetzeslage als unzulässig an. Bevor Kurspflege-maßnahmen ausgeführt würden, sei notwendigerweise Sonderwissen vorhanden. Dieses Wissen könne darin bestehen, daß eine Emission schleppend am Markt aufgenommen werde oder aber ein Abgabedruck seitens eines großen Investors bestehe. Folge davon sei immer eine drastische Veränderung der Kurse, andernfalls wäre die Kurspflege als solche überflüssig. Damit beruhten die Kurspflegemaßnahmen selbst auf Insidertatsachen, deren Ausnutzen durch Wertpapiertransaktionen gegen das Verwertungsverbot verstoße. Gleiches gelte auch für Marktmacher, die kraft ihrer Berufstätigkeit notwendigerweise Informationen über die Zahl und den Inhalt von Börsenaufträgen hätten. Ein derartiges Vorgehen sei ökonomisch auch nicht zu begrüßen, weil die künstliche Kursstabilisierung zu falschen Kursen führe und sich negativ auf das Vertrauen der Anleger in eine faire Preisbildung auswirke.

bb) *Caspari*[526] hingegen hält nur die in einer Glättung der Kursentwicklung bestehende Kurspflege, nicht aber diejenige gegen den Markttrend für unbedenklich. Angesichts des Marktumfelds müsse im letzteren Fall bei Änderung der Kurspflegepolitik mit einer deutlichen Kursänderung gerechnet werden, was dazu führe, daß dieser Marktteilnehmer sich von dem zu erwartenden Kurseinbruch bei Wahrung eines eigenen Vorteils von den Wertpapierbeständen trennen könne.

---

[524] BT-Drucks. 12/6679 vom 27. Januar 1994, S. 47.
[525] *Tippach*, Insider-Handelsverbot und die besonderen Rechtspflichten der Banken, S. 224.
[526] *Caspari*, ZGR 1994, S. 544.

cc) *Assmann*[527] wiederum sieht in einer Kurspflegemaßnahme nur eine regulatorische Maßnahme eines Marktteilnehmers, die nicht darauf hinauslaufe, Insidertatsachen auszunutzen, um sich Sondervorteile gegenüber anderen Marktteilnehmern zu verschaffen.

d) Stellungnahme

Bei der Beantwortung der Frage, ob Kurspflegemaßnahmen des Urhebers der Entscheidung den Tatbestand des Verwertungsverbots erfüllen, ist von der Prämisse auszugehen, daß Entschlüsse, Pläne oder Vorhaben für ihre Urheber keine Insidertatsachen darstellen, die diese durch Wertpapiertransaktionen ausnutzen können[528]. Sie beruhen vielmehr auf einer eigenen unternehmerischen Entscheidung[529]. Die generelle Zulässigkeit von Kurs-pflegemaßnahmen hängt davon ab, ob diesen unternehmerischen Entscheidungen Insiderkenntnisse zugrunde liegen, die zu Lasten des über diese Informationen nicht verfügenden Anlegerpublikums ausgenutzt werden. Nicht die Durchführung der Kurspflegemaßnahme als solche verstößt deshalb gegen den Verbotstatbestand des § 14 Abs. 1 Nr. 1 WpHG, sondern lediglich die Verwertung von Sonderwissen. Ob die unternehmerische Entscheidung, eine Maßnahme zur Kurspflege durchzuführen, selbst auf Insiderwissen beruht, ist Tatfrage. Es kann jedoch nicht allgemein davon ausgegangen werden, daß vor der Durchführung einer derartigen Maßnahme notwendigerweise Sonderwissen vorhanden ist. Selbst das Wissen um eine schleppend auf dem Markt aufgenommene Emission oder den Abgabedruck eines großen Investors kann auf öffentlich zugänglichen Informationen beruhen. Gerade die Aufnahme einer Neuemission erstreckt sich über Monate und ist immer wieder Gegenstand öffentlicher Analysen. In einer Vielzahl von Fällen werden deshalb dem Entschluß zur Durchführung von Kurspflegemaßnahmen keine Insiderkenntnisse zugrunde liegen. Solange die unternehmerische Entscheidung aber nicht auf Insiderwissen beruht, sind keine Gründe ersichtlich, die gegen die Zulässigkeit der Durchführung von Kurspflegemaßnahmen sprechen.

Liegen dem Entschluß zur Durchführung von Kurspflegemaßnahmen hingegen Insiderkenntnisse zugrunde, ist nicht von einer generellen Unzulässigkeit solcher Geschäfte auszugehen. Vielmehr ist danach zu differenzieren, ob dieses Wissen rechtmäßig verwendet wurde. Amtliche Kursmakler, die notwendigerweise

---

527 *Assmann*, WM 1996, S. 1345.

528 Vgl. Achtes Kapitel I. 3.

529 *Assmann*, AG 1994, S. 246; *Claussen*, DB 1994, S. 31; *Hopt*, ZGR 1991, S. 46; *Schäfer*, WM 1999, S. 1350.

Informationen über die Zahl und den Inhalt von Kundenaufträgen haben, halten sich beispielsweise im börsenrechtlich vorgegebenen Rahmen, wenn sie Maßnahmen zur Glättung eines Wertpapierkurses durchführen[530]. Derartige Kurspflegemaßnahmen sind daher auch unter Verwendung von Insiderwissen zulässig, solange dieses Wissen rechtmäßig verwendet wird.

e) Ergebnis

Als Ergebnis bleibt daher festzuhalten, daß die Durchführung von Kurspflegemaßnahmen grundsätzlich nur dann dem Verwertungsverbot unterliegt, wenn diese Maßnahmen auf Insiderwissen beruhen. Ausnahmsweise dürfen auf Insiderwissen beruhende Kurspflegemaßnahmen durchgeführt werden, wenn die Verwertung rechtmäßig erfolgt.

7. Frontrunning

Im Rahmen der Auslegung des Tatbestandsmerkmals „unter Ausnutzung der Kenntnis von einer Insidertatsache" ist die Verhaltensweise des Frontrunning, auch als Vorlaufen bezeichnet, in der Literatur unumstritten. Erhält ein Kreditinstitut, ein Makler oder ein Finanzmittler eine Kundenorder, die geeignet ist, die Kursentwicklung eines Wertpapiers erheblich zu beeinflussen, so stellt dieser Kundenauftrag eine Insidertatsache dar[531]. Unter den Begriff der Insidertatsache fallen nämlich nicht nur unternehmensbezogene, sondern auch rein marktbezogene Informationen[532]. Die Tatsache eines Kundenauftrags kann, wenn sie öffentlich bekannt ist, geeignet sein, den Kurs eines Wertpapiers erheblich zu beeinflussen. Das Ausnutzen einer Insidertatsache liegt somit vor, wenn in Kenntnis der Art oder des Umfangs eines Auftrags die betreffenden Insiderpapiere erworben oder veräußert werden[533].

---

[530] Vgl. neuntes Kapitel II. 3. b) bb).

[531] *Assmann/Cramer*, in: Assmann/Schneider (Hrsg.), § 14 Rdnr. 26; *Caspari*, ZGR 1994, S. 540; *Claussen*, DB 1994, S. 28; *Hopt*, ZGR 1991, S. 34 f.

[532] *Hopt*, in: Festschrift für Heinsius, S. 295.

[533] Regelmäßig stellen diese Fälle des Frontrunning neben dem Insiderhandelsverstoß zugleich eine Verletzung berufsrechtlicher Pflichten dar. Bemerkenswerterweise ist diese Verletzung einer beruflichen Wohlverhaltenspflicht vom Wertpapierhandelsgesetz jedoch nicht als Ordnungswidrigkeit erfaßt.

8. Scalping

In der Literatur umstritten ist hingegen das sogenannte Scalping, welches einen speziellen Fall des Frontrunning darstellt. Dieser Vorgang ist dadurch gekennzeichnet, daß an die Stelle der für das Vorlaufen maßgeblichen Kenntnis einer Auftragserteilung durch den Kunden der Entschluß des Handelnden tritt, eine bestimmte Empfehlung für den Kauf oder Verkauf eines Wertpapiers abzugeben. Seinerseits disponiert der Scalper vor der Abgabe seines Rats so, daß nach der Ausführung der Empfehlung durch das Anlegerpublikum gewinnbringend Wertpapiertransaktionen möglich sind. Die Strategie besteht beispielsweise darin, daß sich der Scalper vor der Abgabe einer Kaufempfehlung mit den fraglichen Wertpapieren eindeckt, um diese nach Ausführung der Anlageempfehlung durch den Kunden und dem darauf beruhenden Kursanstieg gewinnbringend zu veräußern.

Im Jahre 1999 wurde dem Scalping durch zwei Fälle besondere Aufmerksamkeit zu Teil[534]. Zum einen wurde gegen den Börsenjournalist Egbert Prior wegen Verstoßes gegen das Insiderhandelsverbot ermittelt. Prior empfahl in einer TV-Börsensendung Wertpapiere, die er zuvor erworben hatte. Nachdem das Fernsehpublikum seinen Rat befolgte hatte und ein Kursanstieg der betreffenden Papiere zu verzeichnen war, veräußerte Prior seine Wertpapiere mit Gewinn. Das zuständige Landgericht Frankfurt am Main[535] lehnte mit Beschluß vom 9. November 1999 die Eröffnung eines Hauptverfahrens ab, da keine hinreichenden Gründe dafür bestünden, daß Prior bereits bei Erwerb der Wertpapiere den Entschluß gefaßt habe, diese in der nächsten TV-Börsensendung zu empfehlen.

Zum anderen war der auch der Börsenspekulant André Kostolany in die Kritik geraten, weil er in einem Werbespot für ein Fahrzeug mit einer Aluminiumkarosserie das Fernsehpublikum fragte, ob es schon einmal über Emissionen von Aluminiumherstellern nachgedacht habe. Nach der Ausstrahlung dieses Werbespots stieg der Wertpapierkurs eines Aluminiumproduzenten um 24%[536]. Hätte sich herausgestellt, daß Kostolany Werte des Produzenten vor der Erstausstrahlung des Werbespots besessen hätte, hätte sich auch hier die Frage nach einem Verstoß gegen das Insiderhandelsverbot gestellt. Eine Auseinandersetzung mit der Verhaltensweise des Scalping erscheint daher geboten.

---

[534] Vgl. Handelsblatt vom 5. Februar 1999, S. 12.
[535] LG Frankfurt am Main, NJW 2000, S. 301.
[536] Die Alcan-Aktie, deren Kurs zuvor eingebrochen war, legte vom Tag der Erstausstrahlung des Werbespots am 24. August 1998 bis Ende September 1998 um 24% zu, vgl. Der Spiegel, 41/1998, S. 103.

a) Vorgaben der Insiderrichtlinie

Die Insiderrichtlinie führt in ihrer Präambel aus, daß die Tatsache des Erwerbs oder der Veräußerung nicht als solche die Verwendung einer Insider-Information darstelle, da dem Erwerb oder der Veräußerung von Wertpapieren stets eine entsprechende Entscheidung der Person vorausgehen müsse, die eines der beiden Geschäfte tätige[537].

Beim Scalping handelt es sich um die Umsetzung einer eigenen Entscheidung. selbst wenn der Handelnde die betreffenden Wertpapiere vorher anderen empfohlen hatte und mit der Umsetzung der Empfehlung ein Kursanstieg verbunden war. Nach den Vorgaben der Insiderrichtlinie verstößt das Scalping daher nicht gegen das Insiderhandelsverbot.

b) Amtliche Begründung zum Wertpapierhandelsgesetz

Die Amtliche Begründung verweist für die Auslegung des Begriffs des Ausnutzens auf die Erwägungsgründe der Insiderrichtlinie[538]. Die Umsetzung einer eigenen unternehmerischen Entscheidung sei als solche kein Ausnutzen von Insiderwissen, sofern nicht die Entscheidung durch anderweitig erlangtes Insiderwissen beeinflußt sei.

Der nationale Gesetzgeber geht somit ebenfalls davon aus, daß der eigene Entschluß, Wertpapiere zu kaufen oder zu verkaufen, kein verbotenes Ausnutzen von Insiderinformationen darstellt, solange dieser Entschluß nicht auf einer Insidertatsache basiert. Diese Auslegung muß in Ermangelung anderer Hinweise auch im Falle des Scalping gelten, so daß diese Verhaltensweise nach der Amtlichen Begründung zum Wertpapierhandelsgesetz ebenfalls kein insiderrechtlich relevantes Verhalten darstellt.

c) Literaturmeinungen

In der Literatur zum Insiderrecht ist umstritten, ob das Scalping den Tatbestand des Verwertungsverbots erfüllt.

---

[537] ABl. EG Nr. L 334/30 vom 18. November 1989, S. 30.
[538] BT-Drucks. 12/6679 vom 27. Januar 1994, S. 46.

aa) Ein Großteil der Literatur[539] sieht im Scalping eine tatbestandsmäßige Handlung. Die Absicht, ein Wertpapier zu empfehlen, stelle eine selbstgeschaffene Insidertatsache dar. Diese dürfe nur dann straflos ausgenutzt werden, wenn die Schaffung der Tatsache und das Ausnutzen derselben bei wertender Betrachtung als ein Vorgang anzusehen sei. Beim Scalping gebe es aber zwei Entschlüsse des Insiders, und zwar den Empfehlungs- und den Kaufentschluß, wobei letzterer dem Empfehlungsplan nachgelagert sei. Der Scalper nutze nun seinen eigenen Empfehlungsentschlusses und damit eine Insidertatsache aus.

bb) Die Gegenansicht in der Literatur[540] sieht im Scalping keinen Verstoß gegen insiderrechtliche Vorschriften. Es sei nicht auf den Tatsachenbegriff abzustellen, sondern auf das Tatbestandsmerkmal des Ausnutzens. Die Ausführung eines eigenen Entschlusses zum Kauf oder Verkauf von Wertpapieren erfülle dieses Merkmal nicht. Dies gelte selbst dann, wenn das Bekanntwerden dieser Absicht geeignet sei, den Kurs von Wertpapieren erheblich zu beeinflussen. Das Scalping stelle vielmehr die Umsetzung einer eigenen Entscheidung dar. Die Absicht, eine entsprechende Empfehlung auszusprechen, sei ohne Bedeutung. Es sei einzig darauf abzustellen, daß der Scalper seinen Entschluß in die Tat umsetze. Das Scalping erfülle daher nicht das Tatbestandsmerkmal des Ausnutzens.

cc) *Volk*[541] ist zwar auch der Ansicht, daß Meinungsäußerungen und Werturteile nicht unter den Begriff der Insidertatsache fielen. Im Rahmen des § 13 Abs. 1 WpHG sei jedoch entscheidend, worauf sich die Absicht beziehe. Enthalte die geplante Äußerung Angaben über Tatsachen, sei die Absicht, diese Äußerung abzugeben, ihrerseits eine Tatsache. Stelle sich aber die Äußerung nur als Meinung oder Werturteil dar, könne die Absicht, sich so zu äußern, nicht zu den Tatsachen gerechnet werden. Absichten seien daher nicht als Tatsachen i.S.d. § 13 Abs. 1 WpHG anzusehen, wenn sie sich auf Meinungen bezögen.

Zudem könne der Scalper nicht aufgrund der Kenntnis von seiner eigenen Absicht, eine Meinung zu äußern, als Insider nach § 13 Abs. 1 Nr. 3 WpHG angesehen werden, da man nicht beruflich mit sich selbst in Kontakt kommen könne. Weder das Ausnutzen der Kenntnis von der bevorstehenden Abgabe einer

---

[539] *Assmann/Cramer*, in: Assmann/Schneider (Hrsg.), § 14 Rdnr. 34: *Assmann*, WM 1996, S. 1345; *Cahn*, ZHR 162 (1998), S. 20; *Hopt*, ZGR 1991, S. 34, *ders.*, in: Festschrift für Heinsius, S. 294 ff.; *Siebold*, Das neue Insiderrecht, S. 120 f.

[540] So noch *Assmann/Cramer*, in: Assmann/Schneider (Hrsg.), 1. Aufl., § 14 Rdnr. 34; *Becker*, Das neue Wertpapierhandelsgesetz, S. 53.

[541] *Volk*, BB 1999, S. 67 f.

eigenen noch einer fremden Empfehlung verstoße somit gegen das Verwertungsverbot[542].

dd) *Schneider* und *Burgard*[543] sind ebenfalls der Auffassung, die Umsetzung der eigenen Absicht, eine Wertpapiertransaktion durchzuführen, erfülle zwar grundsätzlich nicht den Tatbestand des § 14 Abs. 1 WpHG. Beim Scalping nutze der Handelnde aber ausnahmsweise den Umstand aus, daß die Veröffentlichung der Empfehlung mit überwiegender Wahrscheinlichkeit zu einem erheblichen Kursausschlag führen werde. Erst das Ausnutzen des Kursausschlags durch entsprechende Wertpapiertransaktionen stelle einen Verstoß gegen § 14 Abs. 1 Nr. 1 WpHG dar.

ee) Schließlich sieht *Petersen*[544] im Scalping keine tatbestandsmäßige Handlung, wenn der Scalper seinen Transaktionsentschluß nur aufgrund der Kenntnis seiner Absicht, eine Empfehlung abzugeben, getroffen habe. Es liege werde eine Täuschung durch konkludentes Verhalten vor noch sehe das Wertpapierhandelsgesetz eine Veröffentlichungspflicht für die Absicht vor, die entsprechenden Wertpapiere vor der Empfehlung kaufen zu wollen.

d) Rechtsprechung

Das Landgericht Frankfurt am Main[545] befaßte sich als bislang einziges Gericht im Rahmen der ablehnenden Entscheidung über die Eröffnung des Hauptverfahrens gegen den Börsenjournalist Prior mit der Frage, ob das Scalping gegen das Verwertungsverbot verstößt. Der Kauf von Wertpapieren in Kenntnis der bevorstehenden Abgabe einer sie betreffenden Bewertung oder Empfehlung, um den dadurch verursachten Kursgewinn für sich auszunutzen, sei danach strafbar. Die vom Scalper ausgenutzte Insidertatsache sei nicht darin zu sehen, daß dieser zu einem bestimmten Zeitpunkt die Gelegenheit haben werde, ein bestimmtes Papier zu empfehlen, sondern darin, daß nicht bekannt sei, welches Wertpapier Gegenstand der Empfehlung sein werde. Diese allein dem Scalper bekannte Absicht komme als Insidertatsache in Betracht. Beim Scalping nutze der Handelnde als Wertpapierkäufer oder -verkäufer eine Insidertatsache aus, die er zuvor in der hiervon zu trennenden Rolle des Empfehlenden geschaffen habe. Das Ausnutzen eigner Entschlüsse unterliege damit grundsätzlich dem Verwertungsverbot. Eine Ausnahme gelte nur bei der Umsetzung einer eigenen unter-

---

542 *Volk*, BB 1999, S. 70.
543 *Schneider/Burgard*, ZIP 1999, S. 381 ff.
544 *Petersen*, wistra 1999, S. 330 ff.
545 LG Frankfurt am Main, NJW 2000, S. 301.

nehmerischen Entscheidung, ein Aktienpaket zu erwerben, da der Pakethandel nach der Amtlichen Begründung zum Wertpapierhandelsgesetz nicht dem Insidertatbestand unterliege. Weiterhin sei jedoch zwingenden Voraussetzung eines strafbaren Scalping, daß die Empfehlungsabsicht schon zum Zeitpunkt des Eigengeschäfts vorhanden gewesen sei. Die Empfehlung für ein bereits gehaltenes Wertpapier sei auch dann nicht tatbestandsmäßig, wenn die Empfehlung kurstreibend sein sollte und dieser Effekt ausgenutzt werden solle.

Das Landgericht Frankfurt am Main lehnte die Eröffnung des Hauptverfahrens gegen den Börsenjournalisten Prior aber ab, da kein hinreichender Tatverdacht bestehe, daß Prior bereits zum Zeitpunkt des Aktienkaufs entschlossen gewesen sei, die Papiere später zu empfehlen. Die sofortige Beschwerde der Staatsanwaltschaft gegen den Beschluß des Landgerichts wurde vom Oberlandesgericht Frankfurt am Main am 11. April 2000 zurückgewiesen, so daß die Entscheidung des Landgerichts rechtskräftig ist.

e) Stellungnahme

Es stellt sich sodann die Frage nach einer sachgerechten Lösung. Bei *Assmanns* Ansicht wird nicht klar, ob er seine Lösung mit der Auslegung der Insidertatsache oder mit der Kausalität begründen will[546]. Unabhängig davon kann vom einem logischen Nacheinander des Empfehlungs- und Kaufplans in der klassischen Situationen des Scalping gerade nicht gesprochen werden. Die Empfehlung wird in der Mehrzahl der Fälle nur deshalb ausgesprochen, weil der Scalper mit der Wertpapiertransaktion einen Gewinn erzielen möchte. Der Kaufentschluß geht dann dem Empfehlungsentschluß regelmäßig voraus oder fällt zumindest mit diesem zusammen.

Zudem widerspricht der Lösungsansatz *Assmanns* dem Willen des Gesetzgebers, die Arbeit von Finanzanalysten und Wirtschaftsjournalisten risikofrei zu ermöglichen. Die Verantwortlichen eines Kreditinstitutes würden sich demnach strafbar machen, wenn sie eine positive Unternehmensbewertung, die ein angestellter Analyst erstellt hat, zunächst zum Eigenhandel nutzten und erst dann ihrem Kunden zur Verfügung stellten, in dem Wissen, daß durch entsprechende Käufe der Kurs weiter steigen werde. Diese mögliche Strafbarkeit hätte zur Folge, daß der Informationsfluß zu Lasten der nicht institutionellen Anleger

---

[546] *Petersen*, wistra 1999, S. 330.

erheblich abnehmen würde, weil die Information nicht weitergegeben werden dürfte[547].

Die Ansicht, der Scalper sei nicht als Insider i.S.d. § 13 Abs. 1 Nr. 3 WpHG einzustufen, weil man mit sich selbst nicht in Kontakt kommen könne, erscheint ebenso fragwürdig. Das Wertpapierhandelsgesetz qualifiziert denjenigen als berufsbezogenen Primärinsider, der aufgrund seines Berufs oder seiner Tätigkeit oder seiner Aufgabe bestimmungsgemäß Kenntnis von *einer* Insidertatsache hat. Es erfaßt daher nicht nur die Fälle, in denen jemand aufgrund seines Berufs bestimmungsgemäß Kenntnis von einer fremden Insidertatsache Kenntnis erlangt hat, sondern auch die Fälle, in denen jemand aufgrund seiner Berufs Kenntnis von einer eigenen, d.h. von solchen Tatsachen hat, deren Urheber er selbst ist[548]. Die Auffassung, Absichten seien von vornherein nicht geeignet, den Betreffenden zum Insider zu machen, ist somit zum einen mit dem Wortlaut des § 13 Abs. 1 Nr. 3 WpHG nicht in Einklang zu bringen. Zum anderen beschränkt sich diese Ansicht auf berufsbedingte Primärinsider. Auf die übrigen Fälle, in denen der Scalper beispielsweise gesellschafts- oder kapitalmarktbezogener Primärinsider ist, kann diese Meinung nicht übertragen werden.

Fraglich ist auch, ob der Scalper gegen § 14 Abs. 1 Nr. 1 WpHG verstößt, weil er den Umstand ausnutzt, daß die Veröffentlichung des Anlagerats einen erheblichen Kursausschlag zur Folge haben wird. Nach der Amtlichen Begründung zum Wertpapierhandelsgesetz ist die Umsetzung eigener Absichten zum Erwerb oder zur Veräußerung von Wertpapieren zulässig, wenn weder die Absicht noch deren Verwirklichung durch die Kenntnis von außerhalb der Absicht und ihrer Verwirklichung liegenden Insidertatsachen beeinflußt wird[549]. Das Scalping ist aber gerade dadurch gekennzeichnet, daß der Scalper seine eigene Absicht ausnutzt, indem er vor der Veröffentlichung eines Anlagerats entsprechende Wertpapiertransaktionen tätigt. Beim Scalping wird daher keine außerhalb dieser eigenen Absicht liegende Insidertatsache ausgenutzt. Auch der mögliche Kursanstieg, der mit einer Empfehlung des Wertpapiers verbunden sein könnte, ist nicht als Insidertatsache zu qualifizieren. Eine Insidertatsache ist nach § 13 Abs. 1 WpHG eine nicht öffentliche bekannte Tatsache, die sich auf einen oder mehrere Emittenten bezieht und die geeignet ist, im Falle ihres öffentlichen Bekanntwerdens den Kurs des Insiderpapiers erheblich zu beeinflussen. Der Kursanstieg muß daher die Folge der veröffentlichten Tatsache sein. Die Folge kann aber nicht gleichzeitig die Ursache sein.

---

547 *Petersen*, wistra 1999, S. 330.
548 *Cahn*, ZHR 162 (1998), S. 21.
549 BT-Drucks. 12/6679 vom 27. Januar 1994, S. 46.

Bei der Beurteilung des Scalping ist vielmehr von der Chancengleichheit der Marktteilnehmer auszugehen. Der Insiderhandel stellt ein strafwürdiges Verhalten dar, weil der Insider sich unter Verstoß gegen die Grundsätze der Chancengleichheit einen Sondervorteil verschafft hat. Relevant kann in diesem Zusammenhang nur ein Verstoß gegen die formelle Chancengleichheit in dem Sinne sein, daß alle an der Börse tätigen Personen prinzipiell auf alle für die Bewertung eines Wertpapiers erheblichen Informationen zurückgreifen können[550]. Die Gewährleistung einer Chancengleichheit in dem Sinne, daß alle auch tatsächlich die gleichen Möglichkeiten haben, ist nicht realisierbar. Die Herstellung einer tatsächlichen Chancengleichheit wäre im übrigen nicht wünschenswert, da ansonsten der Wettbewerb an der Börse zum Erliegen käme. Die Normen, die den Insiderhandel regulieren, sind daher in dem Spannungsfeld zwischen dem wettbewerbsfördernden Verhalten durch die Ermöglichung des Zugangs zu Informationen und dem wettbewerbsschädigenden Verhalten durch eine Verpflichtung zur Offenbarung aller Informationen auszulegen[551].

Diese den Wettbewerb berücksichtigende Abwägung ist keineswegs auf das Insiderrecht begrenzt. Sie ist dem gesamten Bereich des Wirtschaftsstrafrechts immanent. Besonders augenscheinlich wird sie im Rahmen des Betruges, eines Deliktes, das ebenso wie die Insiderhandelsverbote das Ausnutzen eines Informationsvorsprunges verbietet. Auch beim Betrug geht es darum, die Grenzen der Geschäftstüchtigkeit und den Beginn des strafrechtlich relevanten Verhaltens zu bestimmen. In einer Gesellschaft, in der das Verantwortungsprinzip gilt, kann eine strafrechtliche Haftung für falsche Entscheidungen eines Dritten erst dort beginnen, wo diese Entscheidungen keine eigenverantwortlichen mehr sind, da in unserem Wirtschaftssystem grundsätzlich jeder sein Informationsrisiko selbst trägt[552]. Im Rahmen des Betruges ist es eine Selbstverständlichkeit, daß allein das Ausnutzen eines Irrtums noch keine Strafbarkeit begründet[553]. Hinzukommen muß entweder eine Täuschung oder ein garantenpflichtwidriges Nichtoffenbaren einer Information, nur dann kann die Verantwortung einer dritten Person begründet werden.

Diese Wertung ist auch beim Insiderhandel zu berücksichtigen, wenn der Wettbewerb nicht mehr als unbedingt notwendig eingeschränkt werden soll. Der Insiderhandel unterscheidet sich von den klassischen Situationen des Betruges nur durch den fehlenden Kontakt zwischen Insider und Marktgegenseite. Diese Vergleichbarkeit wird bei den sogenannten face-to-face-Geschäften offensichtlich. Bei dieser Art von Geschäften darf der Insider unter dem Aspekt des

---

[550] *Petersen*, wistra 1999, S. 330.
[551] *Petersen*, wistra 1999, S. 331.
[552] Vgl. Drittes Kapitel I. 4. b).
[553] *Geerds*, Wirtschaftsstrafrecht und Vermögensschutz, S. 271.

Betruges seinen Informationsvorteil ausnutzen, solange ihn keine Offenbarungspflicht trifft.

Nichts anderes kann für den Insiderhandel gelten, da das Vertrauen der Anleger in den Kapitalmarkt nur durch solche Verhaltensweisen tangiert wird, die durch einen Verstoß gegen die Regeln des Kapitalmarktes zu Vermögensschäden führen. Liegt kein Verstoß gegen diese Regeln vor, realisiert sich das Risiko, daß mit einer Wertpapieranlage verbunden ist und von den Anlegern bei ihrer Entscheidung mit einkalkuliert wurde[554].

Vor diesem Hintergrund ist nun das Scalping zu bewerten. Nur wenn ein Verstoß gegen die Regeln des Börsenhandels vorliegt, kann eine Strafbarkeit begründet sein[555]. Der Scalper macht sich daher dann strafbar, wenn er den Markt entweder getäuscht hat oder einer Offenbarungspflicht nicht nachgekommen ist.

Mangels ausdrücklicher Täuschung kommt allenfalls eine Täuschung durch konkludentes Tun in Betracht. Diese liegt vor, wenn der Täuschende Bezug auf einen bestimmten Sachverhalt der Art nimmt, daß dieser Bezug sein Verhalten inhaltlich bestimmt. Er weiß, daß sein Verhalten nach der Verkehrssitte oder Übereinkunft der Beteiligten einen ganz bestimmten Aussagegehalt hat, auf den er sich stillschweigend bezieht, obwohl er sich nicht dem Aussagegehalt gemäß verhalten oder an den Aussagegehalt halten will[556]. Weder der Scalper noch die übrigen Marktteilnehmer erklären aber durch ihr Auftreten konkludent, sich an die Börsenregeln zu halten und keine rechtswidrig erlangten Informationen auszunutzen. Im übrigen nutzt der Scalper lediglich eine rechtmäßig erlangte Informationen aus[557].

Eine Täuschung könnte somit nur begründet sein, wenn der Scapler verpflichtet gewesen wäre, seine Absicht zu offenbaren, die entsprechenden Aktien vor der Empfehlung selbst kaufen zu wollen. Die Grenze für den Informationszwang verläuft dort, wo die Produktivität der Veröffentlichungspflicht in Kontraproduktivität umschlägt. Würde man verlangen, daß Absichten und Kenntnisse, die rechtmäßig erlangt wurden, dem Markt mitgeteilt werden müßten, käme der gewünschte Wettbewerb zum Erliegen. Das Gesetz wäre dann kontraproduktiv. Eine Verpflichtung zur Veröffentlichung von Absichten und besonderen Kenntnissen besteht daher im Grundsatz nicht.

---

554 *Otto*, in: Madrid-Symposium für Tiedemann, S. 451.
555 *Petersen*, wistra 1999, S. 331.
556 *Otto*, Allgemeine Strafrechtslehre, § 51 III. 1. b).
557 *Petersen*, wistra 1999, S. 331.

Gleichwohl kann der Gesetzgeber eine Veröffentlichungspflicht einführen, wenn er bestimmte Informationen der Allgemeinheit zur Verfügung stellen will. Solche Veröffentlichungspflichten hat der Gesetzgeber zwar in den §§ 15, 21 und 25 WpHG statuiert, erfaßt werden aber nur solche Informationen, die im Tätigkeitsbereich des Emittenten eingetreten sind[558]. In diesem Bereich ist die Statuierung einer Aufklärungspflicht konsequent, denn wer sich an den Kapitalmarkt wendet, um Kapital zu erhalten, muß diesem Markt auch die zur Entscheidung über eine Anlage notwendigen Informationen zur Verfügung stellen[559]. Um eine solche Information handelt es sich beim Scalping jedoch nicht. Mangels einer Aufklärungspflicht verstößt der Scalper daher nicht gegen den Grundsatz der Chancengleichheit.

f) Ergebnis

Als Ergebnis bleibt festzuhalten, daß der Scalper nicht gegen das Verwertungsverbot verstößt, solange sein Transaktionsentschluß alleine auf der Absicht beruht, die entsprechenden Wertpapiere später zu empfehlen. Erst wenn der Entschluß zu Wertpapiertransaktionen auch auf rechtswidrig erlangten Informationen basiert, kommt eine Strafbarkeit in Betracht.

---

[558] *Petersen*, wistra 1999, S. 332.

[559] *Otto*, in: Madrid-Symposium für Tiedemann, S. 458.

Zehntes Kapitel

Weitergabeverbot, § 14 Abs. 1 Nr. 2 WpHG

Das in § 14 Abs. 1 Nr. 2 WpHG normierte Weitergabeverbot untersagt einem Primärinsider, einem anderen eine Insidertatsache unbefugt mitzuteilen oder zugänglich zu machen.

Im Gegensatz zum Verwertungsverbot stellt das Weitergabeverbot einen Vorfeldstraftatbestand dar, der nicht das Ausnutzen der Insidertatsache, sondern eine spezielle Vorbereitungshandlung zur Verwertung dieses Wissens durch Wertpapiertransaktionen sanktioniert. Sinn des Verbots ist es, den Geschäftsverlauf am Sekundärmarkt für Wertpapiere in einem frühen Stadium zu schützen[560]. Nach dem Entstehen der Insidertatsache wächst die Gefahr für das Funktionieren des Kapitalmarkts mit der Zahl der Insider.

I. Definition

Die Auslegung der Tatbestandsmerkmale des Mitteilens und Zugänglichmachens, die unter dem Begriff der Weitergabe zusammengefaßt werden, ist in der Literatur unumstritten. Die Mitteilung einer Insidertatsache an einen anderen liegt vor, wenn diese Tatsache Gegenstand einer Information an Dritte ist[561]. Die Art und das Medium der Kommunikation sind bei einer Weitergabe unerheblich. Eine Insidertatsache wird einem anderen zugänglich gemacht, wenn der Insider die Voraussetzungen zur Möglichkeit der Kenntnisnahme der Insidertatsache schafft, ohne diese Tatsache selbst zum Gegenstand einer Information an Dritte zu machen[562].

---

[560] *Süßmann*, AG 1999, S. 163; *Tippach*, Insider-Handelsverbot und die besonderen Rechtspflichten der Banken, S. 171.

[561] *Assmann/Cramer*, in: Assmann/Schneider (Hrsg.), § 14 Rdnr. 42.

[562] *Assmann/Cramer*, in: Assmann/Schneider (Hrsg.), § 14 Rdnr. 43.

II. Grenzziehung zwischen befugter und unbefugter Weitergabe

In der Literatur zum Insiderrecht umstritten ist hingegen die Frage, wann die Weitergabe einer Insidertatsache an Dritte als unbefugt[563] anzusehen ist. Nur dann stellt diese Verhaltensweise einen Verstoß gegen § 14 Abs. 1 Nr. 2 WpHG dar.

1. Vorgaben der Insiderrichtlinie

Die gemeinschaftsrechtlichen Vorgaben der Insiderrichtlinie sehen die nicht in einem normalen Rahmen erfolgte Weitergabe als unbefugt an. Ausdrücklich untersagt Art. 3 lit. a der Insiderrichtlinie Personen, die dem Verbot nach Art. 2 der Insiderrichtlinie unterliegen und über Insiderinformationen verfügen, diese Insiderinformationen an Dritte weiterzugeben, soweit dies nicht in einem normalen Rahmen in Ausübung ihrer Arbeit oder ihres Berufs oder in Erfüllung ihrer Aufgaben geschieht[564].

2. Amtliche Begründung zum Wertpapierhandelsgesetz

Die Amtliche Begründung zum Wertpapierhandelsgesetz legt zunächst den Begriff des Zugänglichmachens aus. Eine Insiderinformation werde beispielsweise dann zugänglich gemacht, wenn der Insider ein Kennwort offenbare, welches den Zutritt zu einer Datenverarbeitungsanlage und den entsprechenden Informationen ermögliche[565]. Ein unbefugtes Mitteilen oder Zugänglichmachen liege jedoch nicht vor, wenn die Tatsache im normalen Rahmen der Berufs- und Geschäftsausübungstätigkeit weitergegeben werde[566]. Im übrigen verweist die Amtliche Begründung zum Wertpapierhandelsgesetz auf die Insiderrichtlinie.

---

[563] Bei diesem Merkmal handelt es sich um ein objektives Tatbestandsmerkmal des gesetzlichen Weitergabeverbots und nicht um ein allgemeines Verbrechensmerkmal, das die Rechtswidrigkeit einer Weitergabe nur entfallen lassen würde, wenn das Handeln des Täters gerechtfertigt wäre, vgl. *Assmann/Cramer*, in: Assmann/ Schneider (Hrsg.), § 14 Rdnr. 47; *Süßmann*, AG 1999, S. 163. Soweit die Weitergabe von Informationen befugterweise geschieht, verkörpert diese Verhaltensweise keinen Unrechtsakt. Das Tatbestandsmerkmal ist daher anders als in den vergleichbaren Tatbeständen des § 203 Abs.1 StGB und des § 404 Abs.1 AktG zu verstehen.

[564] ABl. EG Nr. L 334/30 vom 18. November 1989, S. 30.

[565] BT-Drucks. 12/6679 vom 27. Januar 1994, S. 47.

[566] BT-Drucks. 12/6679 vom 27. Januar 1994, S. 47.

Sowohl die Insiderrichtlinie als auch die Amtliche Begründung zum Wertpapierhandelsgesetz sehen das Tatbestandsmerkmal der unbefugten Weitergabe daher nur dann als erfüllt an, wenn das Insiderwissen nicht in einem üblichen, der Tätigkeit entsprechenden Rahmen mitgeteilt wird. Eine scharfe Grenzziehung zwischen einer befugten und einer unbefugten Weitergabe enthält jedoch weder die Insiderrichtlinie noch die Amtlichen Begründung. Als Tenor kann diesen beiden Erläuterungen lediglich die Aussage entnommen werden, daß der Kreis der Personen, die Kenntnis von der betreffenden kursrelevanten Information haben, einzugrenzen ist. Dieser Personenkreis soll durch die Weitergabe der Tatsache nicht weiter gezogen werden als es erforderlich ist, um dem Informanten die Ausübung von Beruf, Tätigkeit oder Aufgabe im üblichen Rahmen zu ermöglichen[567].

3. Literaturmeinungen

Aufgrund dieser allgemeinen Aussagen zum Tatbestandsmerkmal der unbefugten Weitergabe von Insiderinformationen ist in der neueren Literatur der Versuch unternommen worden, den Begriff zu konkretisieren.

a) *Haouache*[568] geht davon aus, daß eine Konkretisierung des Begriffs der unbefugten Weitergabe nicht möglich ist. Die in § 14 Abs. 1 Nr. 2 WpHG normierte Regelung sei zu unbestimmt, um eine Grenze zwischen einer unbefugten und einer befugten Weitergabe ziehen zu können. Sowohl nach der Amtliche Begründung zum Wertpapierhandelsgesetz als auch nach der Insiderrichtlinie bleibe offen, wann sich eine Mitteilung oder ein Zugänglichmachen einer Tatsache als unbefugt darstelle. Die Regelung könne somit keine Anleitung sein, wann ein Verhalten straffrei und wann es strafbewehrt sei. Die betroffenen Personen müßten zunächst einen Verstoß begehen, um dann gerichtlich klären zu lassen, ob dieser konkrete Verstoß strafbar sei. Das Weitergabeverbot verstoße daher gegen den Bestimmtheitsgrundsatz des § 103 Abs. 2 GG.

b) *Kümpel*[569] schlägt vor, den Begriff der unbefugten Weitergabe weit auszulegen. Zweck eines Weitergabeverbots sei es, das Risiko von Insidergeschäften zu minimieren. Um dieses Ziel zu erreichen, müsse der Kreis der Insider so klein wie möglich gehalten werden. Aus diesem Grunde solle die

---

567 *Assmann*, AG 1997, S. 55; *Kümpel*, WM 1996, S. 657.
568 *Haouache*, Börsenaufsicht durch Strafrecht, S. 113 f.
569 *Kümpel*, Bank- und Kapitalmarktrecht, Rdnr. 14.195.

Weitergabe von Insiderwissen unterbunden werden und die befugte Weitergabe nur in wenigen Ausnahmefällen zulässig sein.

c) *Götz* und *Schmidt-Diemitz*[570] schließlich sehen eine Weitergabe nur dann als befugt an, wenn neben vernünftigen Gründen im Hinblick auf eine ordnungsgemäße Aufgabenerfüllung der Informationsempfänger - über die aus dem Weitergabeverbot folgende Geheimhaltungsverpflichtung hinaus - einer ausdrücklichen Verschwiegenheitspflicht unterliege.

4. Stellungnahme

Ihm Rahmen einer Auseinandersetzung mit den Literaturmeinungen ist zunächst festzustellen, daß eine Konkretisierung des Begriffs der unbefugten Weitergabe möglich ist. Die Insiderrichtlinie selbst deutet eine Grenzziehung an, indem sie die Weitergabe untersagt, wenn sie nicht im normalen Rahmen in Ausübung der Arbeit oder des Berufs oder in Erfüllung der Aufgaben geschieht. Unter Zuhilfenahme dieser angedeuteten Grenzziehung ist eine Konkretisierung des Tatbestandsmerkmals vorzunehmen, die eine Erlaubnisschwelle sowohl für den internen Unternehmensinformationsfluß als auch für die Weitergabe nach außen festlegt.

Fragwürdig ist jedoch, ob einer der angeführten Vorschläge zu überzeugen vermag. Die Ansicht, den Begriff der unbefugten Mitteilung weit auszulegen, widerspricht sowohl den Vorgaben der Insiderrichtlinie als auch dem Willen des Gesetzgebers. Die Amtliche Begründung zum Wertpapierhandelsgesetz geht davon aus, daß eine Weitergabe von Spezialwissen bereits dann zulässig sein soll, wenn sie im normalen Rahmen einer beruflichen Tätigkeit geschieht. Auch das Tatbestandsmerkmal einer gesetzlich oder vertraglich begründeten Verschwiegenheitspflicht des Informationsempfängers findet im Wortlaut des § 14 Abs. 1 Nr. 2 WpHG keine Stütze. Es kann daher zur Konkretisierung des Merkmals der unbefugten Weitergabe nicht herangezogen werden.

Ausgangspunkt für eine sinnvolle Grenzziehung zwischen unbefugter und befugter Weitergabe ist die Entscheidung des Gesetzgebers, einem Primärinsider die Weitergabe von Insidertatsachen zu verbieten. Diese Grundsatzentscheidung steht jedoch im Widerspruch zur betriebswirtschaftlichen Realität, da es unternehmerische und betriebliche Erfordernisse gebieten, Insidertatsachen in bestimmten Grenzen weiterzugeben. Der Gesetzgeber hat diese Notwendigkeit

[570] *Götz*, DB 1995, S. 1950; *Schmidt-Diemitz*, DB 1996, S. 1810.

erkannt und trägt dem praktischen Bedürfnis dadurch Rechnung, daß er die Weitergabe einer Insidertatsache nur dann einer insiderrechtlichen Sanktion unterwirft, wenn diese unbefugt erfolgt[571].

Des weiteren sind bei einer Grenzziehung zwischen einer befugten und einer unbefugten Weitergabe die gemeinschaftsrechtlichen Vorgaben zu berücksichtigen. Leitlinie der Insiderrichtlinie bezüglich des Weitergabeverbots ist die Eingrenzung des Kreises der Personen, die Kenntnis von der betreffenden kursrelevanten Information haben[572]. Der Kreis der Insider soll durch die Mitteilung der Insidertatsache nicht weiter gezogen werden als es erforderlich ist, um dem Informanten die Ausübung von Beruf, Tätigkeit oder Aufgabe im üblichen Rahmen zu ermöglichen[573].

Entscheidend für eine sinnvolle Grenzziehung ist somit, was man unter Berücksichtigung des Interesses an der Geringhaltung des Insiderkreises als normale aufgaben-, tätigkeits- oder berufsbedingte Weitergabe zu betrachten hat. Normal darf dabei aus zwei Gründen nicht als üblich verstanden werden[574]. Zum einen muß nach Inkrafttreten der Insiderhandelsverbote ein bis dahin übliches Verhalten unter den Zielsetzungen des Wertpapier-handelsgesetzes neu betrachtet werden, und zum anderen muß nach wie vor das als normal gelten dürfen, was zwar nicht üblich, aber als aufgaben-, tätigkeits- oder berufsbedingt gebotene und damit gerechtfertigte Weitergabe anzusehen ist. Der Begriff der befugten Weitergabe ist daher nicht objektiv-empirisch, sondern normativ zu deuten. Letztlich setzt dies eine Interessenabwägung zwischen den Zielen des Insiderrechts und den Interessen desjenigen voraus, der im Rahmen der Erfüllung seines Berufs, seiner Tätigkeit oder seiner Aufgabe Insidertatsachen weitergibt[575]. Eine Weitergabe ist daher als unbefugt anzusehen, wenn sie nicht in Wahrung berechtigter und sich gegenüber den Zielen des Insiderrechts durchsetzender Interessen erfolgt. Diese Abwägung ist für jede in der Praxis vorkommende Weitergabe gesondert vorzunehmen, so daß auf eine fallgruppenorientierte Konkretisierung nicht verzichtet werden kann[576].

In welchen Fällen sich diese Interessen gegenüber den Zielen des Insiderrechts durchsetzen, ist anhand der möglichen Empfängerkreise näher darzulegen. Zum einen kommt als Empfänger von Insiderinformationen ein Personenkreis innerhalb des Unternehmens und zum anderen ein Personenkreis außerhalb des

[571] *Assmann/Cramer*, in: Assmann/Schneider (Hrsg.), § 14 Rdnr. 67.
[572] *Süßmann*, AG 1999, S. 163.
[573] *Kümpel*, WM 1996, S. 657.
[574] *Assmann*, AG 1997, S. 55.
[575] *Assmann*, AG 1997, S. 55.
[576] *Süßmann*, AG 1999, S. 164.

Unternehmens in Betracht. Die Notwendigkeit einer Unterscheidung von unternehmensinterner und unternehmensexterner Informationsweitergabe ist damit vorgegeben.

a) Unternehmensinterne Informationsweitergabe

Die unternehmensinterne Weitergabe von Insiderinformationen erhöht zwar das Risiko eines Mißbrauchs durch diejenigen, die geschäftsmäßig Wertpapiergeschäfte durchführen oder eine entsprechende Beratungstätigkeit ausüben. Dennoch kann nicht jede Weitergabe innerhalb eines Unternehmens als unbefugt angesehen werden, da Insiderinformationen auch einer ganzen Reihe anderweitiger, sachlich nachvollziehbarer unternehmensinterner Verwendungen zugeführt werden können[577].

Des weiteren ist bei der Interessenabwägung zu berücksichtigen, daß das Wertpapierhandelsgesetz in seinem Kernbereich hauptsächlich die Verwertung von Insiderwissen für Wertpapiergeschäfte unterbinden will. Das Weitergabeverbot stellt lediglich einen Vorfeldstraftatbestand dar, der der Verhinderung von Insidergeschäften dienen soll. Das geschützte Rechtsgut wird nicht durch die Weitergabe gefährdet, sondern lediglich durch die Ausführung der entsprechenden Wertpapiertransaktion. Erst und nur in diesem Moment wird der Kapitalmarkt negativ betroffen.

Aufgrund dieser Prämissen fällt die Interessenabwägung einerseits dann zugunsten einer unternehmensinterne Weitergabe aus, wenn sie gesetzlich vorgesehen ist[578]. Andererseits ist im Hinblick auf den innerbetrieblichen Informationsfluß nicht nur die zwingend notwendige Weitergabe von Insiderwissen als befugt anzusehen[579], sondern jede Weitergabe, die sich im unternehmensorganisatorisch bestimmten und normalen Rahmen der Ausübung einer Arbeit oder eines Berufs oder in der Erfüllung ihrer Aufgaben bewegt[580]. Zwar ist eine solche Weitergabe nicht durch spezielle gesetzliche Bestimmungen gedeckt, dennoch muß sie aufgrund der Freiheit der Organisation von betrieblichen Abläufen zulässig sein, da Primär- und Sekundärinsider umfassenden Verwertungsverboten unterliegen und diese Auslegung dem Sinn und Zweck einer Insiderregulierung nicht zuwiderläuft.

---

[577] *Assmann*, WM 1996, S. 1350.
[578] *Süßmann*, AG 1999, S.164.
[579] *Assmann*, AG 1994, S. 247.
[580] *Kümpel*, Bank- und Kapitalmarktrecht, Rdnr. 14.197; *Süßmann*, AG 1999, S. 164.

Die Weitergabe einer Insidertatsache an alle Vorstandsmitglieder - unabhängig von der Ressortverteilung - ist als befugt anzusehen, da der Vorstand als Organ der Aktiengesellschaft das Unternehmen nach § 76 AktG leitet[581]. Gleiches gilt für die Weitergabe von Insiderinformationen an die Geschäftsführer einer Gesellschaft mit beschränkter Haftung oder an persönlich haftende Gesellschafter einer Kommanditgesellschaft. Dem Vorstand einer Aktiengesellschaft ist darüber hinaus zu erlauben, den Aufsichtsrat im Rahmen seiner Informationspflichten nach den §§ 90, 170 f., 337 AktG umfassend zu unterrichten, damit dieser seine Aufgabe sachgerecht wahrnehmen kann[582]. Hingegen ist es dem Vorstand nicht erlaubt, bei einer Betriebsversammlung den Angestellten Insidertatsachen mitzuteilen. Die Interessenabwägung fällt in diesem Falle zuungunsten der befugten Weitergabe aus, da keine Gründe ersichtlich sind, warum die Angestellten zeitlich vor dem Marktteilnehmern unterrichtet werden sollten[583]. Es ist sicherlich empfehlenswert, einschneidende Maßnahmen - beispielsweise den Unternehmensverkauf oder die Betriebsschließung - allen Angestellten frühzeitig zur Kenntnis zu bringen. Dies darf jedoch nicht vor einer allgemeinen Veröffentlichung geschehen, da gerade in diesem Fall der Kreis der Insider erheblich ausgeweitet werden würde. Dieses Abwägungsergebnis steht auch im Einklang mit dem Wertpapierhandelsgesetz, da eine Insidertatsache nach § 15 unverzüglich und somit vor Unterrichtung der Betriebsangehörigen zu veröffentlichen ist.

b) Unternehmensexterne Informationsweitergabe

Im Rahmen der unternehmensexternen Weitergabe von Insiderwissen ist zur Konkretisierung des Tatbestandsmerkmals der unbefugten Weitergabe ebenfalls für jeden Einzelfall eine Abwägung zwischen den widerstreitenden Interessen vorzunehmen. Die Interessenabwägung fällt zugunsten einer externen Weitergabe aus, wenn sie gesetzlich geboten ist, wie beispielsweise im Falle der Erfüllung von Meldepflichten gegenüber einem der Aufsichtsämter, der Börsen oder den Abschluß- und Sonderprüfern nach § 320 Abs. 2 HGB und § 145 Abs. 2 AktG[584].

Des weiteren ist die Weitergabe von Insiderinformationen, obwohl nicht rechtlich geboten, so doch erforderlich, um bestimmte rechtlich zulässige Vorteile zu erlangen. Dazu zählt etwa die Weitergabe von Insiderinformationen im Zusammenhang mit einem Genehmigungsverfahren über einen Unternehmens-

---

[581] *Süßmann*, AG 1999, S. 164.
[582] *Schneider/Singhof*, in: Festschrift für Kraft, S. 592.
[583] *Süßmann*, AG 1999, S. 165.
[584] *Assmann/Cramer*, in: Assmann/Schneider (Hrsg.), § 14 Rdnr. 55.

zusammenschluß oder anläßlich der Einschaltung eines Rechtsanwalts in einen Streitverfahren.

Ein Anlageberater ist weder verpflichtet noch befugt, Insiderinformationen an seine Kunden weiterzugeben[585]. Die Weitergabe von Insiderwissen hat sich nicht an den individuellen Interessen von Anleger und Emittent gegenüber dem Berater zu orientieren, sondern an originären Ansprüchen auf Information bzw. Geheimhaltung gegenüber dem Markt. Der einzelne Anleger hat keinen gegen den Berater oder den Emittenten gerichteten Anspruch auf Individualpublizität. Dieser Informationsanspruch ist vielmehr ein kollektiver[586]. Eine Abwägung der widerstreitenden Interessen fällt deshalb zuungunsten des Anlegers aus, da die Positionen des Emittenten und des Anlegers nicht durch den Berater ausgeglichen werden können. Einem Anlageberater fehlt eine eigenständige Publizitätspflicht, die mit der Weitergabe von Insiderinformationen zwangsläufig verbunden ist. Die Informationsweitergabe zählt daher nicht zur normalen und funktionsbedingten Tätigkeit eines Anlageberaters[587].

Bei einem Unternehmens- bzw. Paketerwerb stellt sich die Frage, ob der Veräußerer als Primärinsider dem Erwerber des Aktienpakets Insidertatsachen über das Zielunternehmen mitteilen darf. Nach der Amtlichen Begründung zum Wertpapierhandelsgesetz liegt das Ausnutzen einer Insidertatsache nicht vor, wenn sich der Erwerber Unterlagen eines Unternehmens vom Verkäufer vorlegen läßt und dadurch Kenntnis von Insidertatsachen erhält, die er ausschließlich im Zusammenhang mit dem Unternehmens- bzw. Paketerwerb verwendet[588].

Im Rahmen des Weitergabeverbots kann im Interesse einer sinnvollen Insiderregelung nichts anderes gelten. Diese Schlußfolgerung läßt sich auch sachlich begründen. Handelt es sich um positiv wirkende Insidertatsachen, hat der Veräußerer als Primärinsider ein berechtigtes Interesse, diese den Wert des Aktienpakets mitbestimmenden Informationen im Preis widergespiegelt zu sehen. Handelt es sich hingegen um negativ wirkende Tatsachen, ist der Veräußerer unter dem Gesichtspunkt des Schadenersatzes - beispielsweise aus culpa in contrahendo - zur Mitteilung der Tatsachen sogar rechtlich verpflichtet[589]. Teilt der Verkäufer dem Erwerber daher Insidertatsachen mit oder macht er diesem mit

---

[585] *Assmann/Cramer*, in: Assmann/Schneider (Hrsg.), § 14 Rdnr. 60 ff.; *Assmann*, AG 1997, S. 57; *Tippach*, Insider-Handelsverbot und die besonderen Rechtspflichten der Banken, S. 266 ff.

[586] *Tippach*, Insider-Handelsverbot und die besonderen Rechtspflichten der Banken, S. 284.

[587] *Assmann*, AG 1994, S. 254; *Haouache*, Börsenaufsicht durch Strafrecht, S. 116.

[588] BT-Drucks. 12/6679 vom 27. Januar 1994, S. 47.

[589] *Süßmann*, AG 1999, S. 168.

Insiderwissen versehene Unterlagen zugänglich, liegt keine unbefugte Weitergabe vor.

Im Zusammenhang mit dem Unternehmens- bzw. Paketerwerb ist auch der Fall einer Weitergabebefugnis von Personen, die nicht Transaktionspartner sind, anzusprechen. Fordert der Verkäufer eines Aktienpakets Organe des zu verkaufenden Unternehmens auf, ihm oder der zur Vermittlung des Verkaufs eingeschalteten Bank Insiderkenntnisse mitzuteilen, so erfolgt eine derartige Weitergabe ebenfalls insiderrechtlich befugt. Das zur Auskunft über Insidertatsachen aufgeforderte Unternehmen hat ein berechtigtes Interesse daran, daß der Erwerber einer bedeutenden Beteiligung ordnungsgemäß über die wirtschaftliche Lage informiert wird. Nur so lassen sich späteren Unstimmigkeiten mit der Unternehmensleitung entgegenwirken. Die Interessen der übrigen Marktteilnehmer müssen in diesem Falle in den Hintergrund treten, zumal sie bereits durch bestehende insiderrechtliche Vorschriften hinreichend geschützt werden. Der Verkäufer oder der in den Verkauf eingeschaltete Bankangestellte erlangt durch seine Aufgabe bestimmungsgemäß Kenntnis von Insidertatsachen. Aufgrund dieser Kenntnis ist er als Primärinsider anzusehen und unterliegen damit den Verwertungs-, Weitergabe- und Empfehlungsverboten des Wertpapierhandelsgesetzes. Die Interessenabwägung fällt hier zugunsten eines funktionierenden Marktes für Unternehmenskäufe aus. Für eine befugte Weitergabe von Insiderinformationen ist es daher unerheblich, daß derjenige, der über Spezialwissen verfügt, nicht mit demjenigen identisch ist, der die fraglichen Anteile hält[590].

Umstritten ist die Interessenabwägung im Falle einer Weitergabe von Informationen im Wege der Auskunftserteilung auf einer Hauptversammlung[591]. Einige Stimmen in der Literatur bejahen im Hinblick auf das Auskunftsrechts des Aktionärs und die korrespondierende Aufklärungspflicht des Vorstands nach § 131 AktG eine befugte Weitergabe von Insiderwissen, wenn vor einer Auskunftserteilung die Bereichsöffentlichkeit nach § 15 Abs. 3 S. 1 WpHG hergestellt wurde[592].

Es ist jedoch selbstverständlich, daß unter dieser Voraussetzung eine Auskunftserteilung zulässig ist, weil es dann per definitionem an einer der Öffentlichkeit nicht bekannten Tatsache mangelt[593]. Fehlt es indes an der Veröffentlichung der Tatsache, stellt sich die Frage, ob der Vorstand einer Aktiengesellschaft befugt

---

590 *Assmann*, AG 1997, S. 56.

591 *Meller*, Der Insidertatbestand des US-amerikanischen und deutschen Rechtes, S. 378 ff.

592 *Franken/Heinsius*, in: Festschrift für Budde, S. 240; *Götz*, DB 1995, S. 1951; *Hirte*, in: Hadding/Hopt/Schimansky (Hrsg.), S. 57; *Hopt*, ZHR 159 (1995), S. 157.

593 *Assmann*, AG 1997, S. 56.

ist, auf das Auskunftsersuchen eines Aktionärs hin eine Insidertatsache mitzuteilen. Das Auskunftsrecht des einzelnen Aktionärs bezieht sich aber nicht auf die Mitteilung von Insidertatsachen, weil einen derartigen Rechtsanspruch nur alle Anteilseigner in ihrer Gesamtheit sowie das Marktpublikum haben[594]. In der Hauptversammlung sitzen nur wenige Aktionäre, so daß die Bereichsöffentlichkeit mit einer Mitteilung an die Anwesenden nicht hergestellt werden kann. Eine Weitergabe von Informationen durch den Vorstand auf einer Hauptversammlung ist daher als unbefugt anzusehen[595].

Eine unbefugte Weitergabe liegt des weiteren vor, wenn Journalisten oder Analysten im Rahmen von Werksbesichtigungen, Gesprächsrunden oder Interviews entsprechende Informationen erhalten, sofern diese Mitteilungen nicht mit dem Ziel und der Maßgabe ihrer unmittelbaren und direkten Publikation erfolgen[596]. Eine solche Publikation liegt nicht vor, wenn sich die Insiderinformation dem Publikum nur dadurch offenbart, daß sie sich durch entsprechende Transaktionen im Preis der Wertpapiere niederschlägt.

Zuungunsten einer befugten Weitergabe von Informationen fällt die Interessenabwägung auch bei einer Vorabinformation zwischen zwei Unternehmen aus[597]. Das über Insiderwissen verfügende Unternehmen hat kein schützenswertes Interesse, einen langjährigen Vertragspartner nicht zu brüskieren, indem es vor Veröffentlichung des Insiderwissens seinen Vertragspartner informiert. Die Interessen an einer Geringhaltung des Insiderkreises überwiegen die Interessen, die aus einer langjährigen Zusammenarbeit zweier Unternehmen erwachsen. Selbst der Partner einer dauernden Geschäftsverbindung sollte nicht früher als die Allgemeinheit über Insiderwissen verfügen. Die Gefahr von Insidergeschäften ist höher einzuschätzen als ein möglicher Schaden des Informanten und ein drohender volkswirtschaftlicher Nachteil.

---

594 *Assmann*, AG 1997, S. 57.

595 Vgl. *Kümpel*, WM 1994, S. 2138; *Meller*, Der Insidertatbestand des US-amerikanischen und des deutschen Rechtes, S. 381. Dem Vorstand steht nach § 131 Abs. 3 Nr. 5 AktG ein Auskunftsverweigerungsrecht zu, weil er mit einer unbefugten Weitergabe von Insiderinformationen gegen das Weitergabeverbot des § 14 Abs. 1 Nr. 2 WpHG verstoßen würde.

596 *Götz*, DB 1995, S. 1951; *Haouache*, Börsenaufsicht durch Strafrecht, S. 113; *Hopt*, in: Hadding/Hopt/Schimansky (Hrsg.), S. 19; *Rellermeyer*, WM 1995, S. 1981; *Schlaus*, in: Hadding/Hopt/Schimansky (Hrsg.), S. 38.

597 *Assmann*, AG 1997, S. 55.

5. Ergebnis

Als Ergebnis bleibt damit festzuhalten, daß eine unternehmensinterne Weitergabe von Insidertatsachen als befugt anzusehen ist, wenn sie gesetzlich vorgesehen ist oder sich im unternehmensorganisatorisch bestimmten und normalen Rahmen der Ausübung einer Arbeit oder eines Berufs oder in der Erfüllung ihrer Aufgaben bewegt. Eine unternehmensexterne Weitergabe von Insiderinformationen ist zulässig, wenn sie entweder durch gesetzliche Informationsgebote gedeckt ist oder in rechtlich anzuerkennender Weise der Erfüllung von Aufgaben dem Insider gegenüber dient.

Elftes Kapitel

Empfehlungsverbot, § 14 Abs. 1 Nr. 3 WpHG

Einem Primärinsider wird durch § 14 Abs. 1 Nr. 3 WpHG das Verbot auferlegt, einem anderen auf der Grundlage seiner Kenntnis von einer Insidertatsache den Erwerb oder die Veräußerung von Insiderpapieren zu empfehlen.

Das Empfehlungsverbot soll verhindern, daß der Insider sich eines Dritten bedient oder mit diesem kollusiv zusammenarbeitet, indem er nicht selbst unmittelbar tätig wird, sondern dem Dritten den Erwerb oder die Veräußerung von Insiderpapieren empfiehlt[598]. Ohne ein Empfehlungsverbot könnte der Primärinsider straffrei in den Genuß der Vorteile eines Insidergeschäfts gelangen. Tätigt der kollusiv mit einem Insider zusammenarbeitende Dritte aufgrund einer Empfehlung eine Wertpapiertransaktion, verstößt er zum einen mangels Kenntnis der Insidertatsache nicht gegen das Verwertungsverbot des § 14 Abs. 2 WpHG. Zum anderen ist in der Empfehlung des Insiders keine unbefugte Weitergabe von Insiderinformationen zu sehen, denn § 14 Abs. 1 Nr. 2 WpHG verbietet dem Insider nur die Weitergabe der Insiderinformation als solche. Die Untersagung der verdeckten Weitergabe von Insiderinformationen[599] schließt daher eine Lücke innerhalb der Insiderregulierung[600].

I. Definition

Die Auslegung des Tatbestandsmerkmals der Empfehlung ist in der Literatur unumstritten. Das Weitergabeverbot des § 14 Abs. 1 Nr. 2 WpHG erfaßt bereits das Mitteilen von Insiderwissen. Aus diesem Grunde besteht kein allzu großer Bedarf, den Begriff der Empfehlung von dem der Mitteilung abzugrenzen[601]. Zur Bestimmung des Empfehlungsbegriffs kann auf das im Kartellrecht normierte Empfehlungsverbot des § 38 Abs. 1 Nr. 10 GWB zurückgegriffen werden[602]. Als Empfehlung gilt demzufolge jede einseitige rechtlich unverbindliche Erklärung, durch die jemand in der Absicht, den Willen des Adressaten zu beeinflussen, ein Verhalten als für den Adressaten vorteilhaft bezeichnet und die Verwirklichung

---

[598] BT-Drucks. 12/6679 vom 27. Januar 1994, S. 47 f.
[599] *Tippach*, Insider-Handelsverbot und die besonderen Rechtspflichten der Banken, S. 171.
[600] *Assmann/Cramer*, in: Assmann/Schneider (Hrsg.), § 14 Rdnr. 69.
[601] *Haouache*, Börsenaufsicht durch Strafrecht, S. 115.
[602] *Assmann/Cramer*, in: Assmann/Schneider (Hrsg.), § 14 Rdnr. 70.

dieses Verhaltens anrät[603]. Unter den Begriff der Empfehlung fällt damit alles, was im insiderrechtlichen Sprachgebrauch als „Tip" bezeichnet wird.

II. Interessenkonflikt bei der Anlageberatung

Problematisch im Rahmen des § 14 Abs. 1 Nr. 3 WpHG sind diejenigen Fälle, in denen ein Primärinsider aufgrund eines schuldrechtlichen Vertrags mit einem Dritten verpflichtet ist, eine Empfehlung abzugeben und dieser Rat unter Berücksichtigung der Insidertatsache ein anderer wäre als bei Mißachtung des Spezialwissens. Insbesondere bei der Anlageberatung stellt sich die Frage, ob eine auf Insiderwissen beruhende Empfehlung des Beraters gegen das Empfehlungsverbot verstößt. Sind einem Anlageberater beispielsweise negative Insiderinformationen über einen Emittenten bekannt und verlangt ein Kunde gerade in bezug auf diesen Emittenten einen Rat, so kollidieren das Empfehlungsverbot mit der Pflicht des Anlageberaters, das Kundeninteresse zu wahren.

1. Literaturmeinungen

Bevor auf die einschlägigen Literaturmeinungen eingegangen wird, bietet es sich an, zunächst die Ansicht zum vergleichbaren Konflikt beim Weitergabeverbot darzulegen.

a) Bereits während des Gesetzgebungsverfahrens ist ein Interessenkonflikt zwischen dem Weitergabeverbot und der Anlageberatung erkannt worden. Die zu diesem Zeitpunkt herrschende Meinung[604] ging davon aus, daß die Weitergabe von Insiderinformationen als eine dem Anlegerschutz dienende Publizitätsmaßnahme geboten sei, soweit nicht Interessen des Emittenten entgegenstünden.

Seit Inkrafttreten des Wertpapierhandelsgesetzes wird diese Auffassung nicht mehr aufrecht erhalten[605]. Zum einen sei in § 15 WpHG eine mit der Insiderregelung in Zusammenhang stehende Verpflichtung zur Ad-hoc-Publizität eingeführt worden. Zum anderen seien Anlageberater typischerweise als tätigkeits-,

---

603 *Tiedemann*, in: Immenga/Mestmäcker (Hrsg.), § 38 Rdnr. 124.

604 *Dingeldey*, DB 1982, S. 685; *Hopt*, Der Kapitalanlegerschutz im Recht der Banken, S. 448 ff.; *Renner*, Der Schutz des Kapitalanlegers gegen die Ausnutzung von Informationsvorteilen im Aktienhandel, S. 137; *Schwark*, DB 1971, S. 1907.

605 *Assmann*, AG 1996, S. 1352.

aufgaben- oder berufsbezogene Primärinsider anzusehen. Sie unterlägen folglich auch dem Weitergabe- und dem Empfehlungsverbot.

Die nunmehr vorherrschende Meinung[606] davon aus, daß ein Anlageberater weder verpflichtet noch befugt sei, Insiderinformationen an seine Kunden weiterzugeben, da der einzelne Anleger keinen gegen den Berater gerichteten Anspruch auf Individualpublizität habe[607].

b) *Haouache*[608], der sich speziell mit dem Interessenkonflikt zwischen Anlageberatung und Empfehlungsverbot auseinandergesetzt hat, sieht nach der gegenwärtigen Gesetzeslage keine Lösung, zumal die Möglichkeit verworfen werden müsse, der Anlageberater habe sich so zu verhalten, daß sein Rat im Lichte der Insiderinformation nicht falsch sei. Der Interessenkonflikt verstärke sich noch, wenn Anlageberatungen durch Wertpapierdienstleistungsunternehmen durchgeführt würden. Ihnen werde durch die allgemeinen Verhaltensregeln des § 31 WpHG das Gebot auferlegt, den Kundenauftrag unter der gebotenen Wahrung des Kundeninteresses auszuführen. Die Informationen müßten dem Kunden vollständig weitergegeben werden, so daß diese Unternehmen verpflichtet seien, Empfehlungen abzugeben, die auf Insiderinformationen beruhten[609]. Es offenbare sich eine ungenaue Gesetzestechnik der in Frage stehenden Normen, da die Amtliche Begründung zum Wertpapierhandelsgesetz keinerlei Hinweise gebe, ob die Problematik beispielsweise durch ein Rangverhältnis zwischen § 14 Abs. 1 Nr. 3 WpHG und § 31 WpHG zu lösen sei.

b) *Canaris* und *Heinsius*[610] vertreten die Auffassung, die Insiderhandelsverbote seien in Extremfällen durch Rechtfertigungsgründe, nämlich unter dem Gesichtspunkt der Nothilfe gemäß §§ 32 StGB, 227 BGB, außer Kraft zu setzen. Sie bezeichnen dies als einen dogmatisch fundierten Weg. Neben der Weitergabe von Insiderinformationen sei es einem Anlageberater in Ausnahmefällen möglich, einen auf Insiderwissen beruhenden Rat abzugeben, ohne gegen das Empfehlungsverbot zu verstoßen. Mit den einzelnen Tatbestandsmerkmalen der Nothilfe setzen sich jedoch die Verfasser nicht auseinander.

---

606 *Assmann/Cramer*, in: Assmann/Schneider (Hrsg.), § 14 Rdnr. 60 ff.; *Assmann*, AG 1997, S. 57; *Tippach*, Insider-Handelsverbot und die besonderen Rechtspflichten der Banken, S. 266 ff.

607 Vgl. ausführlich dazu Zehntes Kapitel II. 4. a) bb).

608 *Haouache*, Börsenaufsicht durch Strafrecht, S. 121.

609 *Haouache*, Börsenaufsicht durch Strafrecht, S. 121.

610 *Canaris*, Bankvertragsrecht, Rdnr. 1894; *Heinsius*, ZHR 145 (1981), S. 194 f.

2. Stellungnahme

Die Spannbreite der in der Literatur vertretenen Ansichten zur Lösung des Konflikts zwischen Empfehlungsverbot und Anlageberatung reicht somit von einer Unlösbarkeit bis zu einer Außerkraftsetzung der Insiderhandelsverbote durch Rechtfertigungsgründe.

Ob der Lösungsansatz zum Interessenkonflikt beim Weitergabeverbot auf den Konflikt beim Empfehlungsverbot übertragen werden kann, erscheint zweifelhaft. Bei einer Weitergabe wird dem Kunden die Insidertatsache als solche mitgeteilt. Der Kreis derjenigen, die Kenntnis von der nicht öffentlich zugänglichen Tatsache haben, vergrößert sich mit der Mitteilung. Aus diesem Grunde dient die Einführung des Weitergabeverbots auch der Geringhaltung des Kreises derjenigen, die Kenntnis von der Insidertatsache haben[611]. Im Gegensatz dazu will der Gesetzgeber mit dem Empfehlungsverbot das kollusive Zusammenwirken eines Primärinsiders mit einem Dritten unterbinden und so ein Lücke im Rahmen der Insiderhandelsverbote schließen. Die Empfehlung stellt nur eine verdeckte Weitergabe von Insiderinformationen dar, weil die Tatsache selbst dem Kunden nicht bekannt gemacht wird. Der Kreis derjenigen, die Kenntnis von der Insidertatsache haben, vergrößert sich durch die Abgabe einer Empfehlung nicht. Dem Kundeninteresse stehen beim Empfehlungsverbot daher andere Interessen gegenüber als beim Weitergabeverbot, so daß die Interessenkonflikte nicht vergleichbar sind.

Die Ansicht, der Konflikt zwischen Anlageberatung und Empfehlungsverbot sei unlösbar, überzeugt ebensowenig. Ein Anlageberater ist nach dem geltenden Insiderrecht zur Abgabe einer Empfehlung dahingehend berechtigt, der Kunde möge von einer Wertpapiertransaktion absehen. Das Empfehlungsverbot verbietet dem Berater lediglich, bestimmte Käufe oder Verkäufe zu empfehlen, nicht aber eine Transaktion zu unterlassen[612]. Zwar darf zur Erläuterung einer solchen Empfehlung nicht die Insidertatsache offenbart werden, auf der der Rat beruht. Dem Anlageberater ist dennoch eine Begründung mit dem Hinweis erlaubt, die Empfehlung beruhe auf Insiderwissen. Durch das Unterlassen einer geplanten Wertpapiertransaktion verstößt auch der Kunde de lege lata nicht gegen insiderrechtliche Verbote. Das Verwertungsverbot des § 14 Abs. 1 Nr. 1 WpHG erfaßt nur das Ausnutzen einer Information durch Erwerb oder Veräußerung von Wertpapieren, nicht aber das Unterlassen einer Wertpapiertransaktion. Aus Gründen eines umfassenden Schutzes des Kapitalmarkts ist de lege ferenda

---

[611] *Assmann*, AG 1997, S. 55.

[612] *Assmann/Cramer*, in: Assmann/Schneider (Hrsg.), § 14 Rdnr. 72; *Hopt*, BFuP 1994, S. 93.

jedoch geboten, auch das auf Insiderwissen basierende Unterlassen einer Wertpapiertransaktion strafrechtlich zu sanktionieren[613]. Die Zulässigkeit einer Unterlassungsempfehlung stellt daher nur de lege lata eine mögliche Lösung des Konflikts dar.

a) Nothilfe, § 32 StGB

Es stellt sich sodann die Frage, ob die auf Insiderinformationen beruhende Empfehlung eines Anlageberaters durch Nothilfe gerechtfertigt ist. Nach § 32 Abs. 2 StGB ist Nothilfe die Verteidigung, die erforderlich ist, um einen gegenwärtigen, rechtswidrigen Angriff von einem anderem abzuwenden. Die Notwehrlage wird somit durch einen gegenwärtigen, rechtswidrigen Angriff gegen ein notwehrfähiges Rechtsgut ausgelöst.

Nach herrschender Meinung[614] ist der Angriff objektiv zu bestimmen als drohende Verletzung eines Rechtsguts durch einen Menschen. Auch ein Unterlassung könne ein Angriff sein, wenn eine Rechtspflicht zum Tun bestehe[615].

Diese Ansicht verkennt jedoch, daß derjenige, der Notwehr übt, nicht nur ein individuelles Rechtsgut verteidigt, sondern zugleich die Geltung der Rechtsordnung. Damit wird deutlich, daß auch der Angriff zwei Aspekte haben muß: Er richtet sich sowohl gegen ein individuelles Rechtsgut als auch gegen die Geltung der Rechtsordnung. Der Angreifer muß sich dann aber der Tatsache der Rechtsgutsverletzung bewußt und in der Lage sein, die Geltung der Rechtsordnung überhaupt in Frage zu stellen. Mit *Otto* ist ein Angriff somit nur in einer bewußten Rechtsgutsbedrohung durch einen schuldfähigen Angreifer zu sehen[616].

Im Rahmen der Anlageberatung könnte ein Angriff lediglich darin gesehen werden, daß der Emittent es unterlassen hat, die für die Anlageempfehlung relevante Tatsache zu veröffentlichen. Selbst wenn man mit der herrschenden

---

[613] Vgl. Achtes Kapitel I. 2.

[614] *Jescheck/Weigend*, Lehrbuch des Strafrechts, § 31 VI 1.; *Lenkner*, in: Schönke/Schröder, § 32 Rdnr. 8; *Tröndle/Fischer*, Strafgesetzbuch, § 32 Rdnr. 6.

[615] *Jescheck/Weigend*, Lehrbuch des Strafrechts, § 32 II 1 a); *Kühl*, Jura 1993, S. 58; *Lenckner*, in: Schönke/Schröder, § 32 Rdnr. 10 mit weit. Nachw.; *Tröndle/Fischer*, Strafgesetzbuch, § 32 Rdnr. 4; BayObLG, NJW 1963, S. 824; OLG Hamburg, NJW 1968, S. 662.

[616] *Otto*, Allgemeine Strafrechtslehre, § 8 II. 1. a) bb).

Meinung davon ausginge, daß auch im Unterlassen ein Angriff zu sehen sei, kann eine Notwehrlage nicht konstruiert werden. Entgegen den Publizitätspflichten unterläßt es der Emittent zwar, die auf der Empfehlung beruhende Insidertatsache zu veröffentlichen. Die Publizitätspflicht besteht aber nicht gegenüber dem einzelnen Anleger, sondern ist als eine kapitalmarktrechtliche Pflicht gegenüber dem Gesamtmarkt ausgestaltet[617]. Zudem richtet sich die Verteidigung nicht gegen den Angreifer. Der Anlageberater gibt lediglich eine Kauf- oder Verkaufsempfehlung an seinen Kunden weiter. Die Insidertatsache wird durch die Empfehlung aber nicht veröffentlicht. Die dogmatische Begründung für die Außerkraftsetzung des Empfehlungsverbots durch Nothilfe ist daher nicht haltbar.

b) Rechtfertigender Notstand, § 34 StGB

Die Empfehlung des Anlageberaters könnte aber unter dem Gesichtspunkt des rechtfertigenden Notstandes zulässig sein. Nach § 34 StGB handelt nicht rechtswidrig, wer in einer gegenwärtigen, nicht anders abwendbaren Gefahr für Leben, Leib, Freiheit, Ehre, Eigentum oder ein anderes Rechtsgut eine Tat begeht, um die Gefahr von einem anderen abzuwenden, wenn bei Abwägung der widerstreitenden Interessen das geschützte Interesse das beeinträchtigte wesentlich überwiegt.

Die Anwendung des § 34 StGB setzt zunächst eine Notstandslage voraus. Die Gefahr für ein Rechtsgut ist gegeben, wenn nicht nur die gedankliche Möglichkeit, sondern eine auf festgestellte tatsächliche Umstände gegründete Wahrscheinlichkeit eines schädigenden Ereignisses besteht[618]. Sie ist gegenwärtig, wenn sie alsbald oder in allernächster Zeit in einen Schaden umzuschlagen droht[619]. Sobald in der konkreten Situation kein weniger gravierendes Mittel zur Abwehr zur Verfügung steht, ist diese Gefahr nicht anders abwendbar[620]. Abschließend muß dann die Gesamtabwägung der widerstreitenden Interessen ergeben, daß das geschützte Interesse das durch die Notstandshandlung beeinträchtigte wesentlich überwiegt.

Ohne die Empfehlung seines Beraters würde der Anleger eine verlustbringende Wertpapiertransaktion tätigen. Diese gegenwärtige Gefahr für das Vermögen kann auch nicht anders abgewendet werden, als durch eine auf dem Insiderwissen des Anlageberaters beruhende Empfehlung. Insbesondere ist die unmittelbare

---

617 *Tippach*, Insider-Handelsverbot und die besonderen Rechtspflichten der Banken, S. 277.
618 BGHSt 18, S. 272.
619 *Otto*, Allgemeine Strafrechtslehre, § 8 VI. 2. a).
620 *Otto*, Allgemeine Strafrechtslehre, § 8 VI. 2. c).

Mitteilung der Insidertatsache nicht weniger gravierend, da hierdurch der Personenkreis der Insider vergrößert würde. Die Empfehlung stellt somit das mildeste Mittel dar, so daß die Notstandslage gegeben ist.

Bei der Gesamtabwägung steht auf der einen Seite das vertraglich begründete und unter Umständen durch gesetzliche Verhaltenspflichten ergänzte Interesse des Kunden. Dieses gilt der kompetenten Beratung unter Auswertung aller zur Verfügung stehender Erkenntnisse[621]. Dem steht auf der anderen Seite das durch das Insiderrecht geschützte Interesse des Anlegerpublikums gegenüber. Dieses gilt der Vermeidung von Sondervorteilen aus Geschäften, die unter Ausnutzung von Insiderwissen zustande gekommen sind, das aufgrund eines privilegierten Zugangs zu Insiderinformationen erlangt wurde[622]. Das Insiderrecht verfolgt das Ziel, dem Anlegerpublikum Chancengleichheit im Hinblick auf die informationellen Grundlagen der Wertpapiergeschäfte zu gewähren[623]. Dieses Ziel verbietet es, einzelnen Marktteilnehmern einen Sondervorteil nur deshalb zu gewähren, weil sie mit einem Primärinsider in vertraglicher Verbindung stehen. Selbst in Ausnahmefällen sollte der Kunde eines Anlageberaters keinen informationellen Vorsprung in bezug auf eine verdeckte Insidertatsache haben[624]. Dies gilt auch dann, wenn bei ausnahmsweiser Außerkraftsetzung des Empfehlungsverbots ein konkreter Schaden des Anlegers vermieden werden könnte und der Kunde erwarten würde, daß sein Anlageberater ihn nicht bewußt eine verlustbringende Wertpapiertransaktion tätigen lassen werde[625]. Das Empfehlungsverbot in Ausnahmefällen außer Kraft zu setzen, hätte zur Folge, daß der Anlageberater zu einer Gratwanderung zwischen Strafbarkeit und Schadensersatzforderung seitens seines Kunden gezwungen wäre, da er immer dann eine auf Insiderinformationen beruhende Empfehlung abgeben müßte, wenn dem Kunden ein erheblicher Schaden droht[626]. Das Kundeninteresse hat damit hinter dem Interesse des Anlegerpublikums zurückzutreten.

Beim Interessenkonflikt zwischen dem Weitergabeverbot und einer Anlageberatung wird auch nicht die Ansicht vertreten, eine Weitergabe von Insiderinformationen sei unter dem Gesichtspunkt der vertraglichen Verpflichtung des Insiders zu rechtfertigen. Es gibt keinen Individualanspruch auf Erlangung von Insiderinformationen, der sich gegenüber dem Anspruch der Allgemeinheit auf Geheimhaltung und gesetzlich vorgeschriebener Veröffentlichung von Insider-

---

[621] *Assmann*, WM 1996, S. 1350.
[622] *Assmann*, WM 1996, S. 1350.
[623] *Assmann*, WM 1996, S. 1349 f.
[624] *Haouache*, Börsenaufsicht durch Strafrecht, S. 116.
[625] *Haouache*, Börsenaufsicht durch Strafrecht, S. 116.
[626] *Haouache*, Börsenaufsicht durch Strafrecht, S. 116.

wissen durchsetzt[627]. Ebensowenig kann es einen Anspruch des Einzelnen geben, der auf eine Empfehlung gerichtet ist, die auf Insiderwissen beruht. Dieser Anspruch kann nicht dadurch herbeigeführt werden, daß eine derartige Verpflichtung als Nebenpflicht eines Beratungsvertrags anerkannt wird. Der Sinn und Zweck einer Insiderregulierung beschränkt vielmehr die Ansprüche eines Kunden gegen seinen Anlageberater.

Diese Überlegungen lassen sich auf die Anlageberatung durch Wertpapierdienstleistungsunternehmen übertragen. Der Interessenkonflikt zwischen dem Empfehlungsverbot und der Anlageberatung durch Wertpapierdienstleistungsunternehmen verschärft sich zwar noch aufgrund der für diese Unternehmen geltenden Regelungen des § 31 Abs. 1 Nrn. 1 und 2 WpHG sowie des § 31 Abs. 2 Nr. 2 WpHG. Die allgemeinen Verhaltensregeln schreiben den Wertpapierdienstleistungsunternehmen vor, die durch sie zu erbringenden Dienstleistungen mit der erforderlichen Sachkenntnis, Sorgfalt und Gewissenhaftigkeit im Interesse ihrer Kunden zu erbringen[628]. Die Abwägung muß im Ergebnis aber auch hier zugunsten eines die Interessen des Marktpublikums schützenden Empfehlungsverbots ausfallen. Obwohl die Interessen der Kunden von Wertpapierdienstleistungsunternehmen durch die Verhaltenspflichten erweitert werden, überwiegt das Interesse des Marktpublikums auf Chancengleichheit. Die gesetzliche Ergänzung der Verhaltenspflichten vermag einen Individualanspruch auf die Erlangung von verdeckten Insiderinformationen nicht zu begründen. Der Kunde eines Wertpapierdienstleistungsunternehmens erleidet keinen anderen Nachteil als den, in seiner möglichen Erwartung, informationelle Vorsprünge in Anspruch nehmen zu dürfen, enttäuscht zu werden. Es darf im Anwendungsbereich der gesetzlich normierten Verhaltenspflichten keinen qualitativen Unterschied zu einer Beratung durch Anlageberater geben, die den gesetzlichen Verhaltensvorschriften des Wertpapierhandelsgesetzes nicht unterliegen.

Auch nach Inkrafttreten des Wertpapierhandelsgesetzes ist es den Wertpapierdienstleistungsunternehmen möglich, eine auf ihrem Wissen beruhende

---

[627] *Assmann*, AG 1997, S. 58.

[628] Der Finanzausschuß des Bundestages konkretisiert in seiner Beschlußempfehlung die genannten Rechtsbegriffe, indem er den Erbringern von Wertpapierdienstleistungen im Hinblick auf den Grundsatz des Vorrangs des Anlegerinteresses die Verpflichtung auferlegt, sich im Falle von Interessenkonflikten um deren Vermeidung zu bemühen, wobei bei unvermeidbaren konkurrierenden Interessen der Kundenauftrag unter der gebotenen Wahrung des Kundeninteresses auszuführen sei. Nach dem Willen des Finanzausschusses müßten die Informationen dem Anleger vollständig und in einer für diesen verständlichen Art und Weise weitergegeben werden. Die Wertpapierdienstleistungsunternehmen haben dabei das Schutzbedürfnis ihrer Kunden in der Weise zu berücksichtigen, daß das Ziel der Beratung und der Aufklärung anlage- und anlegergerecht ist, vgl. BT-Drucks. 12/7918 vom 15. Juni 1994, S. 103.

vernünftige Anlageberatung zu gewährleisten. Die Beratung ist bei Einhaltung der Ver- und Gebote ausreichend, so daß die Privatanleger Vertrauen in die Beratung haben können[629]. Der die Anlageberatung für das Wertpapierdienstleistungsunternehmen durchführende Insider darf zwar keine Empfehlung abgeben, die ohne die Insiderinformation zutreffend, im Lichte derselben aber unzutreffend wäre. Er darf den Kunden aber darauf hinweisen, daß er eine umfassende oder vorbehaltlose Beratung nicht durchführen kann. Des weiteren kann der Insider die Beratung auch auf einen anderen Mitarbeiter übertragen, der nicht über dieses Spezialwissen verfügt[630].

4. Ergebnis

Als Ergebnis bleibt festzuhalten, daß ein Anlageberater nicht berechtigt ist, eine auf Insiderinformationen beruhende Empfehlung auszusprechen, selbst wenn dadurch eine Gefährdung für das Vermögen des ratsuchenden Anlegers abgewendet oder verhindert werden könnte.

---

[629] *Haouache*, Börsenaufsicht durch Strafrecht, S. 121.
[630] *Assmann/Cramer*, in: Assmann/Schneider (Hrsg.), § 14 Rdnr. 94.

Zwölftes Kapitel

Verwertungsverbot für Sekundärinsider, § 14 Abs. 2 WpHG

Schließlich untersagt das in § 14 Abs. 2 WpHG normierte Verwertungsverbot einem Dritten, der Kenntnis von einer Insidertatsache hat, Insiderpapiere unter Ausnutzung dieser Kenntnis für eigene oder fremde Rechnung oder für einen anderen zu erwerben oder zu veräußern.

I. Erwerb und Veräußerung

Aufgrund der vergleichbaren Ausgestaltung der beiden Verwertungsverbote wird von § 14 Abs. 2 WpHG das auf Insiderwissen beruhende Unterlassen einer Wertpapiertransaktion ebenfalls nicht erfaßt, weil die Begriffe „Erwerb und Veräußerung" einen rechtsgeschäftlichen Vorgang voraussetzen[631]. Ein solcher Vorgang liegt jedoch nicht vor, wenn es ein Sekundärinsider aufgrund nicht öffentlicher Informationen unterläßt, eine geplante Wertpapiertransaktion mit Insiderpapieren durchzuführen. Aus Gründen eines effektiven Schutzes der Sekundärmärkte für Wertpapiere ist es im Rahmen des Verwertungsverbots für Sekundärinsider gleichfalls geboten, diese Verhaltensweise de lege ferenda zu erfassen.

II. Ausnutzen der Insidertatsache

Der subjektive Tatbestand des Verwertungsverbots für Sekundärinsider verlangt neben einer vorsätzlichen Begehung die Ausnutzung der Kenntnis von einer Insidertatsache. Das Tatbestandsmerkmal des Ausnutzens ist erfüllt, wenn der Sekundärinsider die Insidertatsache zu dem Zweck verwertet, einen wirtschaftlichen Vorteil für sich oder andere zu erlangen, den er, wäre die Tatsache öffentlich bekannt, so nicht hätte erzielen können[632]. Der Sekundärinsider muß somit gehandelt haben, um sich oder einem anderen einen Sondervorteil zu

---

[631] *Assmann/Cramer*, in: Assmann/Schneider (Hrsg.), § 14 Rdnr. 6; *Assmann*, AG 1994, S. 246; *Claussen*, ZBB 1992, S. 281; *Hopt*, ZGR 1991, S. 42.

[632] *Assmann/Cramer*, in: Assmann/Schneider (Hrsg.), § 14 Rdnr. 24; *Assmann*, AG 1994, S. 246; *ders.*, ZGR 1994, S. 517 f.; *Caspari*, ZGR 1994, S. 542; *Claussen*, ZBB 1992, S. 281; *Hopt*, ZGR 1991, S. 42.

verschaffen, der auf der mangelnden öffentlichen Bekanntheit der Tatsache und in der Verletzung der Gebote zur Wahrung der Chancengleichheit der Anleger am Wertpapiermarkt beruht.

III. Weitergabe von Insiderinformationen

Im Gegensatz zu einem Primärinsider, der nach § 14 Abs. 1 WpHG weitreichenden Verboten unterliegt, die neben dem Handel mit Insiderpapieren sowohl die Empfehlung von Wertpapieren als auch die Weitergabe von Insidertatsachen erfassen, wird dem Sekundärinsider durch das Wertpapierhandelsgesetz lediglich ein Verwertungsverbot auferlegt. Einem Dritten, der Kenntnis von einer Insidertatsache hat, ist es somit de lege lata nicht untersagt, Insiderinformationen weiterzugeben oder aufgrund solcher Tatsachen Empfehlungen abzugeben.

1. Vorgaben der Insiderrichtlinie

Die Insiderrichtlinie selbst enthält keine Vorgaben, die neben dem Verwertungsverbot die Einführung zusätzlicher Verbote für Sekundärinsider verlangen[633]. Nach Art. 4 der Insiderrichtlinie soll für Sekundärinsider nur das Verbot in Art. 2 der Insiderrichtlinie und damit die Veräußerung und der Erwerb von Insiderpapieren in nationales Recht umgesetzt werden. Ein Verweis auf Art. 3 der Insiderrichtlinie, der die übrigen Verbote enthält, erfolgt in Art. 4 der Insiderrichtlinie gerade nicht[634]. Eine Ausdehnung dieser Verbote auf Sekundärinsider ist den Mitgliedstaaten vielmehr nach Art. 6 der Insiderrichtlinie anheim gestellt.

2. Entstehungsgeschichte

Aus der Entstehungsgeschichte des Verwertungsverbots für Sekundärinsider läßt sich erkennen, daß der Gesetzgeber die unterschiedlichen Verbote für Primär- und Sekundärinsider bewußt in Kauf genommen hat. Der Regierungsentwurf zum Wertpapierhandelsgesetz hat ausdrücklich davon abgesehen, von der Verschärfungsmöglichkeit des Art. 6 der Insiderrichtlinie Gebrauch zu machen. Zwar hat der Bundesrat in einer Stellungnahme angeregt, die Tathandlungen des

---

633 *Siebel*, in: Festschrift für Semler, S. 960.

634 ABl. Nr. L 334/30 vom 18. November 1989, S. 30 ff.

Sekundärinsiders zu erweitern, indem das Weitergabe- und Empfehlungsverbot auch für diesen Personenkreis gelten sollte[635]. Dem ist der Gesetzgeber aber nicht gefolgt, weil der Gesetzesentwurf der Bundesregierung schon über den Mindeststandard der Insiderrichtlinie hinausgegangen ist. Der Begriff des Sekundärinsiders und damit der potentielle Täterkreis wurde im Vergleich zu den gemeinschaftsrechtlichen Vorgaben weiter gefaßt[636]. Entgegen Art. 4 der Insiderrichtlinie ist nämlich als Sekundärinsider nicht nur derjenige anzusehen, der sein Insiderwissen unmittelbar oder mittelbar von einem Primärinsider bezogen hat, sondern jeder, zu dessen Kenntnis eine Insidertatsache gelangt ist, ohne Rücksicht auf den Weg, auf dem diese Kenntnis erfolgte. In Erweiterung zu dem Mindeststandard der Insiderrichtlinie kann auch der Dieb oder Werkspion zum Sekundärinsider werden[637]. Aus diesem Grunde wollte der Gesetzgeber ein sanktionsbewehrtes Weitergabe- und Empfehlungsverbot allein dem Primärinsider auferlegen und nicht auch dem Sekundärinsider. Dieser sollte nach der Vorstellung des Gesetzgebers bei derartigen Handlungen straflos bleiben.

3. Stellungnahme

Einem Sekundärinsider wird durch das Wertpapierhandelsgesetz ausschließlich die Verwertung einer Insidertatsache untersagt. Mit der Weitergabe der Information an einen Dritten verstößt er somit nicht gegen insiderrechtliche Vorschriften. Die Frage nach einer möglichen Strafbarkeit des Sekundärinsiders wegen Anstiftung oder Beihilfe stellt sich jedoch dann, wenn der Dritte die Information durch Wertpapiertransaktionen ausnutzt.

a) Anstiftung, § 26 StGB

Der Strafgesetzbuch verlangt in § 26, daß der Anstifter den Täter vorsätzlich zu dessen vorsätzlich begangener Tat bestimmt hat. Im objektiven Tatbestand erfordert die Anstiftung eine vorsätzlich begangene Haupttat und das Bestimmen des Haupttäters zur Tat.

---

[635] *Assmann/Cramer*, in: Assmann/Schneider (Hrsg.), § 14 Rdnr. 94.
[636] *Assmann/Cramer*, in: Assmann/Schneider (Hrsg.), § 14 Rdnr. 94.
[637] *Assmann*, AG 1994, S. 241.

Die Weite des Begriffs des Bestimmens ist umstritten. Teilweise[638] wird für ausreichend gehalten, daß in dem Täter der Entschluß zur Tat durch irgendeine dafür ursächliche Handlung hervorgerufen worden sei. Dafür sei ist es unerheblich, welcher Mittel sich der Anstifter bedient habe[639]. Andere fordern zumindest einen geistigen Kontakt zwischen dem Anstifter und dem Haupttäter mit dem Ziel der Verursachung des Tatentschlusses[640]. Schließlich wird gefordert, daß der Anstifter unmittelbar auf den Willen des Täters beeinflussend eingewirkt haben müsse, damit das Tatbestandsmerkmal des Bestimmens erfüllt sei[641].

Einer restriktiven Interpretation des Begriff ist der Vorzug zu geben, da der Anstifter nach § 26 StGB wie der Haupttäter bestraft wird[642]. Vergegenwärtigt man sich, welche kriminelle Energie der Haupttäter aufbringt, kann nicht jede Verursachung eines Tatentschlusses genügen, um die notwendige Vergleichbarkeit des Unrechtsgehalts zu gewährleisten. Das Tatbestandsmerkmal des Bestimmens muß eine Verhaltensweise voraussetzen, die den Willen des Täters unmittelbar beeinflußt. Die bloße Eröffnung der Möglichkeit, ein Delikt zu begehen, genügt dafür nicht, jedoch ist auch der Nachweis einer faktischen Bindung des Haupttäters an den Tatplan des Anstifters nicht erforderlich, da dann bereits eine Täterposition des Hintermannes begründet wäre.

Der subjektive Tatbestand der Anstiftung erfordert sodann einen doppelten Anstiftervorsatz: Der Vorsatz muß sich sowohl auf die Haupttat als auch auf die Herbeiführung des Tatentschlusses bezogen haben[643].

Der Sekundärinsider, der dem Dritten die Insidertatsache mitgeteilt hat, hat diesem damit zwar die Möglichkeit eröffnet, gegen insiderrechtliche Vorschriften zu verstoßen. Eine unmittelbare Einwirkung auf den Willen des Dritten kann in der bloßen Weitergabe aber nicht gesehen werden. Aufgrund der restriktiven Auslegung des Begriffs des Bestimmens scheidet eine Strafbarkeit des Sekundärinsiders als Anstifter damit aus.

---

638 *Tröndle/Fischer*, Strafgesetzbuch, § 26 Rdnr. 3.
639 *Tröndle/Fischer*, Strafgesetzbuch, § 26 Rdnr. 4.
640 *Jescheck/Weigend*, Lehrbuch des Strafrechts, § 64 III. 2. a.
641 *Otto*, Allgemeine Strafrechtslehre, § 22 II. 2. b).
642 *Otto*, Allgemeine Strafrechtslehre, § 22 II. 2. b).
643 *Tröndle/Fischer*, Strafgesetzbuch, § 26 Rdnr. 5 f.

b) Beihilfe, § 27 StGB

Die Beihilfe setzt nach § 27 StGB voraus, daß der Gehilfe vorsätzlich zu der vorsätzlichen rechtswidrigen Tat eines anderen Hilfe leistet. Im objektiven Tatbestand erfordert die Beihilfe ebenfalls eine teilnahmefähige Haupttat sowie eine Beihilfehandlung. Als Beihilfehandlung genügt jede tatsächliche Förderung der Haupttat durch physische oder psychische Unterstützung[644]. Darüber hinaus muß der Gehilfe die Tat sowohl hinsichtlich aller objektiven und subjektiven Tatbestandsmerkmale der bestimmten Haupttat als auch hinsichtlich der Förderung der Haupttat vorsätzlich begangen haben[645].

Die teilnahmefähige Haupttat des Dritten ist in der Verwertung der Insidertatsache zu sehen. Die Weitergabe der Information stellt eine Beihilfehandlung in Form einer physischen Unterstützung dar, so daß der Sekundärinsider die Haupttat des Dritten gefördert hat. Die Strafbarkeit des Sekundärinsiders wegen Beihilfe hängt deshalb nur vom erforderlichen Gehilfenvorsatz ab. Dieser Vorsatz ist gegeben, wenn der Sekundärinsider die Handlung des Dritten fördern und damit zur Tatbestandsverwirklichung beitragen wollte. Dabei muß er die wesentlichen Merkmale der Haupttat erkannt haben[646]. Mit der Weitergabe der Insiderinformation setzt sich der Sekundärinsider einer möglichen Strafbarkeit wegen Beihilfe zu einem Insidervergehen aus.

Diese Erkenntnis hat nahezu alle Stimmen in der einschlägigen Literatur[647] zur Ansicht verleitet, daß bei Anwendung der Teilnahmevorschriften des Allgemeinen Teils neben dem in § 14 Abs. 2 WpHG normierten Fall mittelbar eine ganze Reihe weiterer Fallgestaltungen untersagt seien. Von verschiedener Seite wird zur Vermeidung dieser Konstellation für einen Anschluß der Teilnahmevorschriften plädiert[648]. Die Konsequenzen, die sich aus der Anwendung der Beihilfevorschriften ergäben, seien vom Gesetzgeber bei der Schaffung des neuen Insiderrechts nicht bedacht worden. Das Problem sei vom Finanzausschuß zwar gesehen worden, dennoch seien die dort angestellten Erwägungen im weiteren Gesetzgebungsverfahren nicht aufgegriffen worden[649]. Die Anwendung der Teilnahmeregelungen dürfe nicht zu einem planwidrigen Ergebnis führen, so daß eine

---

[644] *Cramer*, in: Schönke/Schröder, § 27 Rdnr. 12.
[645] *Cramer*, in: Schönke/Schröder, § 27 Rdnr. 19.
[646] BGHSt 3, S. 65; BGHSt 11, S. 66.
[647] *Assmann*, WM 1996, S. 1353; *Cramer*, in: Festschrift für *Triffterer*, S. 336; *Heise*, Der Insiderhandel an der Börse, S. 173; *Kümpel*, Bank- und Kapitalmarktrecht, Rdnr. 14.214; *Lücker*, Straftatbestand des Mißbrauchs von Insiderinformationen, S. 144.
[648] *Assmann*, WM 1996, S. 1353; *Cramer*, in: Festschrift für *Triffterer*, S. 336.
[649] *Assmann/Cramer*, in: Assmann/Schneider (Hrsg.), § 14 Rdnr. 94.

Einschränkung geboten sei. Nur so könne dem Umstand Rechnung getragen werden, daß der Gesetzgeber die Verbotsmaterie für Primär- und Sekundärinsider in unterschiedlicher Weise geregelt habe. Bedacht wurde von den Vertretern dieser Ansicht aber nicht, daß die Weitergabe der Insidertatsache durch den Sekundärinsider eine „notwendigen Teilnahme“ darstellen könnte.

c) Notwendige Teilnahme

Von notwendiger Teilnahme wird gesprochen, wenn ein Straftatbestand so gefaßt ist, daß zu seiner Erfüllung begrifflich die Beteiligung von mehr als einer Person erforderlich ist[650]. Handelt es sich dabei um ein sogenanntes Begegnungsdelikt, bei dem sich die Willensäußerungen der Beteiligten zwar auf dasselbe Ziel, aber von verschiedenen Seiten her, und ist nur die Strafbarkeit der einen Person im Gesetz erwähnt, so stellt sich die Frage, ob der andere Beteiligte wegen Anstiftung oder Beihilfe bestraft werden kann.

aa) Literaturmeinungen

Im einschlägigen Schrifttum[651] werden heute zwei fast gleichlautende Grundsätze vertreten: Jede notwendige Teilnahme, die das zur Tatbestandsverwirklichung erforderliche Maß nicht überschreite, sei straflos sowie jede Tatbeteiligung des durch den Tatbestand Geschützten. Fragwürdig ist jedoch, ob sich aus dem Wesen der Teilnahme oder dem Sinn der betreffenden Strafvorschrift zudem ergibt, daß der notwendig Beteiligte auch dann nicht wegen Anstiftung oder Beihilfe bestraft werden kann, wenn er über die Rolle hinausgegangen ist, die ihm der jeweilige Tatbestand zuweist.

aaa) Zunächst wurden in der Literatur Versuche unternommen, den Komplex der notwendigen Teilnahme mit Hilfe eines einzigen einheitlichen Kriteriums zu bewältigen. Das mittels eines einheitlichen Gesichtspunktes die Straflosigkeit der notwendigen Mitwirkung begründende Konzept hat seinen Ursprung in der

---

[650] Der Ausdruck „notwendige Teilnahme“ ist jedoch nicht exakt, weil es sich einerseits auch um Mittäterschaft handeln kann und weil andererseits die Mitwirkung die Stufe der Teilnahme nicht zu erreichen braucht.

[651] Vgl. nur *Herzberg*, GA 1971, S. 9; *Magata*, Jura 1999, S. 246; *Otto*, Allgemeine Strafrechtslehre, § 22 IV. 2. a).

sogenannten Unterlegenheitsthese von *Lange*[652]. Nach ihr sei der notwendig Beteiligte straflos, weil er im Gegensatz zum normalen Teilnehmer die personale Besonderheit der Unterlegenheit habe, derentwegen er nicht Anstifter oder Gehilfe sein könne. Die Tat sei für ihn keine fremde mehr, da er kein Außenstehender mehr sei. Man könne ihn als insoweit zwar als unterlegenen Täter bezeichnen, ihn aber deshalb aufgrund der Tat nicht als Täter bestrafen. Seine Handlung sei nämlich tatbestandlich nicht als die des Tatsubjekts vertypt. *Lange* geht damit von einer personalen Ungleichwertigkeit der Beteiligten aus und sieht darin den Grund für die Straflosigkeit des notwendigen Beteiligten.

bbb) *Zöller*[653] folgte ebenfalls dem Konzept, mit einem einzigen Kriterium die Straflosigkeit der notwendigen Teilnahme zu begründen. Das gemeinsame Handeln der Beteiligten lasse sich immer als mittäterschaftliches oder zumindest mittäterschaftsähnliches Handeln qualifizieren. Die Straflosigkeit des notwendigen Teilnehmers ergebe sich dann aus § 25 Abs. 2 StGB, nach dem der Mittäter nicht gleichzeitig wegen Täterschaft und Anstiftung, sondern nur wegen seines täterschaftlichen Handelns zu bestrafen sei. Die Anstiftungshandlung des notwendigen Teilnehmers spiele somit für die Beurteilung der Strafbarkeit niemals eine Rolle. Aus der Straffreiheit seines eigentlichen Tatbeitrags wegen dessen Nichtvertypung folge schließlich die Straflosigkeit der notwendigen Teilnahme insgesamt.

ccc) Die von *Herzberg*[654] unter anderen Gesichtspunkten geführte Auseinandersetzung mit der notwendigen Teilnahme zielte ebenfalls auf eine allgemeine Begründung ab. Nach seiner Ansicht sei die Beteiligung des Normgeschützten oder Tatbegünstigten immer deshalb straffrei, weil die Nichtvertypung seiner Handlung als Täter auch zur Unanwendbarkeit eines auf seine Teilnahme angewandten Teilnahmetatbestandes führe.

ddd) Im Gegensatz zu den eben skizzierten Ansichten versucht *Wolters*[655] die Problematik nicht mittels eines einzigen Generalansatzes zu lösen. Nach seiner Ansicht spielen bei der notwendigen Teilnahme angesichts des fragmentarischen Charakters der allgemeinen Regelungen die teleologische Auslegung, die kriminalpolitische Notwendigkeit und die Strafbedürftigkeit bzw. Strafwürdigkeit eine entscheidende Rolle. Eine Abkehr von der Straflosigkeit des Beteiligten aufgrund der Mindestmitwirkung, die eine der Folgerungen aus den allgemeinen Regeln sei, bedeute dies jedoch nicht. Sie stelle vielmehr eine rechtliche Behand-

---

[652] *Lange*, Die notwendige Teilnahme, S. 65 ff.
[653] *Zöller*, Die notwendige Teilnahme, S. 170 ff.
[654] *Herzberg*, GA 1971, S. 9 ff.
[655] *Wolter*, JuS 1982, S. 345.

lung auf der Unrechtsebene dar. Zu dieser Behandlung gehöre auch die Straflosigkeit des das Mindestmaß Überschreitenden immer dann, wenn dieser notwendig Beteiligte durch den Tatbestand geschützt werden sollte, und umgekehrt als ein dritter Grundsatz die Strafbarkeit der Beteiligung bei Gelegenheit der Selbstbefreiung oder Strafentziehung. Sämtliche dieser Grundsätze beruhten auf dem Gedanken der Grenzen des Unrechtstatbestandes und zwar dem Grundsatz der Tatbestandsbestimmtheit und Auslegung oder auf dem des Schutzzweckes der Norm. Auf der Schuldebene sei der Rechtsgedanke der notstandsähnlichen Situation der die Straflosigkeit des Beteiligten begründende Grundsatz. Diese Grundsätze seien jedoch lückenhaft, da es bei beim Überschreiten der Mindestmitwirkung der positiven Feststellung bedürfe, daß sich die Wirk- und Motivationskraft der Norm durchaus zu entfalten vermöge und daß eine Bestrafung kriminalpolitisch geboten und keineswegs ungerecht erscheine. *Wolter* hebt damit die Notwendigkeit der Auslegung der Einzeltatbestände im Besonderen Teil hervor.

eee) Schließlich ist *Magata*[656] der Ansicht, daß der Begriff der Notwendigkeit weit auszulegen sei. Für die Anerkennung der Notwendigkeit könne nicht eine für die Tatbestandsverwirklichung unverzichtbare Komplementärhandlung eines Beteiligten gefordert werden. Die notwendige Teilnahme könne aber wegen dieser Interpretation nicht gleichsam automatisch zur Annahme einer straflosen führen, sondern nur ein Indiz darstellen, da der Bereich der straflosen Beteiligung sonst übermäßig erweitert würde. Die Klassifizierung als notwendige Teilnahme könne deshalb nur der erste Schritt zur Klärung der Frage sein, ob die notwendige Teilnahme an der Tat straflos oder strafbar sein solle. Auf dieser Grundlage sei dann anhand einer Untersuchung des jeweiligen Tatbestandes im Besonderen Teil zu klären, ob die Möglichkeit zur materiellen Begründung der Straflosigkeit der jeweiligen Beteiligungshandlung gegeben sei.

bb) Rechtsprechung

Die Rechtsprechung hat sich in bezug auf die notwendige Teilnahme selbständig entwickelt. Die im Tatbestand nicht mit Strafe bedrohte Beteiligung wird nur dann als straflos angesehen, wenn sie das notwendige Maß der Mindestmitwirkung nicht überschreitet.

Die Mindestmitwirkungsthese findet ihre Grundlage bereits in einer Entscheidung des Reichsgerichts über die Mitwirkung des begünstigten Gläubigers i.S.d. § 211

---

656 Magata, Jura 1999, S. 251.

KO a.F. aus dem Jahre 1880[657]. Das Reichsgericht stellte bereits damals fest, daß es nicht in der Absicht des Gesetzes liege, schon die bloße Annahme einer Befriedigung von Seiten eines Gläubigers als Teilnahme des Gläubigers an dem Vergehen des Schuldners unter Strafe zu stellen.

Im Laufe der Zeit wurde die Mindestmitwirkung auf immer mehr Tatbestände angewandt, so daß der Maßstab verallgemeinert und abstrahiert wurde, obwohl er ursprünglich an konkreten Fällen entwickelt worden war[658]. Das konkrete Kriterium der bloßen Annahme einer Sicherung oder Befriedigung hat sich daher mit der Ausweitung auf andere Gebiete in den allgemein geltenden Grundsatz der Mindestmitwirkung oder rollenwahrenden Mitwirkung verwandelt.

cc) Stellungnahme

Unter dem Aspekt strafloser Teilnahme sind die sogenannten Konvergenz- und Begegnungsdelikte unproblematisch. Nach einhelliger Ansicht handelt es hierbei um kein Problem der Teilnahme, vielmehr folgt aus der Auslegung der einzelnen Tatbestände, daß der notwendig Beteiligte straffrei bleibt, der sich auf den Tatbeitrag beschränkt, der erforderlich ist, damit es überhaupt zur Tatbestandsverwirklichung kommen kann[659].

Übrig bleiben somit die Fälle, in denen ein Beteiligter an einem Begegnungsdelikt möglicherweise straffrei bleibt, obwohl er mehr als den zur Tatbestandsverwirklichung notwendigen Beitrag geleistet hat, und sein Verhalten als Teilnahme erfaßbar ist. Die Problematik ist hier nicht mittels eines einzigen Generalansatzes zu lösen, sondern anhand von Fallgruppen. Die fraglichen Delikte sind in Schutzdelikte, den Teilnehmer begünstigende Tatbestände und in solche, in denen die Initiative vom Teilnehmer ausgeht, einzuteilen[660]. Die Fallgruppe der Schutzgesetze ist weiter in zwei Untergruppen aufzuteilen: einerseits in die §§ 174, 174 a, 174 b, 180, 180 a, 181 a, 176, 235 und § 291 StGB, anderseits in die §§ 216 und 223 ff. StGB, weil sie vom Charakter her miteinander nicht identisch sind. Diese Unterscheidung hat Bedeutung in den Fällen, in denen eine die notwendige Rolle überschreitende Anstiftung oder Beihilfe in Frage kommt. Die Straflosigkeit des Beteiligten läßt sich nämlich nicht aus dem Wesen der Teilnahme begründen, weil aus der Tatsache, daß jemand

---

[657] RGSt 2, S. 439.
[658] Vgl. nur BGHSt 15, S. 382; BGHSt 7, S. 134; BGHSt 4, S, 401; RG 61, S. 31.
[659] *Otto*, in: Festschrift für Lange, S. 199.
[660] *Otto*, in: Festschrift für Lange, S. 211.

nicht Täter eines bestimmten Deliktes sein kann, noch keine Schlüsse auf seine Untauglichkeit als Teilnehmer gezogen werden können[661]. Allein dort, wo der Teilnehmer die volle Verfügungsmacht über das geschützte Rechtsgut innehat, ist die mittelbare - wie auch die unmittelbare - Rechtsgutsverletzung straflos[662]. Es ist daher auf die Verfügungsbefugnis des notwendigen Teilnehmers über das geschützte Rechtsgut abzustellen.

In der ersten und zweiten Gruppe liegen jedoch Verfügungsbeschränkungen vor, die sich auf die fehlende Entscheidungsfreiheit des Geschützten bzw. auf das soziale Ganze beziehen. Dem Willen des Geschützten in der ersten Gruppe ist aber in bezug auf eine Teilnahmehandlung keine volle rechtliche Relevanz beizumessen, so daß er straflos bleibt. Die Straflosigkeit des Geschützten in der zweiten Gruppe wird dagegen aus der besonderen psychischen Situation des Opfers abgeleitet, aber die Strafbarkeit daraus, daß der Geschützte im Regelfall nicht in einer solchen besonderen Situation ist. Die Teilnahme des Begünstigten an der Begünstigungstatbestandsverwirklichung führt auch zu ihrer Tatbestandslosigkeit und genereller Straflosigkeit als Konsequenz aus der Einsicht in die generelle Wirkkraft der Norm.

Hinsichtlich der Fälle, in denen der Teilnehmer typischerweise die Initiative zu der Tat ergreift, kann die Straflosigkeit seiner rollenüberschreitenden Teilnahme nicht anerkannt werden, weil eine Verfügungsbefugnis über das betroffene Rechtsgut dem Teilnehmer nicht zukommt und es keine zu berücksichtigende besondere psychische Situation gibt.

Die Parallelen zwischen der notwendigen Teilnahme und der Weitergabe von Insidertatsachen durch einen Sekundärinsider sind offensichtlich: Der Dritte, der die Insidertatsache durch Wertpapiertransaktionen verwertet hat, mußte zunächst Kenntnis von ihr erlangt haben. Diese Kenntnisnahme erfolgte durch die Weitergabe des Sekundärinsiders erfolgen. Ohne die Weitergabe hätte der Dritte keine Kenntnis von der Information und diese nicht verwerten können, so daß sie zur Tatbestandsverwirklichung notwendig war. Die Kenntnis von der Insidertatsache ist daher für die Tatbestandsverwirklichung erforderlich. Die bloße Weitergabe stellt gleichzeitig das geringste Maß der möglichen Teilnahme an dem Insidervergehen des Dritte dar. Der Sekundärinsider hat damit das Maß der notwendigen Teilnahme nicht überschritten, so daß er nicht als Gehilfe zu bestrafen ist.

---

[661] *Otto*, in: Festschrift für Lange, S. 211.
[662] *Otto*, in: Festschrift für Lange, S. 211.

Hat der Sekundärinsider den Dritten hingegen zur Tat angestiftet oder ihn in einer anderen Art und Weise als der bloßen Weitergabe der Insiderinformation unterstützt, macht er sich als Teilnehmer strafbar. In diesem Falle kann die Straflosigkeit seiner rollenüberschreitenden Teilnahme nicht anerkannt werden, weil ihm eine Verfügungsmacht über das Rechtsgut Kapitalmarkt nicht zukommt und eine besondere psychische Situation nicht zu berücksichtigen ist.

4. Ergebnis

Als Ergebnis bleibt festzuhalten, daß der Sekundärinsider dann straflos bleibt, wenn er die Insidertatsache lediglich an einen Dritten weitergegeben hat und dieser die Information durch Wertpapiertransaktionen ausnutzt.

Zusammenfassung

I. Die vorliegende Untersuchung hat ergeben, daß der Insiderhandel keine ökonomischen Vorteile mit sich bringt. Er ist weder geeignet, einen Leistungsanreiz für das unternehmerische Management zu schaffen, noch ist er in der Lage, die Allokationseffizienz des Kapitalmarkts durch Bildung des richtigen Börsenpreises oder durch Kursstabilisierung zu fördern. Insidergeschäfte schädigen vielmehr die Effizienz des Kapitalmarkts, weil ein Finanzplatz ohne gesetzliche Insiderhandelsverbote international nicht wettbewerbsfähig ist. Der Insiderhandel stellt somit ein sozialschädliches Verhalten dar.

II. Die Insiderhandelsverbote des § 14 WpHG dienen dem Schutz der Funktionsfähigkeit des Kapitalmarkts. Die Funktionsfähigkeit hängt einerseits vom Vertrauen der Anleger ab, das auf die Informationsordnung und auf die Chancengleichheit aller Marktteilnehmer gerichtet ist. Andererseits stellt eine Insiderregulierung zugleich einen Marktvorteil im internationalen Wettbewerb der Finanzzentren dar, ohne den Kapital an ausländische Märkte abwandern würde. Nur wenn die Kapitalzufuhr gesichert ist, kann der Kapitalmarkt seine Transformation- und Vermögensbildungsfunktion erfüllen.

III. Der Insiderhandel stellt ein strafwürdiges Verhalten dar, weil sich der Insider nur wegen seines Wissensvorsprungs einen Sondervorteil verschafft. Eine derartige Profitmaximierung verstößt gegen den Grundsatz der Chancengleichheit und ist deshalb sozialethisch zu mißbilligen. Aufgrund der erhöhten general- und spezialpräventiven Wirkung der Kriminalstrafe kann unter dem Gesichtspunkt des Susidiaritätsprinzips auf eine strafrechtliche Ahndung nicht verzichtet werden, so daß der Insiderhandel auch strafbedüftig ist.

IV. Die den Insiderhandelsverboten zugrunde liegende Insiderrichtlinie ist bestrebt, die Funktionsfähigkeit der nationalen Sekundärmärkte für Wertpapiere durch ein Verbot von Insidergeschäften zu gewährleisten. Der Insiderhandel gefährdet das reibungslose Funktionieren der Wertpapiermärkte, da er das Vertrauen der Anleger in das „fair play“ der Märkte beein-trächtigt. Unterschiedliche Regelungen der Mitgliedstaaten im Bereich des Insiderrechts haben den Erlaß koordinierter Vorschriften erforderlich gemacht, damit die nationalen Wertpapiermärkte zu einem einheitlichen europäischen Kapitalmarkt zusammenwachsen.

V. Bei der Auslegung der insiderrechtlichen Straftatbestände ist zu berücksichtigen, daß zwischen den einzelnen Auslegungsmethoden zwar kein Rangverhältnis besteht, für die Sinnermittlung aber zunächst die verbindlichen Vorgaben der Insiderrichtlinie heranzuziehen sind. Erst wenn es um die Auslegung von Tatbestandsmerkmalen geht, die von der Insiderrichtlinie nicht zwingend vorgegeben sind, ist auf die übrigen Interpretationsmethoden zurückzugreifen. In diesem Fall gebührt dem Rechtsgüterschutz eine besondere Aufmerksamkeit, da er den Leitgedanken der Insiderhandelsverbote widerspiegelt.

VI. Mit den Legaldefinitionen der Insiderpapiere in § 12 grenzt das Wertpapierhandelsgesetz seinen sachlichen Anwendungsbereich ein. Neben der Erfassung aller zum Handel an einer inländischen Börse zugelassenen Wertpapiere wird explizit der Freiverkehr in den Anwendungsbereich des Insiderrechts einbezogen. Diese Einbeziehung ist sachlich jedoch nicht geboten, weil sich Freiverkehr aufgrund der weitestgehenden Liberalität vom staatlich reglementierten Kapitalmarkt abgrenzt. Mangels einer Beeinträchtigung des geschützten Rechtsguts sollten die dort gehandelten Wertpapiere de lege ferenda nicht als Insiderpapiere qualifiziert werden.

Die Legaldefinition des § 12 WpHG berücksichtigt zukünftige Entwicklungen, so daß auch der Computerhandel vom Insiderrecht erfaßt wird. Derivate sollten de lege ferenda nicht zu den Insiderpapieren zählen, weil sie bei der Finanzierung der Kapitalgesellschaften keine wichtige Rolle spielen und deshalb nicht besonders schutzwürdig sind.

Die *nur* im Telefonverkehr gehandelten Werte und die Anlagen des „grauen Kapitalmarkts" werden vom Wertpapierhandelsgesetz nicht erfaßt, da dieser Handel außerhalb der einzelnen Börsensegmente abläuft und den Kapitalmarkt daher nicht gefährdet. Der Handel mit Warenterminkontrakten und Devisen unterliegt ebenfalls nicht den Insiderhandelsverboten, weil externe Faktoren den größten Einfluß auf die Kursentwicklung dieser Werte haben.

Ein Wertpapier, das *auch* im Telefonverkehr gehandelt wird, verliert durch diese Transaktion nicht seine Eigenschaft als Insiderpapier. Dieses Auslegungsergebnis ist im Interesse der Verhinderung von Umgehungsmöglichkeiten und eines umfassenden Schutzes des Kapitalmarkts geboten. Im Rahmen des § 12 Abs. 1 S. 1 Nr. 1 WpHG ist daher ein restriktives Tatbestandsmerkmal dahingehend, daß die Wertpapiertransaktion auch Börsenumsätze zur Folge hat, nicht erforderlich.

VII. Die Erweiterung des Kreises gesellschaftsbezogener Primärinsider durch die Einbeziehung der Organe verbundener Unternehmen in § 13 Abs. 1 Nr. 1 WpHG dient dazu, der mit der Informationsdichte einhergehenden Mißbrauchsgefahr entgegenzuwirken. Eine Eingrenzung des Kreises kapitalmarktbezogener Primärinsider im Sinne einer Untergrenze der Kapitalbeteiligung ist nicht erforderlich, weil der Wortlaut des § 13 Abs.1 Nr. 2 WpHG bereits eine hinreichende Grenzziehung in sich birgt. Das Merkmal „bestimmungsgemäß" im Rahmen der berufsbezogenen Primärinsider des § 13 Abs. 1 Nr. 3 WpHG widerspricht den Vorgaben der Insiderrichtlinie, da es die Grenze zwischen Primär- und Sekundärinsider verschiebt. Als restriktives Merkmal ist vielmehr ein rechtlich geartetes Verhältnis zwischen dem Primärinsider und der jeweiligen Gesellschaft, auf die sich die Information bezieht, erforderlich.

Der Kreis potentieller Sekundärinsider ist einerseits durch ein restriktives Merkmal zu begrenzen. Andererseits führt der Wortlaut des § 14 Abs. 2 WpHG gleichzeitig zu einer Strafbarkeitslücke, weil die bloße Kenntnis von einer Empfehlung nicht die Tatbestandsvoraussetzungen erfüllt. Dies ist im Vergleich zum Korrelat des § 14 Abs. 1 Nr. 3 WpHG inkonsequent. Sekundärinsider sollte de lege ferenda daher derjenige sein, der Kenntnis von einer Insidertatsache durch rechtswidriges Verhalten, durch bewußte Weitergabe aus einer Insiderquelle oder Kenntnis von einer Empfehlung auf der Grundlage einer Insidertatsache hat.

VII. Bei der Bestimmung des Insidertatsachenbegriffs ist auf die allgemein gängige Definition zurückzugreifen. Tatsachen i.S.d. § 13 Abs. 1 WpHG sind demnach alle dem Beweis zugängliche, konkrete äußere und innere Geschehnisse oder Zustände der Vergangenheit oder Gegenwart. Davon grenzen sich Gerüchte, Meinungsäußerungen und Prognosen ab, da diese nicht einem Beweis zugänglich sind. Pläne, Absichten und Vorhaben können nur dann Insidertatsachen darstellen, wenn die Informationen aus zuverlässigen Quellen stammen.

Eine Insidertatsache unterliegt solange den Verbotstatbeständen des Wertpapierhandelsgesetzes, bis sie über branchenübliche Informationssysteme veröffentlicht wurde. Mit der Herstellung der Bereichsöffentlichkeit verliert sie ihre Eigenschaft als Insidertatsache.

Einer Insiderinformation ist die Eignung zur erheblichen Kursbeeinflussung dann zuzusprechen, wenn die durch das Bekanntwerden der Tatsache zu erwartenden Kursbewegungen ausreichen, um einen Anleger in Hinblick auf die Risiken und die Transaktionskosten zum Erwerb bzw. zur Veräußerung des Insiderpapiers zu veranlassen.

Durch den Verzicht eines Konnexes zwischen Insiderinformation und Insiderpapier wird der sachliche Anwendungsbereich der Insiderhandelsverbote erweitert. Diese Erweiterung ist zwingend erforderlich, da nur durch die Vermeidung jegliches Ausnutzen eines Informationsvorsprungs die Chancengleichheit gewährleistet werden kann.

IX. Das Verwertungsverbot des § 14 Abs. 1 Nr. 1 WpHG stellt den Grundtatbestand des Insiderrechts dar. Im objektiven Tatbestand erfordert dieses Verbot die Durchführung einer Wertpapiertransaktion. Mangels eines rechtsgeschäftlichen Vorgangs stellt das auf Insiderwissen beruhende Unterlassen einer Wertpapiertransaktion keinen Verstoß gegen das Verwertungsverbot dar. Die Erfassung dieser Verhaltensweise durch eine Änderung der gegenwärtigen Gesetzeslage ist aus Gründen eines effektiven Schutzes der Sekundärmärkte für Wertpapiere jedoch geboten.

Das Ausnutzen der Kenntnis von einer Insidertatsache ist das entscheidende subjektive Tatbestandsmerkmal des Verwertungsverbots. Es setzt voraus, daß das Insiderwissen zu dem Zweck verwertet wird, einen wirtschaftlichen Vorteil für sich oder andere zu erlangen, den der Insider, wäre die Tatsache öffentlich bekannt, so nicht hätte erzielen können. Für bestimmte berufsbetroffene Personenkreise ist die Verwertung von Insiderinformationen dennoch ohne Verstoß gegen das Verwertungsverbot möglich. Im Rahmen einer teleologischen und den Vorgaben der Insiderrichtlinie entsprechenden Auslegung stellen der Spitzenausgleich und die Glättung eines Wertpapierkurses durch einen amtlichen Kursmakler keine insiderrechtlich relevanten Wertpapiertransaktionen dar. Diese Eigengeschäfte liegen im börsenrechtlich vorgegebenen Rahmen, so daß das Ausnutzen des Insiderwissens durch Transaktionen in der Ausübung der Tätigkeit eines Kursmaklers geschieht.

Die strafrechtliche Verantwortlichkeit eines Wertpapierhändlers wegen Beihilfe zur Insiderstraftat des Kunden kann nicht allein nach objektiven

Kriterien beurteilt werden. Berufstypisch-neutrale Handlungen dürfen nicht per se vom Tatbestand der Beihilfe ausgenommen werden. Solange der Wertpapierhändler aber nur die Gefahr einer Mitwirkung an dem Insidervergehen des Kunden erkennt, wahrt er das höherrangige Interesse durch die Wahrnehmung seiner Berufstätigkeit, daß dem Interesse, unter Umständen eine Straftat zu ermöglichen, vorgeht. Eine strafbare Beihilfe liegt erst dann vor, wenn der Wertpapierhändler entweder weiß, daß der Kunde eine Insiderinformation ausnutzen will, oder wenn er beabsichtigt, mit der Durchführung oder Abgabe der Order die Tat des Kunden zu fördern.

Eine Kurspflegemaßnahme erfüllt den subjektiven Tatbestand des Verwertungsverbots grundsätzlich nur dann, wenn der Entschluß, eine solche Maßnahme durchzuführen, selbst auf Insiderwissen beruht. Ausnahmsweise verstößt aber auch die auf einer Insiderinformation beruhende Kurspflegemaßnahme nicht gegen das Verwertungsverbot, wenn die Tatsache durch den Ausführenden rechtskonform verwendet wurde.

Das Scalping stellt im Gegensatz zum Frontrunning kein verbotenes Insidergeschäft dar, weil der Scalper mangels einer Aufklärungspflicht nicht gegen den Grundsatz der Chancengleichheit verstößt.

X. Einen Vorfeldstraftatbestand stellt das in § 14 Abs. 1 Nr. 2 WpHG normierte Weitergabeverbot dar, das die unbefugte Weitergabe von Insiderinformationen untersagt. Das objektive Tatbestandsmerkmal ist erfüllt, wenn die Weitergabe nicht in Wahrung berechtigter und sich gegenüber den Zielen des Insiderrechts durchsetzender Interessen erfolgt. Dies erfordert für jeden Einzelfall eine Abwägung zwischen der Intention des Weitergabeverbots, den Kreis potentieller Insider gering zu halten, und den wirtschaftlichen sowie rechtlichen Interessen der durch die Weitergabe Betroffenen. Eine unternehmensinterne Weitergabe von Informationen ist als unbefugt anzusehen, wenn sie weder durch gesetzliche Bestimmungen vorgesehen ist noch betrieblichen Abläufen entspricht. Eine unternehmensexterne Weitergabe von Insiderinformationen verstößt gegen § 14 Abs. 1 Nr. 2 WpHG, wenn sie nicht durch gesetzliche Informationsgebote gedeckt ist oder in anderer rechtlich anzuerkennender Weise der Erfüllung von Aufgaben dient.

XI. Das Empfehlungsverbot des § 14 Abs. 1 Nr. 3 WpHG erzeugt einen Interessenkonflikt in den Fällen, in denen ein Anlageberater aufgrund eines schuldrechtlichen Vertrags mit seinem Kunden verpflichtet ist, eine

Empfehlung abzugeben, die unter Berücksichtigung der Insidertatsache anders ausfallen würde als bei deren Mißachtung. Ein Anlageberater ist aber nicht berechtigt, eine auf Insiderinformationen beruhende Empfehlung auszusprechen, selbst wenn dadurch eine Gefährdung für das Vermögen des ratsuchenden Anlegers abgewendet oder verhindert werden könnte. Das Ziel des Insiderrechts, allen Marktteilnehmern Chancengleichheit zu gewähren, verbietet es, einem einzelnen Marktteilnehmer nur deshalb einen Sondervorteil zu gewähren, weil er mit einem Insider in vertraglicher Verbindung steht. Das Empfehlungsverbot wirkt sich im Rahmen einer Anlageberatung beschränkend auf die Ansprüche des Anlegers aus.

XII. Ein Sekundärinsider unterliegt nach § 14 Abs. 2 WpHG lediglich einem Verwertungsverbot. Der Sekundärinsider bleibt auch dann straflos, wenn er die Insidertatsache dem Dritten, der die Information ausgenutzt hat, lediglich weitergegeben hat, da hierdurch das Maß der notwendigen Teilnahme nicht überschritten wurde. Hat der Sekundärinsider den Dritten hingegen zur Tat angestiftet oder ihn in einer rollenüberschreitenden Weise unterstützt, macht er sich als Teilnehmer strafbar.

Diese Auslegung der Insiderhandelsverbote des § 14 WpHG unterbindet einerseits wirkungsvoll mögliche Insidergeschäfte und gewährleistet so einen umfassenden Schutz des Kapitalmarkts. Andererseits stellt sie auch sicher, daß nur die wirklich strafwürdigen und strafbedürftigen Verhaltensweisen erfaßt werden. Die Sekundärmärkte für Wertpapiere sind damit in der Lage, ihrer Bedeutung bei der Finanzierung der Wirtschaftssubjekte gerecht zu werden. Das die Insiderrichtlinie umsetzende Wertpapierhandelsgesetz stellt damit einen weiteren wichtigen Schritt auf dem Weg zu einem einheitlichen europäischen Kapitalmarkt dar.

Literaturverzeichnis

Aldave, Barbara B.: Missapropriation: A General Theory of Liability for Trading on Nonpublic Information, Hofstra L.Rev. 1984, S. 893.

Amelung, Knut : Rechtsgüterschutz und Schutz der Gesellschaft, Frankfurt am Main 1972.

Ashe, Michael: The Directive on Insider Dealing, Co.Lawyer 13 (1992), S. 15.

Assmann, Heinz-Dieter: Das künftige deutsche Insiderrecht (I), AG 1994, S. 196.

ders.: Das künftige deutsche Insiderrecht (II), AG 1994, S. 237.

ders.: Insiderrecht und Kreditwirtschaft, WM 1996, S. 1337.

ders.: Rechtsanwendungsprobleme des Insiderrechts, AG 1997, S. 50.

ders.: Anmerkung zum Beschluß des Hessischen VGH vom 16. März 1998, AG 1998, S. 438.

Assmann, Heinz-Dieter / Schneider, Uwe H. (Hrsg.): Wertpapierhandelsgesetz, Köln 1995.

dies.: Wertpapierhandelsgesetz, 2. Auflage, Köln 1999.

Barkam, Detlev: Informations- und Prospektpflicht sowie Prospektprüfung bei Anlagen auf dem grauen Kapitalmarkt, Bochum 1992.

Baumbach, Adolf / Hefermehl, Wolfgang: Wettbewerbsrecht, 18. Aufl., München 1995.

Becker, Joachim: Das neue Wertpapierhandelsgesetz, Berlin 1995.

Bell, Stefan: Die Teilnahme Außenstehender an Bestechungsdelikten, MDR 1979, S. 719.

Binding, Karl: Die Normen und ihre Übertretung, Bd. I, 4. Aufl., Leipzig 1922.

Birnbaum: Über das Erfordernis einer Rechtsverletzung zum Begriff des Verbrechens, Neues Archiv des Criminalrechts 16, 1834.

Bleckmann, Albert: Zu den Auslegungsmethoden des Europäischen Gerichtshofes, NJW 1982, S. 1177.

ders.: Europarecht, 6. Aufl., Köln 1997.

Böttcher, Reinhard / Mayer, Elmar: Änderungen des Strafverfahrensrechts durch das Entlastungsgesetz, NStZ 1993, S. 153.

Boujong, Karlheinz (Hrsg.): Karlsruher Kommentar zum Gesetz über Ordnungswidrigkeiten, München 1989.

Brunner, Max: Wie kommt man den sogenannten Insider-Transaktionen bei?, SAG 48 (1976), S. 179.

Bruns, Hans J.: Die sog. „tatsächliche“ Betrachtungsweise im Strafrecht, JR 1984, S. 133.

Cahn, Andreas: Grenzen des Markt- und Anlegerschutzes durch das WpHG, ZHR 162 (1998), S. 1.

Canaris, Claus-Wilhelm: Bankvertragsrecht, 2. Aufl., Berlin 1981.

Caspari, Karl-Burkhard: Die geplante Insiderregelung in der Praxis, ZGR 1994, S. 530.

ders.: Die Problematik der wesentlichen Kursbeeinflussung einer publizitätspflichtigen Tatsache, in: Baetge; Jörg (Hrsg.), Insiderrecht und Ad-hoc-Publizität, Düsseldorf 1995, S. 65.

Clausen, Carsten P.: Zur rechtlichen Fundierung des geregelten Freiverkehrs, in: Festschrift für Walter Stimpel, Berlin 1985, S. 1049.

ders.: Die einzelnen Marktsegmente an Wertpapierbörsen, in: Hadding, Walther (Hrsg.), Beiträge zum Börsenrecht, Frankfurt am Main 1987, S. 54.

ders.: Neues zur kommenden Insidergesetzgebung (I), ZBB 1992, S. 73.

ders.: Neues zur kommenden Insidergesetzgebung (II), ZBB 1992, S. 267.

ders.: Das neue Insiderrecht, DB 1994, S. 27.

ders.: Bank- und Börsenrecht, München 1996.

Cramer, Peter: Strafrechtliche Probleme des Insiderhandelsverbots, insbesondere Beihilfe zur fremden Insider-Straftat, AG 1997, S. 59.

ders.. Strafbarkeit der Ausnutzung und Weitergabe von Insiderinformationen nach dem Recht der Bundesrepublik Deutschland, in: Festschrift für Otto Triffterer, Wien 1996, S. 323.

Dannecker, Gerhard: Strafrecht der Europäischen Gemeinschaft, in: Eser, Albin / Huber, Barbara (Hrsg.), Strafrechtsentwicklung in Europa 4.3, Beiträge und Materialien aus dem Max-Planck-Institut für Ausländisches und Internationales Strafrecht, Freiburg 1995, S. 1965.

ders.: Strafrecht in der Europäischen Gemeinschaft, JZ 1996, S. 869.

Dänzer-Vanotti, Wolfgang: Methodenstreit um die EG-Richtlinien konforme Auslegung, DB 1994, S. 1052.

Daumann, Frank: Notwendigkeit eines Insiderhandelsverbots?, WiSti 1994, S. 574.

Demsetz, Harold: Corporate Controll, Insider Trading and Rates of Return, Am.Eco.Rev. 1986, S. 313.

Dickersbach, Volker: Das neue Insiderrecht der BRD vor dem Hintergrund des Europäischen Gemeinschaftsrechts, Berlin 1995.

Dierlamm, Alfred, Das neue Insiderstrafrecht, NStZ 1996, S. 519.

di Fabio, Udo: Richtlinienkonformität als ranghöchstes Normauslegungsprinzip?, NJW 1990, S. 127.

Dingeldey, Thomas: Die Verpflichtung der Banken zur Weitergabe von Insiderinformationen, DB 1982, S. 685.

ders.: Insider-Handel und Strafrecht, Köln 1983.

Engel, Günther: Zur Problematik eines gesetzlichen Verbots von Insider-Geschäften, in: Jahrbuch der Sozialwissenschaft 1991, S. 388.

Ernst, Gernot: Alle Börsianer künftig Insider?, WM 1990, S. 461.

Everling, Ulrich: Probleme der Rechtsangleichung zur Verwirklichung des europäischen Binnenmarktes, in: Festschrift für Ernst Steindorff, Berlin 1990, S. 1155.

ders.: Zur Auslegung des durch EG-Richtlinien angeglichenen nationalen Rechts, ZGR 1992, S. 377.

Felber, Roland: Die Rechtswidrigkeit des Angriffs, München 1979.

Fellmann, Markus: Rechtliche Erfassung von Insidertransaktionen in der Schweiz, Zürich 1991.

Feuerbach, Paul J. von: Revision der Grundsätze und Grundbegriffe des positiven peinlichen Rechts, Teil I, Gießen 1799.

Fikentscher, Wolfgang: Methoden des Rechts in vergleichender Darstellung, Bd. III, Tübingen 1976.

Forstmoser, Peter: Strafrechtliche Erfassung von Insidermißbräuchen?, SAG 49 (1977), S. 14.

Franken, Paul / Heinsius, Theodor: Das Spannungsverhältnis der allgemeinen Publizität zum Auskunftsrecht des Aktionärs, in: Festschrift für Wolfgang D. Budde, München 1995, S. 213.

Frisch, Wolfgang: Tatbestandsmäßiges Verhalten und Zurechnung des Erfolgs, Heidelberg 1988.

Fürhoff, Jens: Kapitalmarkrechtliche Ad-hoc-Publizitä zur Vermeidung von Insiderkriminalität, Frankfurt am Main, 2000.

Fürhoff, Jens / Wölk, Armin: Aktuelle Fragen zur Ad-hoc-Publizität, WM 1997, S. 449.

Gallandi, Volker: Straftaten von Bankverantwortlichen und Anlegerschutz, wistra 1989, S. 125.

Gallas, Wilhelm: Strafbares Unterlassen im Fall einer Selbsttötung, JZ 1960, S. 686

Geerds, Detlev: Wirtschaftsstrafrecht und Vermögensschutz, Lübeck 1990.

Gehrt, John Alexander: Die neue Ad-hoc-Publizität nach § 15 Wertpapierhandelsgesetz, Baden-Baden 1997.

Geilen, Gerd: Notwehr und Notwehrexzeß, Jura 1981, S. 200.

Götz, Jürgen: Die unbefugte Weitergabe von Insidertatsachen - Anmerkungen zu § 14 Abs. 1 Nr. 2 WpHG, DB 1995, S. 1949.

Götz, Volkmar: Europäische Gesetzgebung durch Richtlinien - Zusammenwirken von Gemeinschaft und Staat, NJW 1992, S. 1849.

Grabitz, Eberhard / Hilf, Meinhard (Hrsg.), Kommentar zur Europäischen Union, 2. Aufl., München 1994.

Groeben, Hans von der / Thiesing, Jochen / Ehlermann, Claus-Dieter: Kommentar zum EWG-Vertrag, 4. Aufl., Baden-Baden 1991.

Grundmann, Stefan: Richtlinienkonforme Auslegung im Bereich des Privatrechts - insbesondere: der Kanon der nationalen Auslegungsmethoden als Grenze?, ZEuP 1996, S. 399.

Grundmann, Wolfgang: Neuregelung des Insiderhandels-Verbots in Deutschland, ZfKW 1992, S. 12.

Grunewald, Barbara: Neue Regeln zum Insiderhandel, ZBB 1990, S. 128.

Grünhut: Methodische Grundlagen der heutigen Strafrechtswissenschaft, in: Festschrift für R. v. Frank, Bd. I, 1930 S. 1.

Hannigan, Brenda M.: Insider Dealing, London 1988.

Haouache, Gerhard Gordon: Börsenaufsicht durch Strafrecht: Eine Untersuchung zur straf- und verfassungsrechtlichen Problematik der strafrechtlichen Sanktionierung des Insiderhandels durch das Wertpapierhandelsgesetz in Deutschland im Hinblick auf die Umsetzung der EG-Richtlinie 89/592/EWG, Frankfurt am Main 1996.

Happ, Wilhelm: Zum Regierungsentwurf eines Wertpapierhandelsgesetzes, JZ 1994, S. 240.

Happ, Wilhelm / Semler, Johannes: Ad-hoc-Publizität im Spannungsfeld von Gesellschaftsrecht und Anlegerschutz - Zum Begriff der „Tatsache" in § 15 WpHG bei mehrstufigen Entscheidungsprozessen, ZGR 1998, S. 116.

Hassemer, Winfried: Professionelle Adäquanz, wistra 1995, S. 41.

Hayek, Friedrich Alexander von: Der Wettbewerb als Entdeckungsverfahren, in: ders. (Hrsg.), Freiburger Studien, Tübingen 1969, S. 249.

ders.: Die Verwertung von Wissen in der Gesellschaft, in: ders. (Hrsg.), Individualismus und wirtschaftliche Ordnung, 2. Aufl., Salzburg 1976, S. 103.

Heldmann, Philipp: Das deutsche Insider-Gesetz ad portas, ZRP 1990, S. 393.

ders.: Insidermißbrauch und Rechtsgüterschutz, SJZ 92, 305.

Heinsisus, Theodor: Anlageberatung durch Kreditinstitute, ZHR (145) 1981, S. 177.

Heise, Detlef: Der Insiderhandel an der Börse und dessen strafrechtliche Bedeutung, Frankfurt am Main 2000.

Herzberg, Rolf D.: Anstiftung und Beihilfe als Straftatbestände, GA 1971, S. 9.

ders.: Die Unterlassung im Strafrecht und das Garantenprinzip, Berlin 1972.

Hirte, Heribert: Die Ad-hoc-Publizität im System des Aktien- und Börsenrechts; in: Hadding, Walther / Hopt, Klaus J. / Schimansky, Herbert (Hrsg.), Das Zweite Finanzmarktförderungsgesetz in der praktischen Umsetzung - Bankrechtstag 1995, Berlin 1996, S. 47.

Hopt, Klaus J.: Der Kapitalanlegerschutz im Recht der Banken, München 1975.

ders.: Vom Aktien- und Börsenrecht zum Kapitalmarktrecht?, ZHR 141 (1977), S. 389.

ders.: Insiderwissen und Interessenkonflikte im europäischen und deutschen Bankenrecht, in: Festschrift für Theodor Heinsius, Berlin 1991, S. 289.

ders.: Europäisches und deutsches Insiderrecht, ZGR 1991, S. 17.

ders.: Auf dem Weg zum deutschen Insidergesetz - Die Vorüberlegungen vom Herbst 1992, in: Festschrift für Karl Beusch, Berlin 1993, S. 393.

ders.: Rechtsprobleme des europäischen und deutschen Insiderrechts, BFuP 1994, S. 85.

ders.: Zum neuen Wertpapierhandelsgesetz - Stellungnahme für den Finanzausschuß des Deutschen Bundestages, in: WM-Festgabe für Thorwald Hellner, WM 1994, S. 29.

ders.: Grundsatz- und Praxisprobleme nach dem Wertpapierhandelsgesetz, ZHR 159 (1995), S. 135.

ders.: Ökonomische Theorie und Insiderrecht, AG 1995, S. 353.

ders.: Wie sinnvoll sind rechtliche Regelungen über Insidergeschäft? Ökonmische und rechtliche Überlegungen zum europäischen und deutschen Insiderrecht, in: Baetge, Jörg (Hrsg.), Insiderrecht und Ad-hoc-Publizität, Düsseldorf 1995, S. 1.

ders.: Das neue Insiderrecht nach §§ 12 ff. WpHG - Funktion, Dogmatik, Reichweite, in: Hadding, Walther / Hopt, Klaus J. / Schimansky, Herbert (Hrsg.), Das Zweite Finanzmarktförderungsgesetz in der praktischen Umsetzung - Bankrechtstag 1995, Berlin 1996, S. 3.

ders.: Familien- und Aktienpools unter dem Wertpapierhandelsgesetz, ZGR 1997, S. 1.

Hopt, Klaus J. / Will, Michael R.: Europäisches Insiderrecht, Stuttgart 1973.

Hübscher, Wilfried G.: Die Umsetzung der Regelung der Insider-Geschäfte in deutsches Recht, in: Büschgen, Hans / Schneider, Uwe H. (Hrsg.): Der europäische Binnenmarkt 1992 - Auswirkungen für die deutsche Finanzwirtschaft, Frankfurt am Main 1990, S. 231.

Hugger, Heiner: Zur strafbarkeitserweiternden richtlinienkonformen Auslegung deutscher Strafvorschriften, NStZ 1993, S. 423.

Immenga, Frank A.: Das neue Insiderrecht im Wertpapierhandelsgesetz, ZBB 1995, S. 197.

Immenga, Ulrich / Mestmäcker, Ernst-Joachim (Hrsg.): Gesetz gegen Wettbewerbsbeschränkungen, 2. Aufl., München 1991.

Jakobs, Günther: Regreßverbot beim Erfolgsdelikt - Zugleich eine Untersuchung zum Grund der strafrechtlichen Haftung für Begehung, ZStW 89 (1977), S. 1.

ders.: Strafrecht Allgemeiner Teil, Die Grundlagen und die Zurechnung, 2. Aufl., Berlin 1991.

Jarras, Hans D.: Richtlinienkonforme bzw. EG-rechtskonforme Auslegung nationalen Rechts, EuR 1991, S. 211.

Jescheck, Hans-Heinrich: Lehrbuch des Strafrechts, Allgemeiner Teil, 3. Aufl., Berlin 1978.

Jescheck, Hans-Heinrich / Weigend, Thomas: Lehrbuch des Strafrechts, Allgemeiner Teil, 5. Aufl., Berlin 1996.

Jütten, Herbert: Das Zweite Finanzmarktförderungsgesetz aus Sicht der Kreditwirtschaft, Die Bank 1993, S. 601.
ders.: Anlegerschutz im Wertpapiergeschäft, Die Bank 1995, S. 153.
Kaiser, Andreas: Die Sanktionierung von Insiderverstößen und das Problem der Kursmanipulation, WM 1997, S. 1557.
Kirchner, Hildebert: Abkürzungsverzeichnis der Rechtssprache, 4. Aufl., Berlin 1993.
Kirchner, Christian: Zur zentralen Rolle der zivilrechtlichen Sanktion im Recht des Insiderhandels, in: Festschrift für Zentaro Kitagawa, Berlin 1992, S. 665.
Kniffka, Rolf: Die Durchsuchung von Kreditinstituten im Steuerstrafverfahren, wistra 1987, S. 309.
Koch, Markus B.: Insiderwissen und Insiderinformation in strafrechtlicher Sicht, Zürich 1979.
Koslowski, Peter: Ethik der Banken und der Börse, Tübingen 1997.
Kraakmann, Reinier: The Legal Theory of Insider Trading Regulation in the United Staates, in: Hopt Klaus J. / Wymeersch, Eddy (Hrsg.), European Insider Dealing - Law and Practice, London 1991, S. 39.
Kübler, Friedrich: Transparenz am Kapitalmarkt, AG 1977, S. 84.
Kühl, Kristian: Angriff und Verteidigung bei der Notwehr (I), Jura 1993, S. 57.
Kühne, Hans-Heiner: Geschäftstüchtigkeit oder Betrug, Kehl am Rhein 1978.
Kümpel, Siegfried: Die künftige Kapitalmarktaufsicht und die europäische Rechtsangleichung, WM 1994, S. 229.
ders.: Zum Begriff der Insidertatsache, WM 1994, S. 2137.
ders.: Bank- und Kapitalmarktrecht, Köln 1995.
ders.: Insiderrecht und Ad hoc-Publizität aus Bankensicht, WM 1996, S. 654.
ders.: Wertpapierhandelsgesetz: eine systematische Darstellung, Berlin 1996.
ders.: Aktuelle Fragen der Ad-hoc-Publizität, AG 1997, S. 66.
Lackner, Karl: Strafgesetzbuch, 22. Aufl., München 1997.
Lahmann, Kai: Verbot des Insiderhandels - Ökonomische Analyse eines ordnungspolitischen Dilemmas, Berlin 1994.
Lambsdorff, Otto Graf von: Die Bedeutung der Aktie als Finanzierungsinstrument für die Wirtschaft, ZGR 1981, S. 1.
Lange, Richard: Die notwendige Teilnahme, Berlin 1940.
Larenz, Karl / Canaris, Claus-Wilhelm: Methodenlehre der Rechtswissenschaft, 3. Aufl., Berlin 1995.
Ledermann, Thomas: Die Rechtsstellung des Kursmaklers an den deutschen Wertpapierbörsen, Berlin 1990.
Liszt, Franz v. : Der Begriff des Rechtsguts im Strafrecht und in der Encyklopädie der Rechtswissenschaft, ZStW 8 (1888), S. 133.

Loesche, Marco: Die Erheblichkeit der Kursbeeinflussung in den Insiderhandelsverboten des Wertpapierhandelsgesetzes, WM 1998, S. 1849.

Loos, Fritz: Bemerkungen zur historischen Auslegung, in: Festschrift für Rudolf Wassermann, Darmstadt 1985, S. 123.

Loss, Louis: Der Schutz der Kapitalanleger, ZHR 129 (1965), S. 197.

Löwe-Krahl, Oliver: Steuerstrafrechtliche Risiken typischer Banktätigkeiten, Kiel 1989.

Lücker, Volker: Der Straftatbestand des Mißbrauchs von Insiderinformationen nach dem Wertpapierhandelsgesetz, Köln 1998.

Lutter, Marcus: Zur Treuepflicht des Großaktionärs, JZ 1976, S. 225.

ders.: Information und Vertraulichkeit im Aufsichtsrat, 2. Aufl., Köln 1984.

ders.: Die Auslegung angeglichenen Rechts, JZ 1992, S. 593.

Magata, Osamu: Die Entwicklung der Lehre von der notwendigen Teilnahme, Jura 1999, S. 246.

Magiera, Siegfried: Die Rechtsakte der EG-Organe, Jura 1989, S. 595.

Manne, Henry G.: Insider Trading and the Stock Market, New York 1966.

Maurach/Zipf : Strafrecht, Allgemeiner Teil, 8. Aufl., Heidelberg 1992.

Megede, Friedrich-Carl zur: Insidergeschäfte, in: Assmann, Heinz-Dieter / Schütz, Rolf A. (Hrsg.), Handbuch des Kapitalanlagerechts, München 1990, S. 390.

Meixer, Rüdiger: Neuerungen im Bankenaufsichts- und Kapitalmarktrecht, NJW 1998, S. 862.

Meller, Hermann: Der Insidertatbestand des US-amerikanischen und deutschen Rechtes, Osnabrück 1997.

Mennicke, Petra R.: Sanktionen gegen Insiderhandel - Eine rechtsvergleichende Untersuchung unter Berücksichtigung des US-amerikanischen und britischen Rechts, Berlin 1996.

Meyer-Arndt, Lüder: Beihilfe durch neutrale Handlungen?, wistra 1989, S. 281.

Möller, Andreas: Das neue Insiderrecht - Eckpfeiler funktionsfähiger Wertpapiermärkte, BFuP 1994, S. 99.

Mühlhausen, Dieter: Grenzen der Kursmaklertätigkeit, WM 1993, S. 434.

Nerlich, Heinrich: Die Tatbestandsmerkmale des Insiderhandelsverbots nach dem Wertpapierhandelsgesetz, Osnabrück 1999.

Oppermann, Thomas: Europarecht, München 1991.

Ott, Claus / Schäfer, Hans-Bernd: Ökonomische Auswirkungen der EG-Insider-Regulierung in Deutschland, ZBB 1991, S. 226.

Otto, Harro: Rechtsgutsbegriff und Deliktstatbestand, in: Heinz Müller-Dietz (Hrsg.), Strafrechtsdogmatik und Kriminalpolitik, Köln 1971, S. 1.

ders: Straflose Teilnahme?, in: Festschrift für Richard Lange, Berlin 1976, S. 191.

ders.: Strafwürdigkeit und Strafbedürftigkeit als eigenständige Deliktskategorien? Überlegungen zum Deliktsaufbau, in: Festschrift für Horst Schröder, München 1978, S. 53.

ders.: Strafrecht als Mittel der Wirtschaftspolitik, MSchrKrim 1980, S. 397.

ders.: Anstiftung und Beihilfe, JuS 1982, S. 557.

ders.: Konzeption und Grundsätze des Wirtschaftsstrafrechts (einschließlich Verbraucherschutz), Dogmatischer Teil I, ZStW 96 (1984), S. 339.

ders.: Die sog. tatsächliche oder wirtschaftliche Betrachtungsweise - eine spezifisch strafrechtliche Auslegungsmethode?, Jura 1989, S. 328.

ders.: Strafrechtliche Aspekte des „insider-dealing", in: Blaurock, Uwe (Hrsg.), Recht der Unternehmen in Europa, Baden-Baden 1993, S. 65.

ders.: Der Mißbrauch von Insider-Informationen als abstraktes Gefährdungsdelikt, in: Schünemann, Bernd / Gonzales Suarèz, Carlos (Hrsg.), Bausteine des europäischen Wirtschaftsstrafrechts, Madrid-Symposium für Klaus Tiedemann, Köln 1994, S. 447.

ders.: Beihilfe des Bankangestellten zur Steuerhinterziehung, ZgKrW 1994, S. 775.

ders.: Kausalität und Zurechnung in: Festschrift für E.A. Wolff, Berlin 1998, S. 395.

ders.: „Vorgeleistete Strafvereitelung" durch berufstypische oder alltägliche Verhaltensweisen als Beihilfe, in: Festschrift für Theodor Lenckner, München 1998, S. 193.

ders.: Grundkurs Strafrecht - Die einzelnen Delikte, 5. Aufl., Berlin 1998.

ders.: Grundkurs Strafrecht - Allgemeine Strafrechtslehre, 6. Aufl., Berlin 2000.

Pananis, Panos: Zur Abgrenzung von Insidertatsache und ad-hoc-publizitätspflichtigem Sachverhalt mehrstufiger Entscheidungsprozesse, WM 1997, S. 460.

ders.: Insidertatsache und Primärinsider: Eine Untersuchung zu den Zentralbegriffen des § 13 Abs. 1 WpHG, Berlin 1998.

Pellens, Bernhard / Fülbier, Rolf Uwe, Gestaltung der Ad-hoc-Publizität unter Einbeziehung internationaler Vorgehensweisen, in: Baetge; Jörg (Hrsg.), Insiderrecht und Ad-hoc-Publizität, Düsseldorf 1995, S. 23.

Peter, Christoph: Erfahrungen mit dem Insidertatbestand, in: Nobel, Peter (Hrsg.), Aktuelle Probleme des Finanz- und Börsenplatzes Schweiz, Bern 1993, S. 105.

ders.: Strafrecht / Droit Penal (133) Entscheid des Kassationshofes des Bundesgerichts vom 24. März 1993, SWZ 1993, S. 234.

Peters, Peter A.: Das deutsche Insiderstrafrecht unter Berücksichtigung strafrechtlicher Konsequenzen für Kreditinstitute und prozessualer Durchsetzung, Frankfurt am Main 1997.

Petersen, Harald: Die Strafbarkeit des „Scalping", wistra 1999, S. 328.

Philipowski, Rüdiger: Steuerstrafrechtliche Probleme bei Bankgeschäften, in: Kohlmann, Günter (Hrsg.), Strafverfolgung und Strafverteidigung im Steuerstrafrecht, Köln 1983, S. 131.
Ranft, Otfried: Garantenpflichtwidriges Unterlassen der Deliktshinderung, ZStW 94 (1982), S. 815.
Rellermeyer, Klaus: Das Zweite Finanzmarktförderungsgesetz in der praktischen Umsetzung, WM 1995, S. 1981.
Renner, Volker: Der Schutz des Kapitalanlegers gegen die Ausnutzung von Informationsvorteilen im Aktienhandel, Mannheim 1976.
Rosen, Rüdiger von: Insider - Regeln - Gegenwart und Zukunft, ZfkW 1989, S. 658.
Roxin, Claus: Täterschaft und Tatherrschaft, 6. Aufl., Berlin 1994.
Rudolph, Bernd: Betriebswirtschaftliche Beurteilung des Insiderhandelsverbots, BFuP 1994, S. 114.
Sagvigny, Karl Friedrich von: System des heutigen Römischen Rechts, Bd. I, Berlin 1840.
Schäfer, Frank A.: Zulässigkeit und Grenzen der Kurspflege, WM 1999, S. 1345.
Scheffler, Uwe: Die Wortsinngrenze bei der Auslegung, Jura 1996, S. 505.
Schierenbeck, Henner: Bank- und Versicherungslexikon, München 1990.
Schlaus, Wilhelm: Die Insiderregeln aus der Sicht der Praxis, in: Hadding, Walther / Hopt, Klaus J. / Schimansky, Herbert (Hrsg.), Das Zweite Finanzmarktförderungsgesetz in der praktischen Umsetzung - Bankrechtstag 1995, Berlin 1996, S. 35.
Schleifer, Jörg / Kliemt, Michael: Einschränkung betriebsverfassungsrechtlicher Unterrichtungspflichten durch Insiderrecht, DB 1995, S. 2214.
Schmidt, Hartmut: Insider Regulation and Economic Theory, in: Hopt, Klaus J. / Wymeersch, Eddy (Hrsg.), European Dealing, London 1991, S. 21.
Schmidt, Reinhard H.: Aspekte positiver Theorien über Aktienkursveränderungen, Wiesbaden 1976.
Schmidt-Diemitz, Rolf: Pakethandel und das Weitergabeverbot von Insiderwissen, DB 1996, S. 1809.
Schmidthäuser, Eberhard: Strafrecht Allgemeiner Teil, 2. Aufl., Tübingen 1984.
Schneider, Dieter: Wider Insiderhandelsverbot und die Informationseffizienz des Kapitalmarktes, DB 1993, S. 1429.
Schneider, Uwe H. / Burgard, Ulrich: Scalping als Insiderstraftat, ZIP 1999, S. 381.
Schödermeier; Martin / Wallach, Edgar: Die Insider-Richtlinie der Europäischen Gemeinschaft, EuZW 1990, S. 122.
Scholz, Franz (Hrsg.): GmbHG, 8. Aufl., Köln 1995.
Schönke, Adolf / Schröder, Horst: Strafgesetzbuch, 25. Aufl., München 1997.
Schörner, Peter: Gesetzliches Insiderhandelsverbot - Eine ordnungspolitische Analyse, Wiesbaden 1991.

Schumann, Heribert: Strafrechtliches Handlungsunrecht und das Prinzip der Selbstverantwortung des Anderen, Tübingen1986.

Schumpeter, Josef A.: Theorie der wirtschaftlichen Entwicklung, 5. Aufl., Berlin 1952.

Schünemann, Bernd: Grund und Grenzen der unechten Unterlassungsdelikte, Göttingen 1971.

Schwark, Eberhard: Insider-Geschäfte auf dem Wertpapiermarkt, DB 1971, S. 1605.

ders.: Anlegerschutz durch Wirtschaftsrecht, München 1979.

ders.: Börsengesetz und börsenrechtliche Nebenbestimmungen, 2. Aufl., München 1994.

Schwarze, Hans-Joachim: Insiderregelungen im Spannungsfeld der Praktikabilität, BFuP 1994, S. 124.

ders.: Die Orderlage im Skontro eines Börsenmaklers als Insidertatsache, WM 1997, S. 1564.

Scott, Kenneth E.: Insider trading: Rule 10b-5, disclosure and corporate privacy, J.Leg.Stud. 1980, S. 801.

Seeger, Heiko: Insiderhandel am Deutschen Aktienmarkt - Eine empirische Untersuchung von Existenz und Erkennbarkeit, Frankfurt am Main 1998.

Siebel, Ulf R.: Der Sekundär-Insider, in: Festschrift für Johannes Semler, Berlin 1993, S. 955.

Siebold, Hanns Christoph: Das neue Insiderrecht, Von der freiwilligen Selbstkontrolle zum internationalen Standard, Berlin 1994.

Spetzler, Eugen: Die richtlinienkonforme Auslegung als vorrangige Methode steuerjuristischer Hermeneutik, RIW 1991, S. 579.

Starke, Henning: Das französische Insiderstrafrecht, Frankfurt am Main 1994.

Stebut, Dietrich von: Gesetzliche Vorschriften gegen den Mißbrauch von Insiderinformationen, DB 1974, S. 613.

Steuer, Stephan / Baur, Georg: Erwerbsgeschäfte im Grenzbereich bedeutender Beteiligungen nach dem Wertpapierhandelsgesetz, WM 1996, S. 1477.

Stratenwerth, Günter: Zum Straftatbestand des Mißbrauchs von Insiderinformation, in: Festschrift für Frank Vischer, Zürich 1983, S. 667.

Strebel, Felix: Insidervergehen und Banken - Eine juristische Analyse der Konsequenzen des Art. 161 StGB für Banken in der Schweiz, Winterthur 1990.

Süßmann, Rainer: Die befugte Weitergabe von Insidertatsachen, AG 1999, S. 162.

Tiedemann, Klaus: Tatbestandsfunktionen im Nebenstrafrecht, Tübingen 1969.

ders.: Wirtschaftsstrafrecht und Wirtschaftskriminalität, Bd. 2, Besonderer Teil, Hamburg 1976.

ders.: Handhabung und Kritik des neuen Wirtschaftsstrafrechts - Versuch einer Zwischenbilanz, in: Festschrift für Hanns Dünnebier, Berlin 1982, S. 523.

ders.: Auslegung, in: Krekeler, Wilhelm / Tiedemann, Klaus / Ulsenheimer, Klaus / Weinmann, Günther (Hrsg.), Handwörterbuch des Wirtschafts- und Steuerstrafrechts, Loseblattsammlung, Köln, Stand: Mai 1990.

ders.: Europäisches Gemeinschaftsrecht und Strafrecht, NJW 1993, S. 23.

Tippach, Stefan U.: Marktdaten im künftigen Insiderrecht?, WM 1993, S. 1269.

ders.: Das Insider-Handelsverbot und die besonderen Rechtspflichten der Banken, Bonn 1995.

Tröndle, Herbert / Fischer Thomas: Strafgesetzbuch, 50. Aufl., München 2001.

Ulsenheimer, Klaus: Zur Strafbarkeit des Mißbrauchs von Insider-Informationen, NJW 1975, S. 1999.

Vogel, Joachim: Juristische Methodik, Berlin 1998.

Volk, Klaus: Strafrecht gegen Insider?, ZHR 142 (1978), S. 1.

ders.: Die Strafbarkeit von Absichten im Insiderhandelsrecht, BB 1999, S. 66.

Waser, Heinz: Die Insiderregelung in der Bundesrepublik Deutschland - Rezeptionsmodell für die Schweiz?, Zürich 1981.

Weber, Ulf A.: Das neue deutsche Insiderrecht, BB 1995, S. 157.

Welter, Pierre: Die Maßnahmen der Europäischen Gemeinschaften im Bereich der Insider-Geschäfte, in: Büschgen, Hans E. / Schneider, Uwe H. (Hrsg.), Der europäische Binnenmarkt 1992 - Auswirkungen auf die deutsche Finanzwirtschaft, Frankfurt am Main 1990, S. 315.

Welzel, Hans: Das deutsche Strafrecht, 11. Aufl., Berlin 1969.

Wessels, Johannes: Strafrecht Allgemeiner Teil, 27. Aufl., Heidelberg 1997.

Wittich, Georg: Erfahrungen mit der Ad-hoc-Publizität in Deutschland, AG 1997, S. 1.

Wojtek, Ralf J.: Insider Trading im deutschen und amerikanischen Recht, Berlin 1978.

Wölk, Armin: Ad-hoc-Publizität - Erfahrungen aus der Sicht des Bundesaufsichtsamts für den Wertpapierhandel, AG 1997, S. 73.

Wolter, Jürgen: Notwendige Teilnahme und straflose Beteiligung, JuS 1982, S. 343.

Worms, Alexander: Anlegerschutz durch Strafrecht, Köln 1987.

Wu, Hsui-Kwang: An Economist Looks at Section 16 of th Securities Exchange Act of 1934, Colum.L.Rev. 68 (1968), S. 260.

Zöller, Paul Heinrich: Die notwendige Teilnahme, Bonn 1970.

Hanno Merkt

Beiträge zur Börsen- und Unternehmensgeschichte

Frankfurt/M., Berlin, Bern, Bruxelles, New York, Oxford, Wien, 2001. 382 S.
ISBN 3-631-37284-1 · br. € 50.10*

Börsengeschichte und Unternehmensgeschichte sind nicht allein Teilgebiete der allgemeinen Wirtschaftsgeschichte. Auch für die Rechtswissenschaft – und hier natürlich insbesondere für das Wirtschaftsrecht – sind sie von nicht zu unterschätzender Bedeutung, namentlich etwa im Rahmen der rechtspolitischen Diskussion um die Reform des Rechts oder für Fragen der Gesetzesauslegung. Die hier versammelten, mehrheitlich bereits in juristischen Fachpublikationen veröffentlichten Beiträge stammen aus der Feder eines Juristen und sollen auf diesem Wege einer breiteren, auch wirtschaftshistorisch interessierten Leserschaft zugänglich gemacht werden. Die Beiträge spiegeln das Verständnis eines Juristen für die historischen Entwicklungen und Zusammenhänge in den behandelten Bereichen wider. Dabei sind Darstellung und Akzentsetzung von dem Bestreben geleitet, die Entstehung des heutigen Rechts und der heutigen Institutionen für ein Publikum ohne vertiefte Kenntnis der Wirtschaftsgeschichte zu erklären und nachvollziehbar zu machen.

Aus dem Inhalt: Die Geschichte der Unternehmenspublizität in Deutschland, Europa und den USA · Die Geschichte des deutschen Börsenrechts von den Anfängen bis zum zweiten Finanzmarktförderungsgesetz von 1994 · Die Geschichte des US-amerikanischen Gesellschaftsrechts · Die Geschichte der Namensaktie

www.fsc.org
MIX
Papier | Fördert gute Waldnutzung
FSC® C083411

Kolibri 360 GmbH
Ferdinand-Jühlke-Straße 7
99095 Erfurt, Deutschland
produktsicherheit@kolibri360.de

Druck:
CPI Druckdienstleistungen GmbH
im Auftrag der
Kolibri 360 GmbH
Ferdinand-Jühlke-Str. 7
99095 Erfurt